MORTE E FICÇÃO DO REI DOM SEBASTIÃO

ANDRÉ BELO

SÃO PAULO
TINTA-DA-CHINA
MMXXIII

SUMÁRIO

PRÓLOGO AO ENCOBERTO	9
NOTA À EDIÇÃO BRASILEIRA	13
SIGLAS	14
PARTE I. MORTE	15
1. Um túmulo para dom Sebastião	17
2. O que é que eles (e elas) sabiam?	43
ENTREMEIO	65
PARTE II. FICÇÃO	69
3. Em Veneza: origem da impostura	71
4. Os "portugueses de Veneza"	95
5. Os textos de um "charlatão"	125
6. De Veneza a Lisboa: a fábrica de boatos	139
7. Em Veneza: saída da prisão e "reconhecimento"	155
8. Nas prisões do grão-duque da Toscana	169
9. Nas prisões do vice-rei de Nápoles	187
10. Nas galés, em Puerto de Santa María	203
11. Os processos de Sanlúcar	221
EPÍLOGO	249
NOTAS	253
ANEXOS	267
FONTES	271
BIBLIOGRAFIA CITADA	275
BIBLIOGRAFIA COMPLEMENTAR	277
AGRADECIMENTOS	283

À memória dos que partiram
mãe Silvéria, pai Fernando
António Manuel Hespanha

E à vida dos que estão comigo
Valeria
Caterina e Irene
Clara, Teresa, Zé Maria
e as amigas e os amigos
daqui e dali

PRÓLOGO AO ENCOBERTO
(LEITOR)

A ndam os prólogos há séculos a dizer aos leitores como hão de ler os livros, e este não há de ser diferente. E andam os leitores há séculos a ignorar o que os prólogos lhes prescrevem, como caçadores furtivos que são (a imagem é de Michel de Certeau). Vão respigando livremente aqui e ali, e levam o texto e o sentido para onde mais lhes interessa. Esse facto, só por si, já seria suficiente para tu, furtivo leitor ou leitora ou que nem te reconheces já nestas categorias binárias, saltares o prólogo e andares para a frente. Mas antes de o fazeres, convido-te a levares até ao fim esta função, que prometo breve.

O livro que tens entre as mãos é composto de duas partes: a primeira chama-se Morte; a segunda, Ficção. Na primeira retomo o caminho batido, mas sempre surpreendente, da morte de dom Sebastião. Para não estragar a surpresa, aqui no prólogo só te falo da segunda. Nela lerás a história do falso rei dom Sebastião que apareceu em Veneza em 1598 — também conhecido como "o calabrês". Mas, leitor escondido, não te deixes enganar pelo sentido da palavra "ficção" tal como a uso, no título e na segunda parte do livro. A palavra é para ser entendida no seu sentido antigo de fingimento, de dissimulação (do latim *fictio*). A ficção sobre a qual vais ler não é pois de literatura, mas de impostura. Não tens em tuas mãos um romance histórico, e se a tua ideia era essa ao comprares este livro, corre a trocá-lo por outro. Se, pensando melhor, não o fizeres, talvez não te arrependas, pois verás com os teus próprios olhos que o livro foi escrito com a ideia de que a história da ficção é, neste caso, bem melhor do que a ficção da história. Descobrirás, por exemplo, que o impostor era também escritor, e que assim, de certa forma, compraste dois livros pelo preço de um.

Mas, como já vês pelo tom de pastiche deste prólogo, não oponho a gravidade da história à leveza da literatura. Acredito que a dimensão narrativa da história é inescapável — há um relato escondido nas mais áridas tabelas com séries de preços — e que as fronteiras entre história e literatura existem mas estão em movimento perpétuo. Mais ainda nos casos de impostura de reis. Como notou Paule Petitier, uma professora de literatura francesa que se interessou pelo escritor Prosper Mérimée, que por sua vez escreveu sobre histórias de falsos czares, tais casos parecem suscitar uma hesitação sobre o género de narrativa a adotar. O aspecto trágico-cómico das intrigas de plebeus que se tentam fazer passar por reis aparece de imediato a quem pega na pena para escrever sobre elas — começando pelos que foram delas contemporâneos. Daí o engodo com que a literatura europeia (teatro do século XVII, ópera romântica do XIX, romance do XX) pegou nas histórias dos falsos dons Sebastiões. A matéria contrafactual (a ficção) estava ali à mão de semear.

Digo falsos dons Sebastiões porque houve vários, como saberás — ou não, porque, na tua qualidade de leitora dissimulada, ou leitor, és livre de ignorar estas coisas. Neste livro também não te falarei de todos esses casos, apenas de um, porque foi aquele que se revelou de maior impacto. Como verás escrito pouco adiante, o episódio do calabrês que dizia ser dom Sebastião esteve na origem da tradição letrada sebastianista que tanta importância acabou por ter na cultura portuguesa e também na brasileira.

Aproveito, antes que te vás, fingido leitor ou leitora, para te esclarecer que uso aqui a palavra "sebastianista" apesar de ela não ser ainda utilizada na época em que este caso ocorreu. As suas primeiras ocorrências datam de meados do século XVII. A palavra nasceu com conotação negativa, criada pelos seus adversários, e dela nunca se livrou inteiramente. Se o propósito deste livro não é propriamente ser antissebastianista, também não te prometo ser agnóstico na matéria. Não encontrarás nele ambiguidade sobre o facto de o episódio nascido em Veneza e terminado em Sanlúcar de Barrameda ter sido uma impostura — palavra que aliás não é neutra. Mas tentei respeitar o ponto de vista de quem acreditou no falso rei, desde logo usando aspas, quando tal me pareceu apropriado, na palavra "rei" ou em "dom Sebastião".

E, por falar em "dom", também aí te devo uma explicação. Excetuando o caso dos reis e de príncipes que, em arraigada tradição lusitana, continuam a ser tratados assim, tirei este título a todas as personagens que habitualmente o ostentam, como é o caso, entre outros, de João de Castro, que ficou conhecido como o "São Paulo da religião sebastianista". Se o fiz, não foi por desconsideração pela figura histórica, mas porque, como verás se tiveres paciência para lá chegar, usar o "dom" fazia parte da sua construção de um estatuto de nobre que, por outra via, a da legitimidade da filiação, era precário. Não faz sentido tratar João de Castro por "dom" e recusar o título a Cristóvão de Moura, por exemplo, que foi marquês e vice--rei. Assim sendo, simplifiquei, e fico à espera — sentado — do dia em que este movimento abolicionista que acabo de lançar triunfe e chegue, republicano, também aos reis.

Deixo-me de impertinências e chego enfim ao que te queria dizer desde o princípio, e que tu já imaginavas: o verdadeiro Encoberto és tu, cara leitora, caro leitor. Tu, que me lês sem eu saber quem és, nem como me lês, nem onde, nem quando, nem porquê, tu é que és (para mim) a *aventura admirável*, o *sempre bem-vindo* — mesmo que não aparecido. Por isso, fala, diz, zomba, folga. E vive feliz.

NOTA À EDIÇÃO BRASILEIRA

Esta é uma versão condensada da edição publicada em Portugal em 2021. Partes do texto foram sintetizadas e aligeiradas em informação, tendo havido fusão entre os capítulos 6 e 7 do livro português. Também o número e tamanho das notas foram diminuídos, assim como os anexos. Tudo o resto, que é o essencial, se mantém.

Nas fontes em português, atualizei a ortografia e a pontuação. Todas as traduções, salvo indicação em contrário, são da minha responsabilidade.

SIGLAS

AAV Archivio Apostolico Vaticano
ADMS Archivo de los Duques de Medina Sidonia
AGS Archivo General de Simancas
AHN Archivo Histórico Nacional, Madri
ANTT Arquivo Nacional da Torre do Tombo, Lisboa
ASF Archivio di Stato di Firenze
ASV Archivio di Stato di Venezia
BNE Biblioteca Nacional de España
BNF Bibliothèque Nationale de France
BNP Biblioteca Nacional de Portugal

PARTE I

MORTE

Não ficamos à espera, não sustemos a respiração
À espera que o dom Sebastião nos traga a redenção
O povo não desespera, a gente sabe que ainda há solução
Porque o Fizz Limão, ai, o Fizz Limão há de voltar
Num dia de sol o Fizz Limão há de voltar

"Fizz Limão", canção de Miguel Araújo, 2012, em referência a um sorvete
da marca Olá que deixou de ser vendido em Portugal durante muitos anos
e acabou por voltar pouco depois de a canção ser escrita

CAPÍTULO 1
UM TÚMULO PARA DOM SEBASTIÃO

Este texto nasceu de uma daquelas surpresas que, em lugar de se dissiparem, se vão avolumando e desdobrando, abrindo para outras, como bonequinhas russas.

E a surpresa é a seguinte: quando começamos a ler com alguma atenção os diferentes relatos da Batalha de Alcácer Quibir que foram produzidos por homens que nela participaram, verificamos que os testemunhos que atestam a morte do rei dom Sebastião no campo de batalha são vários e bastante credíveis à luz de critérios elementares da crítica histórica.[1] A partir desses testemunhos, é possível fazer a seguinte síntese factual: o cadáver do rei dom Sebastião foi formalmente identificado no dia 5 de agosto de 1578, dia seguinte ao da batalha, primeiro por um moço da câmara do rei, Sebastião Resende, e depois por fidalgos portugueses cativos, como Duarte de Meneses, capitão de Tânger, ou Duarte de Castelo Branco, meirinho-mor, e outros senhores principais, nomeados em vários relatos concordantes. Entre as testemunhas encontrava-se igualmente um alto magistrado da Coroa, o corregedor da corte Belchior do Amaral, que alguns dias depois da identificação do cadáver foi escolhido pelos seus pares para ir enterrar o rei a Alcácer Quibir. Depois de dar sepultura ao rei, o corregedor Amaral foi até Tânger e daí enviou uma carta para os governadores que dom Sebastião deixara nomeados em Lisboa, certificando a morte do rei, relatando os detalhes da identificação do seu corpo por ele e demais fidalgos, assim como a forma como o rei fora sepultado, com assistência do próprio juiz, nas casas do alcaide, Ibrahim Sofiane. Tratava-se de uma carta com valor oficial, escrita por um juiz, a qual, segundo a *Miscelânea* de Miguel Leitão de Andrada, incluía uma certidão ("instrumento público") assinada pelos vários fidalgos testemunhas. Ela chegou a Lisboa no dia 24 de agosto numa pequena frota capitaneada por Francisco de Sousa. Só depois disto acontecer é que se puderam lançar as cerimónias oficiais de luto pela morte do rei — a tradicional quebra dos escudos — e a sucessão da Coroa na pessoa do cardeal dom Henrique. O relato oficial da morte de dom Sebastião, ou testemunhos da sua existência, circulou imediatamente e foi integrado em relatos mais longos, crónicas manuscritas ou impressas, em diferentes línguas, em Portugal e nas várias cortes e regiões da Europa. Nenhum dos fidalgos que reconheceram o corpo do rei no dia seguinte ao da batalha desmentiu, mais tarde, esse reconhecimento. Segundo o referido Leitão de Andrada, participante na batalha, existiu mesmo um segundo juramento, feito pelos mesmos fidalgos, no Convento do Carmo em Lisboa. Ao nível oficial, este testemunho foi registado sem ser posto em dúvida e não foi quebrado posteriormente.

Depois da primeira inumação em Alcácer Quibir, os restos mortais de dom Sebastião foram trasladados três vezes: uma primeira vez, de Alcácer Quibir para o mosteiro dos padres trinitários em Ceuta (10 de dezembro de 1578); uma segunda, para o Mosteiro dos Jerónimos, em Lisboa (dezembro de 1582); e uma terceira, ao mudar de sepultura no interior deste templo, cerca de um século mais tarde. Onde jazem até hoje. Em todas estas trasladações se fizeram pregações fúnebres e/ou se cumpriram operações de verificação da presença dos restos mortais.

Apesar de boa parte desta informação estar impressa há séculos, em relatos bem conhecidos, eles não chegaram até à "memória coletiva" portuguesa dos dias de hoje ou, pelo menos — sendo esse coletivo uma abstração —, até à grande maioria das memórias individuais que pude ir sondando sobre a questão. De facto, quando comecei a perguntar à minha volta, a pessoas com razoáveis conhecimentos históricos, o que sabiam ou imaginavam que tinha acontecido a dom Sebastião na sequência da batalha, fui obtendo, quase invariavelmente, uma resposta com aura de incerteza ou mistério. Desaparecimento, fuga ou prisão foram algumas das respostas que recebi. Quanto ao corpo, ele nunca teria sido encontrado. E, para demonstrar que não existe uma separação estanque entre não especialistas e historiadores, encontrei indícios da mesma "amnésia" entre estes últimos. Apesar de, até aos dias de hoje, existirem diferentes estudos que documentam detalhadamente a morte de dom Sebastião no campo de batalha, assim como as várias cerimónias fúnebres que foram feitas — a começar pelos trabalhos já antigos, mas de referência, de Queirós Veloso —,[2] encontra-se um número significativo de estudos e de obras de síntese recentes que ignoram ou não dão suficiente crédito a tais testemunhos. Num seminário de história realizado em Lisboa em que apresentei esta questão, comecei por perguntar aos presentes, entre vinte a trinta pessoas, quem achava que dom Sebastião não tinha morrido na batalha. Tratando-se de um auditório conhecedor, ninguém levantou o braço. Tinha preparado, no entanto, uma pergunta de controlo: quem achava que o cadáver do rei tinha sido encontrado depois da batalha? Apenas uma pessoa levantou o braço, e era alguém a quem eu tinha previamente falado em detalhe sobre a questão — ou seja, alguém que, se não tivesse falado comigo antes, teria provavelmente respondido como os restantes.

Segundo o historiador francês Michel de Certeau, a escrita da história serve para enterrar o passado. Ela é um túmulo discursivo que serve para honrar os mortos e para, ao mesmo tempo, enterrá-los, deixando espaço para os vivos. A escrita da história cria um passado e assim liberta o presente relativamente a ele.[3] Foi isso que não aconteceu no caso de dom Sebastião.

Este livro parte desta hipótese simples: o responsável pela não tumulização simbólica de dom Sebastião, que se manifesta na não inscrição da morte do rei durante a batalha na memória de muitos portugueses e em parte significativa do discurso historiográfico, é essa vastíssima construção de rumor, lenda e memória identitária a que chamamos sebastianismo, nascido ainda no século XVI como forma de resistência à morte do rei e profundamente renovado, segundo moldes nacionalistas modernos, entre o final do século XIX e a primeira metade do século XX. A hipótese é que tais elementos tenham invadido o espaço da "memória coletiva", ou melhor, da memória que foi sendo feita em termos públicos, em ensaios, romances, poesia, pintura e imagens, anedotas, frases feitas, por escritores, pensadores, jornalistas, políticos e outros intervenientes no discurso público. Essa memória sebastianista da época contemporânea ter-se-á sobreposto, na maior parte dos casos, à verificação crítica das fontes que nos transmitiram testemunhos coevos sobre a batalha, mesmo que todas essas fontes tenham sido citadas e reproduzidas também no nosso tempo. Assim, os testemunhos que certificam a morte do rei estão aí à nossa disposição, em relatos, em cartas, em crónicas, em livros impressos, em arquivos, de há quatrocentos anos para cá. No entanto, eles são pouco conhecidos, em todo o caso menos conhecidos do que os ecos dos rumores que abriram a porta à sobrevivência do rei e, logo, à hipótese de um retorno. Não já de um retorno a realizar--se, mas de um retorno que poderia ter acontecido.

Diria mesmo que a própria maneira corrente de designar a batalha na nossa língua, pelo topónimo aportuguesado da cidade mais próxima do lugar do combate, Alcácer Quibir, de preferência ao nome que é mais comum noutras línguas europeias — "Batalha dos Três Reis" —, pode ser vista como um indício desta hesitação em aceitar a morte do rei na batalha. De facto, se o nome "Batalha dos Três Reis" se tornou comum na Europa foi pelo facto, digno de memória porque considerado sem precedente histórico, de três reis terem morrido na batalha: os dois príncipes marroquinos da dinastia saadiana em conflito, 'Abd al-Malik e Mohammed al-Mutawakkil, e, aliado a este último, o rei português. Referir-se à batalha como sendo "dos Três Reis" é, implicitamente, reconhecer a morte de dom Sebastião nela.

Para usar uma fórmula em língua inglesa citada por Lucette Valensi a propósito da notícia da morte do rei no início do seu importante livro *Fábulas da memória* — livro que trata precisamente da forma como se construiu, em fontes europeias e norte-africanas, a memória da batalha de 4 de agosto de 1578 —, *information is not knowledge*, informação não é sinónimo de conhecimento.[4] Uma interpretação dos eventos num determinado sentido não depende simplesmente de se ter à disposição os textos, mas da forma como estes são lidos — ou ignorados, ou lidos e ainda assim ignorados.

SINTOMA: UMA HESITAÇÃO HISTORIOGRÁFICA

Verifica-se, como sugeri antes, a interiorização de um impensado sebastianista numa historiografia portuguesa de referência. Isso traduz-se em hesitações em afirmar a morte de dom Sebastião na batalha e em avaliar o reconhecimento formal do seu cadáver por testemunhas portuguesas, feito no dia 5 de agosto. O que tem como consequência a criação de um mistério sobre o destino do rei. Indico aqui dois ou três exemplos relativamente recentes. Um primeiro, vindo de um historiador de créditos mais do que firmados e insuspeito de simpatia por teses sebastianistas: na sua síntese sobre a época moderna da

História de Portugal coordenada por Rui Ramos (2009), Nuno Gonçalo Monteiro refere-se à morte do rei em termos de incerteza, usando para isso o futuro composto: "O rei *terá falecido* no campo de batalha" (p. 265, itálico meu). No parágrafo seguinte, Monteiro refere o resgate em Ceuta, em dezembro de 1578, do "suposto cadáver" do monarca. Encontramos o mesmo adjetivo, "suposto", para descrever o cadáver do rei numa outra obra geral, a *Nova história de Portugal* da editorial Presença, coordenada por Joel Serrão e Oliveira Marques, no volume a cargo de João José Alves Dias, Isabel Mendes e Paulo Drumond Braga (1998, p. 753). Também Douglas Wheeler, na entrada sobre o rei português do seu *Historical Dictionary of Portugal*, escreve: "O próprio rei perdeu-se. Embora tenha sido certamente morto, o seu corpo nunca foi encontrado".[5]

Mas o exemplo mais rico em detalhes e mais significativo que encontrei acaba por ser o de Maria Augusta Lima Cruz, autora do volume sobre dom Sebastião (2006) da coleção de biografias de reis portugueses editada pelo Círculo de Leitores. A autora descreve a batalha e o seu desfecho. Fazendo uma reconstituição extensa dos diferentes testemunhos e nunca negando formalmente a morte e a identificação do corpo do rei, Lima Cruz semeia o seu texto de detalhes que sugerem incerteza sobre as circunstâncias da morte e sobre o reconhecimento do cadáver: "No dia seguinte, *em circunstâncias mal conhecidas*, um corpo, *identificado como sendo o de dom Sebastião*" (p. 283, itálico meu) foi encontrado e trazido à presença do vencedor. Nesta situação de identificação do corpo, se bem que "confirmada por um grupo de cativos constituído por gente de qualidade", a autora refere várias informações que, reunidas, deixam no leitor margem para dúvidas sobre essa identificação: a nudez completa do cadáver (isto é, sem as insígnias régias que permitiriam reconhecê-lo), a sua face "bastante desfigurada", o facto de o primeiro identificador do corpo no campo de batalha, o moço da câmara Sebastião de Resende, ter ganho a sua liberdade em recompensa dessa identificação, e ainda o facto de o reconhecimento pelos fidalgos portugueses ter sido feito ao fim do dia e à luz das tochas. O penúltimo parágrafo do capítulo reitera implicitamente a incerteza sobre a identidade do cadáver, ao mesmo tempo que desenha uma última figura idealizada do combatente: "Assim, perdido entre milhares de mortos ou encerrado numa tosca caixa de madeira, o guerreiro repousava, finalmente" (p. 284). Sem pôr em causa a morte do rei, a autora permite, como em falso relevo, uma leitura inconclusiva sobre a questão. Exemplo disso mesmo é, logo em seguida, o epílogo da obra, a qual, em plena tradição sebastianista, culmina com a citação do epitáfio latino do túmulo dos Jerónimos, com a sua famosa cláusula hipotética "*si vera est fama*". Já nos iremos deter perante este epitáfio. Para já, sublinhemos apenas que rodear as circunstâncias do reconhecimento dos restos mortais do rei de incerteza, com argumentos como o do corpo desfigurado, a ausência de luz suficiente, o criado pago com a liberdade pelo reconhecimento, foi, precisamente, a estratégia de negação que utilizaram os primeiros escritos propriamente sebastianistas que apareceram no final do século XVI, da autoria de João de Castro ou de frei José Teixeira. Foi claramente ao reportório por eles criado que a autora foi beber as circunstâncias que, na leitura, e em pontilhado, deixam dúvidas sobre a validade do testemunho.

Existem, é claro, textos historiográficos recentes em que a hesitação sobre a morte do rei na batalha não transparece. Mas é a regularidade com que deparamos com aquela hesitação que é reveladora e interpela. Assim como o facto de quase nenhum dos textos que consultei dar a importância devida a algo que me parece fundamental: o caráter formal do reconhecimento pelos mais importantes fidalgos cativos e por um alto magistrado, que oficializa esse reconhecimento por intermédio do escrito.

Tal como parece revelá-lo a pergunta de controlo que fiz no seminário, é para a existência ou não de um corpo morto do rei que converge a permanência de um impensado sebastianista. Porquê? Porque, como também referiu Lucette Valensi, é a existência de um corpo morto, identificado pelos sobreviventes, que permite fazer o trabalho de luto, aceitar a morte como perda irreparável. A inexistência de corpo ou a hesitação sobre o seu reconhecimento abrem a porta à possibilidade de sobrevivência. São os ecos inconscientes dessa possibilidade — e não a exploração da hipótese de uma efetiva sobrevivência do rei à batalha — que reaparecem na forma de contar dos autores que citei. Ao dizer isto, continuo a referir-me a uma historiografia de méritos reconhecidos. Não me refiro ainda aos vários livros e estudos mais ou menos recentes que — mesmo recusando esse rótulo — são explicitamente sebastianistas, isto é, transmitem a crença, partilhada com os referidos pais fundadores do sebastianismo, de que o rei sobreviveu à batalha e reapareceu em Veneza ou noutros lugares no final do século XVI.

Que a questão é significativa, e transversal à sucessão de regimes políticos e a diferenças ideológicas entre historiadores, demonstra-o o aparecimento recorrente de estudos que, de uma maneira ou outra, pretenderam afirmar de uma vez por todas a morte do rei dom Sebastião em Marrocos e identificar as suas ossadas no Mosteiro dos Jerónimos como verdadeiras. Como amostra, eis uma pequena lista desses textos — certamente incompleta —, de índole e dimensão variada, desde o artigo de jornal ao opúsculo, e isto considerando apenas os que foram surgindo no último meio século:

1971   J.T. Montalvão Machado, *O rei dom Sebastião, na igreja dos Jerónimos*;

1972   J.H. Gago de Medeiros, *O encoberto nos Jerónimos*;

1983   artigo no diário lisboeta *A Tarde*, de 24 de junho, com chamada de primeira página, "Sebastianismo acabou!", e entrevista ao autor da "profecia", Artur M. de Carvalho;

1990   artigo no jornal marroquino *Le Matin du Sahara* (mês de agosto);

2005   Nuno Valdez dos Santos, "A morte d'el rei dom Sebastião na Batalha de Alcácer Quibir", em M. Mendonça (Org.), *O sebastianismo: Política, doutrina e mito*;

2007   Emilio Rivas Calvo e Carlos d'Abreu, "Alcazarquivir. El enigma (o el rescate del cuerpo d'el rey don Sebastián)", *Praça Velha: Revista cultural da cidade da Guarda*;

2017   António Brehm, "Auto de entrega do corpo de dom Sebastião", *Letras com Vida*, revista da Faculdade de Letras da Universidade de Lisboa.

A maioria dos artigos ou opúsculos aqui citados baseiam-se na "descoberta" pelos autores de fontes previamente conhecidas e publicadas, não de documentos inéditos. Uma das mais citadas dessas fontes é o anteriormente referido documento, assinado por fidalgos portugueses, que certifica a entrega do corpo do monarca português em Ceuta, a 10 de dezembro de 1578, testemunho existente no arquivo de Simancas e impresso, entre outros, em 1862, no volume 40 da *Colección de documentos inéditos para la historia de España.*[6]

O segundo estudo desta lista teve um prefaciador ilustre, o cardeal Manuel Cerejeira, alguém próximo de Salazar, que escreveu, baseando-se nas conclusões do autor: "Não há dúvida, os restos mortais do rei dom Sebastião repousam no Mosteiro dos Jerónimos". Mas, apesar das certezas do cardeal, a "dúvida" permaneceu: passadas mais de três décadas, em 2005, um militar, o coronel Valdez dos Santos, vinha ainda apresentar uma comunicação num colóquio sobre sebastianismo, destinada a provar, contra um erro que teria durado mais de quatrocentos anos, que o rei morreu no campo de batalha. Curiosamente, em mais uma demonstração cabal de que informação não é sinónimo de transmissão de conhecimento, nas páginas do mesmo volume, Maria Leonor Machado de Sousa, organizadora do colóquio, publicou um artigo intitulado: "Seriam falsos todos os falsos dom Sebastião?". A resposta está retoricamente contida na pergunta: a autora apresenta aquilo que, no seu entender, seriam indícios apontando para que o falso dom Sebastião que se manifestou em Veneza em 1598 fosse o verdadeiro rei português, ainda "encoberto" no início do século XXI, ainda à espera de ser revelado.

A convivência, no mesmo colóquio e no mesmo livro, de afirmações sebastianistas e antissebastianistas e, em geral, a necessidade cíclica de se reafirmar a morte de dom Sebastião demonstram como esta última tarefa está por realizar. Estamos perante uma memória não cumulativa, que exigiu a cada geração que se confrontasse com a demonstração de uma morte — ou que não se confrontasse com ela, permitindo a erupção regular de "lapsos" sebastianistas. A proclamação enfática do fim do sebastianismo no jornal *A Tarde*, que em 1983 nos dá a "notícia" da morte do rei, é o exemplo mais caricato deste processo.

É, pois, bastante possível que a construção mítica sebastianista se tenha tornado ao longo do tempo mais sólida do que as tentativas para a desmistificar. Perante a força do mito, talvez cada discurso produzido sobre ele, mesmo quando a intenção seja desconstruí-lo, se torne mais uma pedra do edifício mitológico. Não se trata de uma "estratégia montada" no sentido de sonegar a informação contida nos documentos que certificam a morte do rei na batalha, como sugeria um artigo de jornal em 2007. Trata-se, isso sim, de uma notável vitória do sebastianismo ao nível da construção da memória. Na longa duração, esta crença, relativamente marginal no seu início, acabou por tornar-se um dos temas principais do nacionalismo histórico português, capaz de resistir a várias, e eruditas, tentativas de refutação. No fim de contas, esbarramos ainda com a crença, a narrativa e o corpus profético reunido pelos primeiros sebastianistas. Eficácia notável de uma construção multissecular, que foi ganhando força de forma não linear, sem um plano prévio.

Este poder póstumo da memória sebastianista convida a um princípio de modéstia. Apesar de estar plenamente convencido de que é possível provar a morte do rei na batalha com recurso à documentação da época, não tenho a pretensão de vir aqui decretar o fim do sebastianismo, pois arrisco-me a ser mais um na lista um pouco inglória dos autores que em vão o tentaram.

O "ESCUDO IMPENETRÁVEL DOS SEBASTIANISTAS"

Um dos autores que demonstraram a morte de dom Sebastião em Alcácer Quibir foi o filólogo Pedro José de Figueiredo num livrinho publicado em 1808, em Lisboa, isto num momento de ressurgimento de mobilizações messiânicas no contexto das guerras peninsulares. Foi ele quem se referiu ao mausoléu de dom Sebastião nos Jerónimos como o "escudo impenetrável dos sebastianistas". E, com efeito, trata-se de um túmulo bem paradoxal: prova aparentemente tangível da morte do rei, ele é discursivamente esvaziado do seu conteúdo pelo epitáfio latino que ostenta.

CONDITUR HOC TUMULO,	Este túmulo encerra — se é
SI VERA EST FAMA, SEBASTUS	verdadeira a fama — Sebastião
QUEM TULIT IN LYBICIS MORS	Que uma morte precoce levou
PROPERATA PLAGIS	nos areais de África
NEC DICAS FALLI REGEM	Não digas que se engana quem
QUI VIVERE CREDIT	acredita que o rei vive
PRO LEGE EXTINCTO MORS	Extinto pela lei, foi-lhe a
QUASI VITA FUIT	morte quase uma vida

A morte do rei na batalha não é aqui posta em causa. Mas, numa inversão notável, o epitáfio transforma em rumor ("se é verdadeira a fama") o que foi oficialmente certificado nas sucessivas inumações do rei, gravando tal inversão na pedra. Tal inversão tem como consequência uma outra: a do ónus da prova. É a versão até então aceite sobre o cadáver do rei que passa a carecer de confirmação. O túmulo torna-se assim prova inviolável, tangível, monumental, não da identidade régia do cadáver, mas da dúvida sobre essa identidade. Torna-se túmulo-esfinge, túmulo não de rei morto, mas de rei Encoberto. Quanto à crença sebastianista, ela é, no mesmo passo, reabilitada ("e não digas que se engana quem acredita que o rei vive"). Passa a poder ser entendida em sentido transfigurado, permitindo uma visão, no fim de contas, bem ortodoxa da morte do cavaleiro cristão: a crença na sobrevivência do rei é assimilada à crença na vida eterna que este terá alcançado ao combater o infiel. A ambiguidade poética do epitáfio trabalha para permitir esta dupla leitura, sebastianista e cristã ao mesmo tempo.

Habitualmente atribuído a Fernando de Meneses, segundo conde da Ericeira, que terá ido buscar às *Geórgicas* de Virgílio a cláusula "*si vera est fama*", o epitáfio resulta da parcial reabilitação do sebastianismo feita sob os Braganças após 1640. Em 1682, no reinado de Pedro II, e sob a direção do seu capelão-mor, o arcebispo Luís de Sousa, os restos mortais de dom Sebastião passaram do seu ataúde original em madeira, que se ia degradando, para um majestoso mausoléu em pedra, erguido na capela sul (lado da epístola) do transepto. O mesmo foi feito para o túmulo de dom Henrique, localizado na capela norte (lado do evangelho). Os novos mausoléus seguiam o programa arquitetónico dos túmulos monumentais dos reis e rainhas do século XVI, em forma piramidal e assentes em elefantes de mármore, que tinham sido feitos em 1572, a expensas da rainha Catarina de Áustria, avó de dom Sebastião. Em 1682, cem anos após a primeira inumação nos Jerónimos, dava-se forma monumental à tumulização dos Avis empreendida por dom Filipe I (II) quando, em 20 de dezembro de 1582, mandara colocar em Belém os restos mortais de dom Sebastião, de dom Henrique e de vários outros representantes da dinastia finda. Mas o epitáfio do túmulo de dom Sebastião alterava profundamente o sentido político da trasladação filipina — que era também o de dar a ver a memória a morte do rei, desmentindo os rumores em circulação sobre a sua sobrevivência.

A história posterior da igreja dos Jerónimos como panteão que passou a albergar não só os reis portugueses do século XVI mas as figuras mais importantes do nacionalismo português do final do século XIX (Camões e Vasco da Gama, em 1880) e do XX (Fernando Pessoa, em 1985) contribuiu também para que o túmulo de dom Sebastião se tornasse um impenetrável escudo. O túmulo de mármore, na sua solidez, parece pesar menos do que a neblina do "Encoberto", adensada pela aura do seu vizinho Fernando Pessoa, que deveu, entre outras, a obras sebastianistas como *Mensagem* o direito a entrar no panteão dos Jerónimos. Protegido pelos versos latinos do conde da

Ericeira ou, para quem não fosse capaz de os decifrar, pelos guardas ou guias do mosteiro, o túmulo manteve até hoje a sua eficácia. Segundo Montalvão Machado, que escrevia em 1971, os guardas diziam aos visitantes: "Ali, dizem que estão os ossos de dom Sebastião, mas, ao certo, nada se sabe, porque aquele rei morreu e ficou perdido na Batalha de Alcácer Quibir". É provável que o mesmo continue a ser dito hoje, e é o que se pode ler em certos guias turísticos de Lisboa, como neste, italiano: "O túmulo de dom Sebastião está vazio até hoje. O jovem rei nunca voltou da batalha de 1578". De resto, as anedotas sobre as ossadas perdidas do rei ganharam o poder de atravessar fronteiras. Na sua conferência publicada em 1972, Gago de Medeiros relata como a guia do Monasterio de las Descalzas Reales de Madri lhe disse, ao mostrar-lhe o túmulo da mãe de dom Sebastião, Joana de Áustria, que o nicho lateral do mausoléu tinha sido deixado vazio para lá se colocarem as ossadas de dom Sebastião, quando fossem encontradas. O mausoléu de dona Joana foi construído em 1574, quatro anos antes da morte do rei português...

As monografias citadas conduzem-nos a uma pesquisa macabra, tentando seguir o percurso dos restos mortais do rei, de Marrocos até Lisboa, para mais com ossadas que foram postas em saquinhos e mudadas de caixão mais do que uma vez, abrindo, em cada trasladação e verificação, a possibilidade de uma troca, de um erro — ou a possibilidade de imaginar esse erro. Possibilidade de erro que, aliás, é extensível a outros ilustres restos mortais dos Jerónimos, como os de Camões e os de Vasco da Gama, cuja necrologia incerta foi reconstituída na biografia do mais famoso almirante português feita por Sanjay Subrahmanyam.

Pesquisas como esta teriam, nos dias de hoje, um complemento moderno e "científico": a possibilidade de recurso a um teste de DNA, através da abertura do túmulo dos Jerónimos e da comparação dos restos mortais identificados como de dom Sebastião com os de familiares próximos, em particular com os da sua mãe, que acabo de referir. Este teste tem sido sugerido por vários autores, como Baños--García, recente biógrafo espanhol de dom Sebastião, que notou antes de mim a reticência de alguns historiadores portugueses em assumirem a morte do rei na batalha. Seria uma forma de resolver de uma vez por todas o mistério do túmulo e da morte de dom Sebastião. De uma vez por todas? Talvez não. Arrisco dizer que, se por acaso se fizesse um teste de DNA às ossadas que estão nos Jerónimos e ele revelasse tratar-se efetivamente de dom Sebastião, isso não "mataria" necessariamente o complexo sebastianista, que em tantas ocasiões provou preocupar-se muito pouco com dom Sebastião enquanto figura histórica "real". Ainda assim, e pela audácia que fazer tal teste sempre representaria, não me importaria de estar na conferência de imprensa em que os seus resultados fossem revelados.

Mas a necessidade de realizar um tal teste representaria, de certo modo, mais uma vitória póstuma do sebastianismo. Por um lado, como referi, penso que é possível provar a morte e o reconhecimento do corpo morto do rei no campo de batalha com recurso à documentação da época. Por outro, a tendência para realizar testes de DNA para identificar ossadas — de que temos exemplos recentes com as do rei inglês Ricardo III, descobertas e identificadas no fim de 2012 e início de 2013, mais de quinhentos anos depois do seu enterro original, e também com as de Miguel de Cervantes —, correspondendo a uma solicitação social legítima, parece-me trazer consigo alguns inconvenientes para a crítica histórica. Entre eles, está o de contribuir para a ideia de que existe uma prova científica "dura", porque assente na investigação da biologia molecular, relativamente à qual outro tipo de demonstração histórica aparece como necessariamente diminuído. Ora, se os resultados da investigação em história são sempre filhos do presente, relativos, suscetíveis de ser revistos e corrigidos à luz de novas hipóteses e documentos, isso não significa que a demonstração factual nesta disciplina seja arbitrária. Vale também lembrar que os testes de DNA, apenas realizáveis numa ínfima minoria de casos, só são possíveis em combinação com outro tipo de fontes, arqueológicas e textuais, em que o grau de certeza nunca é absoluto.

ALGUMAS ETAPAS (E ATALHOS)

Desde os anos que se sucederam à Batalha dos Três Reis, as diferentes atitudes do poder político relativamente a dom Sebastião e ao seu túmulo mostram como a construção da sua memória não foi linear. Não me cabe aqui refazer esta história nem os diferentes usos políticos do sebastianismo até ao século XX, mas simplesmente assinalar diferentes etapas, num percurso necessariamente feito de atalhos e omissões, mas que pretende ajudar a explicar o problema do qual parti.[7] A trasladação filipina destinava-se a inculcar politicamente a morte do rei e a subordinação simbólica dos últimos reis de Avis à nova casa reinante dos Áustria, no momento em que dom Filipe I (II) preparava o seu regresso a Madri, após dois anos em Lisboa. Mas os boatos sobre a sobrevivência de dom Sebastião nunca desapareceram totalmente e ressurgiram em diferentes ocasiões. O episódio do falso rei de "Veneza", entre 1598 e 1603, objeto da segunda parte deste livro, constituiu o ponto mais alto dessa ressurgência, uma geração após a batalha. Sinal disso mesmo foram as impressões e traduções de livros em diferentes línguas, com a clara intenção política de combater o rumor e os livros sebastianistas, culminando na publicação da obra de Antonio de San Román, *Jornada y muerte del rey Don Sebastian de Portugal* em 1603, no momento em que, em Sanlúcar de Barrameda, se concluía a instrução penal dos implicados na impostura. O obscurecimento da memória da batalha foi dado como motivação para justificar a saída do livro, que inclui um significativo poema de San Román dedicado ao túmulo de dom Sebastião nos Jerónimos. O facto de a homenagem se endereçar ao sepulcro do rei mostra que o objetivo era já então torná-lo visível, resgatá-lo de uma forma de esquecimento.

Outro momento fundamental foi a já referida reabilitação da memória e dos argumentos sebastianistas depois da Restauração de 1640. Em busca de legitimação ideológica, o novo poder político e eclesiástico permitiu a utilização do arsenal providencialista que vinha do corpus sebastianista, e reutilizou as profecias e a própria figura de Bandarra, mau grado a proibição inquisitorial de circulação das *Trovas*. Este processo teve na época repercussões no mundo dos letrados, notando-se um trabalho muito concreto de emenda das referências à morte do rei na batalha ou ao falso rei dom Sebastião de Veneza, episódio de que a segunda parte deste trabalho tratará largamente. Uma — literal — reescrita sebastianista da história foi sendo feita, com acrescentos e anotações em textos manuscritos e impressos.

As obras históricas publicadas na primeira metade do século XVIII sobre o reinado de dom Sebastião, no âmbito da historiografia ligada à exaltação da monarquia por meio da Academia da História (Barbosa Machado, frei Manuel dos Santos), quiseram restaurar a reputação do rei e incorporaram uma versão indecisa sobre a sua sorte na batalha. Numa das suas *Prosas portuguesas* (1727-28), o também académico e padre teatino (membro da ordem religiosa de São Caetano) Rafael Bluteau escolheu o caso do destino do rei dom Sebastião na batalha como exemplo paradigmático do acontecimento histórico impossível de provar, tão contraditórios seriam os testemunhos. O epitáfio do mausoléu, no seu compromisso lapidar, é por ele apontado precisamente como o modelo a seguir pelos historiadores.

Estas versões da história foram combatidas de forma polémica no início do século XIX por autores antissebastianistas como José Agostinho Macedo ou o já citado Pedro José de Figueiredo. Quanto à segunda metade do século XIX, ela não foi apenas marcada pelo crescimento de um sebastianismo literário ou ensaístico. Trabalhos importantes, porque muito documentados do ponto de vista da crítica histórica, tiveram o seu impacto em sentido contrário. É o caso da obra, publicada em Paris e em francês, do diplomata português Miguel Martins Dantas sobre as diferentes imposturas do rei dom Sebastião.[8] Vinte anos depois desta publicação, o pintor portuense Caetano Moreira da Costa Lima pintou um quadro que se encontra no Museu Soares dos Reis, na cidade do Porto, intitulado *Alcácer Quibir: Reconhecimento do cadáver de dom Sebastião*. O óleo retrata a cena do reconhecimento no dia seguinte à batalha, a que Martins Dantas, seguindo os mais conhecidos relatos da batalha, tinha dado devido destaque. Entre as representações póstumas do monarca português, a de Costa Lima é a única que o mostra morto, estendido no chão, nu e ferido na cabeça, mas com a face num enfiamento bem visível para o olhar compungido das testemunhas presentes, na sua grande maioria fidalgos portugueses. Ao lado do rei português, e aos pés do sultão vencedor, jaz também aquele que parece ser o seu aliado e pretendente vencido, Mohammed al-Mutawakkil. Prolongando o testemunho ocular dos nobres cativos, Costa Lima deu claramente a ver aos portugueses do seu tempo algo que, não estando propriamente ocultado, não tinha ainda sido mostrado em pintura. E não voltou a sê-lo depois, pelo que o quadro de Caetano da Costa Lima, que só há poucos anos se tornou visível no Museu Soares dos Reis, mantém a sua excecionalidade. Na ficha informativa que uma página da Direção-Geral do Património Cultural dedica ao pintor, escreve-se que no estudo de composição que deu origem àquele quadro "Costa Lima imaginou um facto extraído da História mítica". Inversão já nossa conhecida: em vez da sobrevivência do rei, é o reconhecimento do corpo morto pelos fidalgos que aparece como lendário.

O "SEBASTIANISMO DOS POETAS SEM PÚBLICO"

A tese avançada por Oliveira Martins na sua *História de Portugal* (1879) sobre o "fim definitivo do sebastianismo" não se confirmou. Ou, se a versão "histórica" do mito terminou com o fim da sociedade de Antigo Regime, a sua história não acabou ali. Entre os séculos XIX e XX, os usos literários do sebastianismo fizeram deste uma componente do nacionalismo português contemporâneo, construído em torno de ideias de decadência e de regeneração. Esses usos deram ao antigo mito messiânico uma nova versão, "espiritualizada", proposta como traço essencial de uma supostamente eterna "alma portuguesa". Num texto importante, que já tem mais de meio século, Joel Serrão utilizou a expressão "sebastianismo dos poetas sem público" para se referir ao uso literário do mito na primeira metade do século XX por autores como Fernando Pessoa, António Nobre ou Teixeira de Pascoaes.[9] A partir do levantamento feito por João Medina, parece possível afirmar que o momento alto desses usos literários — e políticos — coincide com os quarenta a cinquenta anos entre a crise de legitimidade da monarquia constitucional portuguesa, a partir de 1890, e a década de 1930.

Seria tentador colocar Fernando Pessoa num lugar à parte entre estes "poetas sem público", dado o seu lugar hoje central no cânone da história da literatura portuguesa. Mas o livro *Mensagem*, de 1934, todo ele construído em chave de leitura messiânica e nacionalista, traduz uma leitura ideológica do passado em que o Encoberto ocupa um lugar central, e que o Estado Novo continuará a explorar até ao fim. No poema "D. Sebastião, rei de Portugal", a imprudência militar — a "loucura" — do rei torna-se virtude sublimada, visão de espírito que se pode propor como ideal a seguir: "Sem a loucura que é o homem/ Mais que a besta sadia/ Cadáver adiado que procria?". Uma década antes de *Mensagem*, a chamada "questão sebástica", iniciada com uma polémica entre António Sérgio e o escritor luso-brasileiro Carlos Malheiro Dias em 1924, é emblemática do debate e dos usos do sebastianismo e do antissebastianismo na primeira metade do século XX. Para Malheiro Dias, dom Sebastião é o arquétipo de um heroísmo sublime, grandioso mesmo na decadência, e modelo espiritual para a juventude numa época, segundo o autor, dominada pelo materialismo e pelo frio racionalismo. Quanto a Sérgio, é o campeão do antissebastianismo, atacando com o seu temível talento de polemista tudo o que esta ideologia, no seu entender, trazia de nefasto à sociedade portuguesa, nomeadamente uma ética "da anticrítica" e da "preguiça do espírito".[10] Para ele, o rei português não era "o último dos heróis antigos, mas o primeiro dos patetas modernos", que compendiava "no seu modo de ser os piores defeitos do português atual". A responsabilidade histórica de dom Sebastião era por isso sem apelo, sendo o curto reinado do rei uma sucessão de erros, imprudências e mentiras que levaram à catástrofe final. Foi para o demonstrar que publicou a compilação de textos *O desejado*, que inclui excertos de algumas das mais conhecidas crónicas escritas por contemporâneos do rei sobre o seu reinado e a jornada de África. É importante sublinhar que nesta polémica a discussão não tem por objeto a morte do rei, mas um julgamento político e ético sobre a atuação do monarca enquanto rei e chefe militar, e sobretudo como exemplo para a posteridade. Para Malheiro Dias, a morte exemplar do rei na batalha não estava em causa; era precisamente ela que demonstrava o seu heroísmo quase virginal. E a verve iconoclasta de Sérgio não combate apenas, nem principalmente, a recusa em acreditar na morte do rei, rumor que se transformou em esperança de um regresso, impedindo a aceitação da derrota. O que ele ataca é a defesa acrítica de uma atuação política imprudente, denunciada em pasquins e sátiras feitos ainda em vida do rei e que os cronistas não deixaram de condenar após a batalha.

O adjetivo "sebástica", usado na polémica, merece ser observado mais de perto. Ele parece ter nascido na primeira metade do século XVIII, com a publicação da obra do cronista alcobacense frei Manuel dos Santos, *História sebástica* (1735). A palavra acabou por continuar a ser utilizada, permitindo, em meios eruditos, uma distinção relativamente à conotação negativa que o adjetivo "sebastianista" teve desde o seu aparecimento. Até aos dias de hoje, "sebástica" designa um ramo da bibliofilia portuguesa e do mercado do livro antigo, contribuindo para mais uma amálgama da memória: ao incluir em si todos os estudos que abordaram temas relacionados com a figura do rei, quer os que se debruçam sobre o reinado de dom Sebastião quer os que se referem ao sebastianismo, esta categoria subordina todos os estudos, ante e post mortem, ao íman sebastianista.

Voltando ao breve percurso pelos usos do sebastianismo no século XX. O pequeno livro de Gago de Medeiros de 1972, prefaciado pelo cardeal Cerejeira, dá-nos uma pista para perceber que afirmar a morte do rei não foi incompatível, já nos anos do marcelismo, com continuar a valorizar o antigo mito messiânico. Desde o título da obra — *O encoberto nos Jerónimos* — ao desenho da capa do livro, feito por Ana Maria Botelho, filha do autor, que representa o rei dom Sebastião a cavalo, armado e envolto em bruma, passando pelo poema sebastianista da mesma artista que aparece no peritexto (pp. 17-19) e pela dedicatória a um friso de autoridades "sebásticas" na qual se inclui o poeta nacionalista e sebastianista Afonso Lopes Vieira, até às próprias palavras finais do autor, saudando o caráter patriótico, exaltante, do sebastianismo, a que chama "lenda maravilhosa" (p. 67), quase tudo na obra faz ressurgir a força do mito. A consequência lógica da demonstração da morte do rei — tese que motiva o opúsculo — é negada a cada momento. Tal como é possível ter "lapsos" reveladores de um impensado sebastianista sem se ser forçosamente nacionalista, é possível reconhecer a morte do rei e ao mesmo tempo querer salvar o seu valor ideológico. Trata-se de "matar" o rei salvando ao mesmo tempo uma ideologia extremamente fértil no campo do nacionalismo português.

Ser contra a ditadura de Salazar, nesta mesma altura, implicava confrontar-se com o sebastianismo como uma das suas componentes ideológicas. Na década de 1960, a poesia de Manuel Alegre fá-lo vigorosamente, proclamando que "é preciso enterrar dom Sebastião". Também a peça de teatro de Natália Correia, *O encoberto*, escrita no final da mesma década e proibida pela censura, merece destaque pela riqueza da reflexão e do uso do potencial romanesco do mito. E também por uma leitura atenta das fontes da época. A autora incorporou na sua peça vários elementos que remetem claramente para o enredo da impostura de Veneza (nomes de lugares e de personagens, situações), de que adiante tratarei extensamente e sobre a qual N. Correia se documentou bem. Com uma engenhosa *mise en abyme* do mito, feito representação teatral e finalmente farsa, a peça apresenta o messianismo onírico como um beco sem saída e ao mesmo tempo único modo de revolta contra a opressão do povo português. O que não deixou de ser visto pela censura como uma crítica política — para além da linguagem, considerada pornográfica — ao presente.

Não haveria de ser pelo sebastianismo, como Natália Correia de certa forma bem viu (mas de outra não), que o povo português se libertaria da opressão; foi, sim, pelo acontecimento mais antissebastianista da história de Portugal: o 25 de Abril de 1974. Nos novos rumos que a historiografia portuguesa tomou a partir de então — novos temas, objetos, cronologias — houve pouco lugar, compreensivelmente, para o lançamento de novas pesquisas sobre o sebastianismo. O livro de Joel Serrão, *Do sebastianismo ao socialismo em Portugal*, com primeira edição em 1969, mostrava já a mudança de perspectiva — e de *ismo*. Não se enganou um dos últimos representantes da defesa tradicionalista do messianismo português, Martim de Albuquerque, ao publicar, logo em setembro de 1974, uma defesa do "valor politológico do sebastianismo", alertando para o perigo, para ele de lesa-nação, de matar o mito.

Este afastamento relativamente à pesada memória de um passado mítico permite também explicar o retorno cíclico de uma forma de amnésia relativamente aos acontecimentos que estiveram na origem da lenda. Tem aqui a historiografia portuguesa, de certo modo, uma desculpa. Este desinteresse da nova geração de historiadores por um tema fortemente identificado com o passado acaba por explicar também o paradoxo de, perdida a função ideológica do sebastianismo, terem permanecido dele apenas os aspectos anedóticos ou o impensado de um mistério sobre a morte do rei com que este texto se iniciou. Voltando-lhe os historiadores portugueses as costas, com algumas exceções assinaláveis em artigos e teses que iremos referindo ao longo deste livro, foi de outros países que saíram trabalhos de conjunto e novas perspectivas. Merecem destaque os trabalhos de historiadores brasileiros como Jacqueline Hermann, Ana Paula Megiani e Luís Filipe Silvério Lima. Em Portugal, o tema acabou por ser com maior frequência tratado em investigações provindas dos estudos literários ou de investigadores não universitários, frequentemente com fraca problematização histórica e pouco distanciamento crítico. A projeção sobre a figura histórica do monarca, nestes estudos, de formas de raciocínio e de fontes produzidas em contextos sebastianistas — nomeadamente o caso do falso rei "de Veneza" — parece-me ser uma das consequências do fenómeno já denunciado por António Sérgio: uma forma de "preguiça crítica". É disso exemplo a utilização da lista de alegados sinais particulares do rei como fonte documental para uma identificação física do monarca em vida. Forjada, como veremos, por Tomé da Cruz e pelo monge dominicano Estêvão de Sampaio, ela apoiou-se em testemunhos indiretos e pouco precisos sobre o corpo do rei, recolhidos mais de vinte anos após a batalha marroquina. Outro efeito é aquele que já enunciei antes: a redescoberta cíclica da morte do rei no campo de batalha como uma notícia surpreendente, chegada de Alcácer Quibir até nós através dos séculos, digna de figurar nas páginas ou nos sites dos jornais. Obtém-se assim — obtive-o eu na Biblioteca Nacional de Portugal, ao ler a refutação antissebastianista de Pedro José de Figueiredo de 1808, após ter passado algumas semanas a reunir testemunhos sobre a morte de dom Sebastião — um embaraçoso efeito de "erudição ignorante".

UM DESVIO POR OUTROS PAÍSES

Apesar do que quis a construção nacionalista, o sebastianismo não foi, desde a sua origem, um fenómeno exclusivamente português, como notou há já duas décadas Michele Olivari em dois artigos. Por um lado, porque as suas fontes de inspiração foram múltiplas, ibéricas e europeias, isto para não falar de possíveis conexões milenaristas ainda mais vastas. Por outro lado, porque, como também veremos, é possível identificar um número significativo de não portugueses que apoiaram a causa da "aparição" de dom Sebastião no final do século XVI. Este apoio explica-se por motivações de grupos particulares, que não são de compreensão evidente à partida. No entanto, têm em comum com o sebastianismo português a utilização instrumental da impostura ou da crença messiânica. Seria essa, aliás, uma outra maneira de definir ao longo dos tempos o sebastianismo: contrariamente a uma ideia essencialista do mito, ele foi sendo reapropriado por interesses políticos e sociais diversos, em diferentes épocas históricas.

Existem tradições sebastianistas estrangeiras que sobreviveram até aos nossos dias, ou quase, e que dizem que o rei morreu em ilhas (nas Canárias, na Sicília) ou que foi enterrado num remoto convento no centro de França. Esta última tradição baseia-se num opúsculo publicado por um jornalista francês, Hubert Texier, em 1904, que defendeu que o túmulo do rei — entretanto desaparecido, juntamente com uma suposta prova tangível, uma medalha — tinha sido encontrado em Limoges. Vários estudiosos portugueses, com destaque para Manuel J. Gandra, que traduziu o texto de Texier para português, se apoiaram neste autor para defenderem teses sebastianistas sobre a sobrevivência do rei à jornada de África. Como tentarei mostrar adiante, estas versões baseiam-se num rumor "verdadeiro", em boatos que circularam durante a grande impostura de final do século XVI e que foram retomados em obras que passaram a integrar uma tradição textual.

A passagem desses rumores — sejam eles notícias da época que se revelaram falsas com o passar do tempo ou documentos que foram forjados pelos círculos sebastianistas — a uma tradição erudita que conseguiu apagar de si mesma a sua origem é, em certa medida, a matéria de que se construiu a transmissão do sebastianismo.

Desta transmissão fazem também parte diversas obras de ficção. Para elas, evidentemente, a exploração dos rumores é fecunda, pois abre portas para versões alternativas à "oficial", considerada fechada, de uma história. Desde o século XVII, o potencial dramático da dúvida que se espalhou sobre a sorte do rei português foi utilizado por diversos escritores, nomeadamente em França e em Inglaterra, que utilizaram, como fontes para as suas intrigas, alguns dos textos centrais dos autores sebastianistas do final do século XVI. É o caso da peça do dramaturgo inglês John Dryden, *Don Sebastian, King of Portugal*, levada ao palco em 1689 e impressa pela primeira vez em 1690. Dryden lera as traduções para inglês, feitas por Anthony Munday, dos textos publicados em França pelo dominicano português José Teixeira no contexto, uma vez mais, da impostura que nasceu em Veneza. No prefácio à sua peça, Dryden — que imagina um dom Sebastião sobrevivente da batalha mas impossibilitado de retornar a Portugal pela vergonha causada pela prática de incesto — diz que a sua obra de ficção tem a legitimidade de se iniciar onde a história do rei acabou. No entanto, o que é ali apresentado como uma "pura ficção", a partir de uma ação que a história teria deixado duvidosa para a posteridade, corresponde, na verdade, à escolha de um dos lados. Ela toma como traduzindo a verdade histórica documentos que serviram como armas de um combate político que foi perdido no seu tempo por frei José Teixeira, mas ganho, de certa forma, para a posteridade. A "história" a que Dryden recorre são as ruínas textuais do primeiro sebastianismo, retiradas do seu próprio campo de batalha polémico e reinterpretadas como vestígios de uma verdade verosímil.

A DUQUESA SEBASTIANISTA

Caso fascinante, pela dimensão do trabalho empreendido e pela memória nobiliárquica transportada pela obra, é o da duquesa de Medina Sidónia, Luisa Isabel Álvarez de Toledo. A partir do seu conhecimento do arquivo da casa ducal, propriedade sua que, aliás, tornou acessível aos investigadores, a duquesa espanhola publicou, em 1995, uma obra em dois volumes, com cerca de mil páginas, apresentada como uma biografia do seu antepassado Alonso Pérez de Guzmán (1550-1615), sétimo duque daquela grande casa senhorial. Como veremos, o duque foi responsável por ir buscar os restos mortais do rei português a Ceuta em 1582 e pela condução política do processo judicial movido contra o impostor calabrês, Marco Tullio Catizone, e seus cúmplices. Na verdade, mais do que uma biografia, o livro de Luisa de Toledo é, em boa medida, uma charge contra Filipe II para reabilitar à face da história a figura do seu antepassado, general derrotado da Armada Invencível. Nesse processo, a juntar à lenda negra do monarca, a duquesa adota a versão de que dom Sebastião não morreu na Batalha dos Três Reis. Tanto o Rei Católico como o duque de Medina Sidónia estariam a par do cativeiro do monarca português, em Marrocos, e as negociações com Ahmed Al-Mansur em torno da cessão de Larache a Espanha teriam dom Sebastião como moeda de troca. Na verdade, na tese de Luisa de Toledo, o que estaria em jogo, perante tão séria ameaça à legitimidade da sucessão portuguesa, seria a possível entrega de Mazagão por Filipe II a Marrocos, em troca do rei vivo. À inexistência de documentos que possam seriamente apoiar a hipótese da sobrevivência do rei soma-se a acumulação de teses por provar, cada qual mais rebuscada, cada vez mais distante de explicações apoiadas na documentação. Pouco parece importar à autora o facto de Mazagão não ser referido em nenhum documento como moeda de troca — nem o rei português, evidentemente. Encontramos aqui um raciocínio que apresenta notáveis analogias com o dos sebastianistas "históricos" de que tratarei mais à frente neste trabalho: quanto mais ausente das fontes, mais verdadeira é uma demonstração. É uma enorme teoria da conspiração que está por trás da argumentação histórica da duquesa, com o mesmo tipo de raciocínio presente nas obras apologéticas de final do século XVI. Colossal embuste, que teria implicado a fabricação consciente de falsos testemunhos, a encenação de falsos funerais, a participação neles de centenas de comparsas, a conivência entre si, independentemente das suas rivalidades estratégicas, dos diferentes reis, cardeal dom Henrique, Filipe II, Al-Mansur. Colossal embuste em que todos acreditaram e em que ninguém acreditou ao mesmo tempo...

A obra da duquesa de Medina Sidónia é de leitura penosa, devido à escrita pouco clara, cheia de subentendidos. No entanto, ela assenta parte do seu crédito na autoridade de um grande arquivo senhorial, ao qual se sobrepõe a própria posição da duquesa como herdeira de ilustres antepassados. Graças a essa autoridade, o livro pôde ter ecos mesmo sem ser lido. Conhecida como a "duquesa vermelha" pela sua oposição ao franquismo, amiga do político português Mário Soares desde os tempos do exílio de ambos, em Paris, contra as ditaduras ibéricas, Luisa Álvarez de Toledo faleceu em 2008. Num artigo de homenagem à sua memória publicado então, Soares, falecido em 2017, conta um episódio do tempo em que, sendo ele presidente da República, a duquesa lhe telefonou pedindo ajuda para estabelecer relações com a Universidade de Coimbra. Soares viajou até Sanlúcar de Barrameda, ao palácio da duquesa, levando consigo o reitor da universidade e passando com ela uma noite de conversa "divertida e encantadora". Como recordação "indelével" da mesma, Soares contou que Luisa Álvarez de Toledo lhe tinha mostrado um documento do seu arquivo de um espião que teria avisado Filipe II da fuga de dom Sebastião da Batalha de Alcácer Quibir. Estabelecendo uma relação com a sua própria memória literária, Soares conclui o artigo interrogando-se sobre se afinal os antigos sebastianistas "teriam alguma razão" sobre aquele "enigma que alimenta há séculos a nossa História e a imaginação de muitos portugueses". O texto teve réplica em blogues e foi citado nos meandros dos fóruns de genealogia da internet, onde ficou flutuando.

UM SEBASTIANISMO ANEDÓTICO

Decretado morto várias vezes, o sebastianismo renasceu outras tantas das cinzas. No entanto, arriscaria dizer que o "sebastianismo dos poetas sem público", o do nacionalismo português do século XX, esse, parece estar morto e enterrado. É certo que os anos 2000 foram marcados pelo regresso de alguns intelectuais portugueses ao filão messiânico, pelo retorno de uma reflexão identitária ligada a um sentimento difuso da sua perda. Algo a que se pode chamar de neossebastianismo, se o prefixo "neo" tiver algum sentido numa ideologia voltada para o passado e que ressurgiu vezes sem conta.[11] No entanto, até ver, o impacto destes textos na reconfiguração de uma narrativa mítica parece bastante limitado. Nos anos mais recentes, a figura de dom Sebastião continua a alimentar a escrita de romances, nomeadamente de vocação comercial, em que aparecem, sob novas vestes, temas bem conhecidos: o trauma do rei-menino, educado sem pai nem mãe, instrumentalizado pelo ambiente jesuítico da sua educação; a exploração da hipótese ficcional da sua sobrevivência à batalha, e de um regresso messiânico. No entanto, não parece que estes romances apelem a uma cultura comum estruturada em torno de um messianismo renovado: são o psicologismo e o mistério do "romance histórico", acicatado pelo "mistério" consabido em torno da morte do rei, que alimentam as vendas.

Assinalo aqui dois exemplos recentes que me parecem significativos daquilo a que chamaria um sebastianismo de anedota, isto é, atravessado por elementos da antiga narrativa que funcionam apenas sob o modo do detalhe e da pequena história, como o é, aliás, a associação proverbial do rei a uma manhã de nevoeiro. O primeiro foi o uso, em 2016, de um dom Sebastião representado como morto-vivo no cartaz e no spot oficial de apresentação do festival de cinema de terror de Lisboa, MOTELX. Com uma armadura debruada a ouro e um capuz que deixa ver a face encarquilhada do morto-vivo e uma cruz de Cristo tatuada na testa, a figura do rei reaparece como assustadora, pronta a assombrar a cidade de Lisboa com um nevoeiro aprendido em "artes negras". O breve texto de apresentação do spot, pelo realizador, Jerónimo Rocha, cita o "É a hora!" messiânico com que Pessoa encerra a sua *Mensagem*, mas convoca ao mesmo tempo o universo do realizador John Carpenter, autor de um filme chamado *O nevoeiro*. O "manto de mistério da tradição portuguesa" é integrado num universo visual de cinema fantástico que acaba por devorar essa mesma tradição. O regresso espiritualizado de um rei restaurador da grandeza da pátria deu lugar ao zombi fantástico que volta do reino dos mortos para nos assombrar.

O segundo episódio, ocorrido em maio do mesmo ano, foi a destruição da estátua de dom Sebastião que figurava num nicho da fachada da estação do Rossio, em Lisboa, um edifício neomanuelino inaugurado em 1890, no início do período que classificámos como o do auge do "sebastianismo literário". Aliás, ao serem construídas, a estátua e a fachada da estação prestaram-se a uma leitura em chave sebastianista, com os arcos das portas centrais a serem interpretados como uma referência às ferraduras do cavalo de um dom Sebastião regressado. O efeito iconoclasta do incidente de 2016, provocado pela selfie de um turista acidental, deu origem a um tratamento informativo

Dom Sebastião representado como morto-vivo no cartaz oficial do Festival Internacional de Cinema de Terror de Lisboa, em 2016

© CTLX | MOTELX

Nicho vazio da fachada da estação do Rossio, em Lisboa, onde havia uma estátua de dom Sebastião, que foi destruída em maio de 2016

VALERIA PANSINI

que glosou, inevitavelmente, o mitema do rei desaparecido e abriu caminho à anedota, glosada pela imprensa, do "regresso" do rei em estátua. Segundo os relatos publicados na altura e nos meses seguintes, esse regresso deveria acontecer porque se tinha encontrado uma estátua idêntica. Mas, mais de um ano depois, em setembro de 2017, a solução proposta não foi a substituição, mas o restauro da escultura derrubada. E enfim, depois de informações contraditórias e um abaixo-assinado para reposição da estátua, foi feita uma réplica, colocada no nicho em 2021. Com ironia, podemos dizer que, ao decidir não repor a estátua no seu lugar, a Infraestruturas de Portugal terá feito involuntariamente uma homenagem ready-made ao antigo mito identitário: o nicho vazio transformou-se num lugar habitado pelo espetro não do rei, mas da sua efígie. O mito encontrou ali a sua temporária *mise en abyme*, adaptada aos novos tempos.

CAPÍTULO 2

O QUE É QUE ELES (E ELAS) SABIAM?

Após a identificação de um conjunto de sintomas e a apresentação de uma hipótese de explicação, o objetivo deste capítulo é continuar a tentar fugir ao íman da tradição — escrita e oral — sebastianista. Fá-lo-ei a partir de uma interrogação específica — "o que é que se sabia, na época, sobre a morte do rei?" —,[1] que permite deslocar o questionário para um horizonte de sentido que tenha em conta o conhecimento e a experiência dos atores históricos, criando uma distância relativamente ao imaginário do nosso presente. Trata-se de identificar os momentos e o sentido das notícias que chegaram da batalha, em particular as que se referem ao destino do rei. As notícias são um nó em que as narrativas sociais se juntam, ganham um sentido — e ao mesmo tempo se dissociam, na medida em que há uma variedade de narrativas em circulação.[2] Trata-se de reconstituir o que podemos chamar de "horizonte de leitura" das notícias vindas do Norte de África, a partir das cartas que, escritas em Lisboa ou Madri, retransmitem esses relatos para outras cortes europeias.

A reconstituição das notícias que circularam depende de um certo número de fontes, que induzem um ponto de vista que quase sempre é o de grupos sociais privilegiados e próximos do poder. As fontes conhecidas e que são habitualmente citadas provêm no essencial das redes de correspondência político-diplomática. No entanto, a análise dos relatos noticiosos ajuda-nos a perceber o que é que esses meios mais informados conheciam, permitindo-nos distinguir diferentes fases de recepção e elaboração de sentido. Identificar o momento da certificação oficial da notícia da morte do rei permite, por exemplo, compreender a partir de que momento negá-la ganha uma componente política.

Entra aqui também uma reflexão sobre as modalidades da crença. Qualquer que seja a época histórica, mesmo na nossa "era da informação" (ou já da desinformação), as notícias, enquanto relatos de eventos que decorrem à distância, pressupõem, para serem apreendidas como verdadeiras, um conjunto de mecanismos, implícitos ou explícitos, de certificação ou credibilização. Nesses mecanismos existe uma hierarquia de fatores conjugados que pretendem fazer prova ou constituir certeza. Ora, é evidente que havia especiais condições para que a incerteza e a dúvida marcassem os primeiros ecos em proveniência do campo de batalha naquele mês de agosto de 1578. Podemos enumerar algumas dessas condições: a distância, sem contiguidade geográfica, em relação ao campo de batalha, dificultando o retorno de testemunhas; o facto de a batalha decorrer num território visto como hostil em termos religiosos e culturais, o que podia afetar a perceção dos relatos dali provenientes; por fim, o desejo de não acreditar no desbaratamento do exército cristão, desejo em que a incerteza sobre o destino do rei — e do reino — certamente se confundia com a do destino dos maridos e outros familiares desaparecidos no campo de batalha.

Enfim, é preciso falar *das notícias*, no plural, não da notícia, porque a informação, mesmo se recebida de forma avulsa, é logo inserida num contexto de comunicação mais vasto; desde logo, as notícias são cruzadas em permanência entre si pelos que as recebem. Isto acontece porque, num sistema de informação marcado pela consciência da sua própria precariedade como era o desta época, toda a notícia singular, avulsa, tendia a ser inserida numa continuidade. As primeiras notícias eram, pelo menos nos meios sociais habituados a recebê-las regularmente por escrito, consideradas precárias, equiparadas a rumores, sem testemunhas suficientemente dignas de crédito nem detalhes que emprestassem verosimilhança às narrativas. Era necessário esperar pelos relatos seguintes para confirmar ou desmentir esses primeiros ecos.

NOTÍCIAS DA BATALHA

Ao chegarem às cortes ibéricas, as notícias sobre a derrocada do exército cristão retomam um relato interrompido. Este tinha começado com a partida da frota de Lisboa, no final de junho, e fizera-se por carta, a partir dos portos de escala da expedição (Lagos, Cádiz,

O QUE É QUE ELES (E ELAS) SABIAM?   45

Tânger, Arzila). As mais conhecidas destas cartas são as que circulam nos canais da diplomacia, como as mensagens enviadas para Madri por Juan de Silva, o embaixador de Filipe II em Lisboa que seguira com o exército do rei português, ou as do engenheiro bolonhês Filippo Terzi, que escreve ao representante (coletor) pontifício em Lisboa, monsenhor Fontana, o qual, por sua vez, retransmite as notícias para Roma. No entanto, estas fontes de informação cessam a partir do momento em que o exército cristão avança para o interior do território marroquino, nos últimos dias de julho. É preciso esperar cerca de duas semanas para que os primeiros ecos da batalha cheguem a Lisboa. Trata-se em primeiro lugar de "murmúrios", como escreveu Lucette Valensi. Segundo a crónica tradicionalmente atribuída a Bernardo da Cruz, ainda antes da chegada de um primeiro relato escrito, já "andava um surdo rumor por Lisboa, que El-Rei era perdido". Chega depois, a 10 de agosto, um primeiro correio, logo envolvido por secretismo, alimentando um pouco mais esse receio. A notícia fora enviada pelo capitão de Ceuta, Leonis Pereira, a António Manso, feitor do rei de Portugal que estava em Puerto de Santa María, junto a Cádiz, e deste último para o núcleo do poder político, em Lisboa: Pedro de Alcáçova Carneiro, vedor da Fazenda, e os governadores nomeados pelo rei na sua ausência. Eis o que escreveu sobre isto Fontana, o coletor apostólico, em carta de 18 de agosto:

> Quanto às coisas de África, a 10 deste mês chegou um correio do porto de Santa María ao Sr. Pedro de Alcáçova [Carneiro], que fez reunir logo os outros governadores do reino, duas vezes naquele dia. Por isso, e porque tiveram fechado o dito correio e mandaram logo chamar o Cardeal [dom Henrique], suspeita-se que fossem péssimas notícias, que se não puderam saber senão depois da chegada de Sua Alteza, que veio antes de ontem [dia 16]; e assim ontem se começou a ter por certo serem as notícias tão más que o Rei ou foi preso ou está morto, e com ele todo o exército. Mas desde esta manhã se vem mitigando o rumor: e se diz que o Rei está salvo, com o sr. dom António, o sr. Duque de Aveiro, e muitos outros fidalgos em Altavila [Tavira], no Algarve; quanto aos particulares da derrota há tantas versões que por ora me falta o ânimo para escrever o que quer que seja, salvo que a perda em homens e bens foi infinita, e [que] parece que o Duque de Barcelos, primogénito do de Bragança, está prisioneiro com muitos outros.[3]

Não podendo aceder ao conteúdo da carta, imediatamente envolvido pelo segredo mais estrito, Fontana especula sobre ele de forma indiciária, a partir das aparências que toma a reação do poder político, isto é, o que se pode deduzir a partir daquilo que este fez. Ora, essa reação é marcada pela excecionalidade, com isolamento do mensageiro e duas reuniões de urgência, indício de muito más notícias. O caráter excecional das reuniões com os governadores, assim como o secretismo reforçado depois da chegada do correio e prolongado durante quase uma semana, até ao regresso de Alcobaça do cardeal dom Henrique, para onde este se retirara na ausência do rei, não deixam grandes margens para dúvidas sobre o sentido das notícias, podendo apenas especular-se sobre o seu grau de gravidade.

O mesmo raciocínio a partir de indícios é seguido pelo embaixador da República de Veneza em Madri, Alberto Badoer. Num despacho datado de 26 de agosto em que faz eco da circulação de rumores em proveniência de Lisboa de que dom Sebastião estaria vivo, coloca esses rumores em dúvida na parte cifrada da carta, pelo facto de os governadores terem mantido segredo sobre a derrota durante mais de dez dias, mostrando assim "pouquíssima confiança neste rei".[4] O que se podia deduzir da reação às notícias era, na experiência destes embaixadores, mais fiável do que os rumores sobre a sobrevivência do rei.

Para agentes bem informados como Fontana, existia a consciência permanente da dificuldade de distinguir entre boa e má informação, rumores e notícias confirmadas. Se a derrota do exército português não parecia oferecer dúvidas, toda a informação particular sobre a sorte dos combatentes, incluindo o rei, carecia de tempo. Era a própria mecânica da circulação de notícias, marcada pela descontinuidade de cada novo afluxo de avisos, que gerava esse atentismo prudente, agravado neste caso pelo desnorte na perceção dos eventos junto dos próprios participantes provocado pelo desbarato militar, e pelo secretismo e desordem no apuramento dos factos da parte das autoridades. Durante as duas semanas após a chegada, a 10 de agosto, da primeira notícia que provocou a chamada de urgência do cardeal dom Henrique, e até chegar a confirmação oficial da morte do rei, uma sucessão de notícias não confirmadas ou difíceis de confirmar circulou em Lisboa. Delas, apenas uma pequena parte chegou às fontes escritas. Segundo Fontana, que só em novembro voltaria a receber cartas de Filippo Terzi, cativo em Marrocos, diziam-se "tantas coisas e tão várias e contrárias que não era possível saber o que acreditar ou não".[5] Mesmo com o regresso de várias pessoas que tinham estado em Arzila e outras que tinham inclusivamente participado na batalha, reinavam entre as pessoas particulares confusão e ignorância sobre os detalhes. Um dos que regressaram foi Salvador de Medeiros, criado do cardeal dom Henrique, que esteve na batalha e foi ferido, voltando a Portugal. É citado em crónicas da época como o "segundo recado, mais certo e de vista, que houve da certeza do desbarate, sem ainda se saber d'el rei se era morto".[6]

A OFICIALIZAÇÃO DA MORTE DO REI

A confirmação da morte de dom Sebastião chegou a Lisboa no dia 24 de agosto, vinte dias depois da batalha, com a armada capitaneada por Francisco de Sousa. Nela vinham cartas enviadas de Tânger, assinadas pelo corregedor da corte Belchior do Amaral, que atestavam o reconhecimento do corpo morto do rei por ele próprio e pelos cavaleiros portugueses cativos, ainda no campo de batalha, e o seu enterro em Alcácer Quibir, com a presença do mesmo juiz. A designação de um alto-funcionário da justiça régia para cumprir com estes procedimentos e certificá-los por meio de missivas enviadas aos governadores do reino não pode não ser interpretada como intencional: ao testemunho ocular dos vassalos juntava-se o valor probatório do magistrado. Trata-se claramente de uma forma de certificação oficial. Segundo o autor da *Chronica d'el-rei dom Sebastião...*, a elas "se deu inteiro crédito" e foi o que permitiu lançar de imediato o processo de sucessão da Coroa na pessoa do cardeal dom Henrique.[7] A partir daquele momento, portanto, a notícia da morte do rei ficou publicamente confirmada, ainda que continuasse a existir variedade nos detalhes sobre as circunstâncias exatas. As consequências eram enormes — e eram as mais temidas em termos políticos: a idade avançada do cardeal (66 anos), único sucessor imediato possível, abria a perspectiva de uma crise de sucessão após a sua morte, com o rei de Castela e Aragão na primeira linha dos candidatos a herdar a Coroa portuguesa.

A morte do rei foi também atestada pelas diferentes correspondências políticas e comerciais, que difundiram de imediato a notícia. A 25 de agosto, monsenhor Fontana escrevia para Roma para dizer que a 24 à tarde se tinha publicado na cidade a morte do rei. Acabado de chegar à cidade, o enviado de Filipe II a Lisboa, Cristóvão de Moura, escrevia para Madri que a 25 de agosto ao amanhecer todos os sinos tocaram a rebate em Lisboa, sinal por que "se entendeu ser morto o rei e se publicou em toda a terra".[8] O correspondente da rede dos Fugger na cidade confirmava a morte do rei "por notícia certa" chegada a 25 de agosto, anunciando para o dia seguinte a coroação do cardeal dom Henrique.[9] Dois dias mais tarde, um comerciante holandês correspondente de uma casa comercial da cidade de Kampen confirmava a morte de dom Sebastião, dizendo embora que ela aconteceu apenas em Alcácer, três dias após a batalha e adiantando detalhes que não teriam confirmação, como o de que haviam cortado a cabeça ao real cadáver.[10]

Diferentes cartas realçam o ambiente de lástima e pranto na cidade após a chegada das notícias da batalha, mas houve testemunhos divergentes sobre as reações, populares ou não, à morte do rei. Cristóvão de Moura, ao chegar a Lisboa, transmitiu para o seu rei o espanto — com alcance político — pela ausência de tristeza relativamente ao desaparecimento do rei: a população choraria pelos seus familiares, e pelo preço do resgate que inevitavelmente haveria de pesar sobre ela.[11] Já o enviado papal, Fontana, enfatizava o amor ao rei de muitos nobres e — não inferior — um sentimento de orfandade política em relação à sucessão do reino, expresso sobretudo pelas mulheres: "As mulheres ocupadas com este sentimento esquecem os maridos e os filhos, não perguntam de outros se não do Rei".[12] O mesmo papel destacado das mulheres nas lamentações, com uma hostilidade visceral aos castelhanos, é salientado pelo correspondente dos Fugger.

Nos dias e semanas seguintes, os detalhes ou "particulares" que faltavam sobre a morte do rei de Portugal entraram nos despachos diplomáticos. A 2 de setembro, Cristóvão de Moura relatou para Madri que dom Sebastião fora achado no campo de batalha dois dias depois da peleja, nu, com uma ferida de arcabuz do lado esquerdo e cinco feridas na cara, além de um grande golpe (*cuchillada*) na cabeça. Segundo a sua descrição, os "mouros" aceitaram o pedido dos "cristãos" para que o rei fosse enterrado; o cadáver foi posto numas andas velhas, coberto com terra e cal, e enterrado em Alcácer Quibir em casa do alcaide.[13] Era uma notícia que Filipe II já devia ter recebido por outras vias, mas que assim acabava de confirmar. Com menos detalhes, Fontana escreve ao secretário de Estado pontifício,

O QUE É QUE ELES (E ELAS) SABIAM?

a 28, que o corpo foi encontrado no campo de batalha, "bastante pisado e com algumas feridas, levado para Alcácer, e que se trabalha para a sua recuperação".[14] Com efeito, no próprio dia 25 de agosto, segundo informa Moura, o Conselho de Estado nomeou Rodrigo de Meneses, governador da Casa do Cível, para ir para Marrocos tratar do resgate dos cativos e do resgate do corpo do rei.[15]

Em Lisboa, a oficialização da notícia da morte do rei foi acompanhada por rituais destinados a inculcar o luto, por um lado, e, por outro, a assegurar a continuidade da monarquia no cardeal infante, legítimo sucessor de Sebastião na qualidade de seu tio-avô, irmão de dom João III. Os gestos rituais, fixados durante o reinado de dom Manuel I por um cerimonial escrito, foram executados: a 27 de agosto, atos fúnebres de exibição de pranto e luto na cidade de Lisboa, seguidos de quebra dos escudos e, a 28, juramento do novo rei e sua aclamação.

A cerimónia da quebra dos escudos, executada por três magistrados, em três momentos e lugares distintos — no adro da Sé, na rua Nova e no Rossio (nas escadas do Hospital de Todos os Santos) —, envolvia a participação de uma série de representantes do poder municipal, vereadores e procuradores da cidade e dos mesteres, e dirigia-se ao conjunto da população urbana. Segundo a descrição da *Chronica d'el-rei dom Sebastião...*, o juiz do cível Lourenço Marques "começou em altas e dolorosas vozes a dizer": "Chorai senhores, chorai cidadãos, chorai povo, a morte do vosso bom rei dom Sebastião!".[16]

Tais cerimónias faziam parte dos rituais de comunicação da monarquia, dando-se a ver e a ouvir à população — aqui discriminada em três categorias sociopolíticas — em pontos centrais do espaço urbano de Lisboa, cabeça do reino, e, dias mais tarde, em todas as sedes de bispado. Ainda antes de ser aclamado rei, o cardeal Henrique enviou cartas ordenando a organização de sermões em memória do rei falecido e procissões de penitência aos cabidos das sés de todo o reino. O mesmo aconteceu em Lisboa, com a realização de uma série de missas e sermões fúnebres, como os que decorreram no Mosteiro dos Jerónimos a 19 de setembro.

A oficialização da notícia teve também uma dimensão diplomática, que passou pela redação de cartas para os diferentes estados e soberanos europeus, a começar pelo papa, chefe espiritual das expedições marroquinas e a quem se atribuía um papel central na ajuda ao resgate dos que tinham ficado cativos. Em resposta, o novo rei recebeu condolências solenes dos representantes diplomáticos em Lisboa e dos que tinham sido enviados com funções políticas para preparar a sucessão da Coroa portuguesa, como é o caso já citado de Cristóvão de Moura, ou de embaixadores extraordinários, de que é exemplo o de Veneza, Matteo Zane, que passou por Lisboa para homenagear o novo rei português antes de seguir para a sua missão em Madri. Também esta forma de informação ritualizada teve como consequência uma série de atos solenes, com a realização de cerimónias de luto em diferentes cidades. O exemplo mais importante foi, de novo, Roma. Um luxuoso ato fúnebre foi aí realizado a 11 de dezembro, na igreja da Companhia de Jesus, com uma missa dita pelo cardeal-patriarca de Constantinopla em presença do embaixador português, João Gomes da Silva, e uma oração fúnebre pronunciada pelo secretário e humanista Aquiles Estaço. No meio da igreja havia um alto estrado com o estandarte régio, um epitáfio latino a letras de ouro e diversos motivos evocativos da memória de dom Sebastião e dos triunfos dos portugueses em África. Foram os membros da comunidade que arcaram com as despesas do aparato fúnebre. Envergando luto, velaram uma grande cama coberta de insígnias reais e rodeada de estandartes negros, "como se ali estivera o corpo do Rei morto".[17]

Poderíamos continuar a citar uma série de microacontecimentos relacionados com a morte do rei (gestos e cerimónias públicos, textos, relatos manuscritos e impressos) que foram, inevitavelmente, inculcadores de uma memória social, demarcadores de um tempo passado e de um tempo político novo. Nenhuma fonte nos permite pensar seriamente que as autoridades portuguesas e o cardeal Henrique tivessem ficado com dúvidas sobre a morte do sobrinho depois de chegada a carta com o testemunho de Belchior do Amaral, a 24 de agosto. A crónica da época que tenho vindo a citar, assim como outras fontes, insistem na importância desta carta, "desenganando-se" o cardeal relativamente a qualquer esperança de sobrevivência, o que abria também caminho à sua entronização. Na própria forma de nomear dom Sebastião noutras fontes vemos as marcas da tomada de consciência da morte do rei. Por exemplo, a 9 de setembro de 1578, foi feito inventário da fazenda do bispo de Coimbra, Manuel de Meneses, por ordem do cabido da sé da mesma cidade, isto "enquanto se não sabe se [o bispo, que tinha ido na expedição] é vivo se morto". Mas se a sorte do bispo era ainda desconhecida, já o articulado do texto não apresentava dúvidas quanto à sorte do rei dom Sebastião "nosso senhor, que deus tenha em glória".[18]

O QUE É QUE ELES (E ELAS) SABIAM?

Como referi, o novo rei desenvolveu de imediato diligências para expedir para o reino o mais rápido e discretamente os restos mortais de dom Sebastião, se possível acompanhados das relíquias que levava e do seu arquivo pessoal. Rodrigo de Meneses foi enviado a Ceuta nos inícios de setembro para resgatar o corpo morto do rei e iniciar as operações de resgate dos cativos. As instruções dadas a este enviado mostram que dom Henrique sabia, por via de uma carta que lhe tinha sido endereçada por Duarte de Meneses, capitão de Tânger cativo em Fez, que Belchior do Amaral tinha marcado o túmulo do rei em Alcácer Quibir, para que a sua identificação não levantasse dúvidas.[19]

A identificação do túmulo e do próprio cadáver do rei por certos sinais secretos é confirmada por Jerónimo de Mendonça no seu livro *Jornada de África*. Este cronista refere que o corregedor Amaral fez a marcação com pedras e tijolos no momento em que foi dada a primeira sepultura ao rei em Alcácer Quibir.[20] Sublinhe-se — apesar do secretismo recomendado nas instruções — esta preocupação de marcar o lugar onde ficou enterrado o rei e de não deixar que o testemunho da identificação feita ainda no campo de batalha fosse quebrado. Tal preocupação revela-se ainda no facto de as instruções dadas a Rodrigo de Meneses lhe recomendarem que obtivesse do alcaide de Alcácer Quibir que dois religiosos trinitários vigiassem o túmulo dia e noite, isto enquanto os restos mortais do rei não fossem transferidos para solo cristão.

RUMORES

Em Portugal, era chegada a hora de fazer o balanço político e moral da expedição. Ele era arrasador. As críticas à expedição vinham de trás. A obstinação com que o rei a defendera fora alvo de reparos, que circularam em escritos notoriamente políticos. A crer no *Memorial de Pero Roïz Soares*, insuspeito de simpatias filipinas, circularam diferentes vaticínios sobre o iminente desastre africano em Lisboa e perdição do rei e da nobreza, motivados pelo cometa que foi avistado na cidade no final do ano de 1577. Confirmada a morte do rei, a identificação dos responsáveis pelo mau aconselhamento que teria levado dom Sebastião à decisão de empreender a jornada, ir em pessoa à batalha, fazer sucessivas más escolhas táticas e lançar o ataque tornou-se uma arma de arremesso no novo quadro político. Foi essa a razão — ou o pretexto — que levou dom Henrique a afastar, no início de outubro, o vedor da fazenda Pedro de Alcáçova Carneiro. Por continuar a desempenhar um papel politicamente nefasto na corte depois deste afastamento, Alcáçova Carneiro acabou por ser desterrado para Torres Vedras em abril de 1579. Foi na mesma altura instaurado um processo formal contra os conselheiros do rei que tinham defendido a ida do monarca em pessoa para Marrocos.

Ao mesmo tempo, os boatos sobre a possibilidade da sobrevivência de dom Sebastião, que tinham começado a circular com os primeiros avisos da derrota, continuaram após a oficialização da notícia da sua morte e a aclamação do cardeal-rei. A consulta dos despachos de Cristóvão de Moura permite-nos construir uma perspectiva histórica sobre esses rumores e, em geral, sobre as notícias que circulavam. A posição de Moura é de serviço ao seu rei — mas qualquer ação política se integra, nesta época, numa lógica e numa ética de serviço; ela não deixa de ser interessante para a construção de uma sociologia da comunicação, coerente com uma visão corporativa da ordem social. A correspondência política de Moura ajuda-nos a pôr à distância a lenda negra que se abateu sobre esta figura durante o período nacionalista dos séculos XIX e XX — depois de Miguel de Vasconcelos, trata-se de um dos avatares da figura do traidor ao serviço dos castelhanos.

De acordo com Moura, duas questões políticas tinham passado a dominar as conversas a partir do final de agosto de 1578: o resgate dos cativos e, sobretudo, a questão da sucessão da Coroa portuguesa uma vez que chegasse a morte de dom Henrique. Cristóvão de Moura refere-o de forma expressiva em carta de final de dezembro de 1578, com uma teoria implícita da centralidade das conversas na construção da opinião:

> Há pouca ou nenhuma que não seja sobre esta matéria [da sucessão da Coroa]; e não se juntam duas pessoas que falem de outra coisa, nem há letrado que leia em outro livro a não ser os que disto tratam, emprestando-se uns e outros todos os [livros] que podem dar alguma luz neste caso.[21]

Quanto aos rumores de que o rei estava vivo, Moura explica-os em primeiro lugar pela "má ordem" com que as autoridades portuguesas tinham procedido à averiguação dos sucessos de África. Assim, a 8 de setembro, duas semanas após a confirmação da morte do rei, a falta de detalhes sobre o que acontecera na batalha era quase total. "Barbarismo e confusão", eis as palavras com que caracteriza a maneira com que "se sabem as coisas" em Lisboa.[22] Moura nunca está longe dos estereótipos quando se refere aos portugueses, comunidade de vassalos da qual é originário mas da qual se quer distinguir nas suas cartas.

Saliente-se, nos testemunhos de Moura, por um lado, a desqualificação da crença na sobrevivência de dom Sebastião como sendo uma opinião popular, do vulgo, e, por outro, a identificação da origem manipuladora desses rumores, nada popular e com motivações políticas claras. Na citada carta de 8 de setembro, o enviado do rei de Castela, depois de referir a falta de método das autoridades portuguesas na averiguação do que aconteceu em África, associa a opinião "de que o rei não está morto" a mulheres desvairadas pela incerteza sobre a sorte dos seus próprios maridos, interrogadoras de feiticeiras, e arrastando atrás de si "farta parte do povo". Dois meses depois, em carta de 10 de novembro, Moura voltava a veicular a ideia de que a crença na sobrevivência do rei era "opinião popular", mas acompanhava-a de comentários políticos sobre a fonte dos rumores: eles teriam origem em Pedro de Alcáçova Carneiro e outros antigos governantes caídos em desfavor após a "jornada de África". Eis o que Moura escreveu então:

> O povo conserva aqui uma opinião (de que outras vezes tenho advertido) afirmando que o rei está vivo e que o corpo que se enterrou em Alcácer não era seu; e apesar de isto ter tão pouco fundamento como outras coisas que aqui se levantam, contudo obrigou o rei a mandar indagar contra as pessoas que isto afirmam, e quer saber delas quem lhes disse o que afirmam. E, na verdade, todos os que fomentam esta opinião são principalmente os que querem mal a este rei; e assim estas novas saem sempre da casa dos que foram privados [i.e., favoritos] no passado, e de Pedro de Alcáçova.[23]

O recurso a inquéritos e devassas por parte de juízes junto dos que difundiam boatos sobre a sobrevivência de dom Sebastião é confirmado pelo *Memorial de Pero Roïz Soares*. Esta fonte cita dois incidentes "sebastianistas" que terão levado a interrogatórios: o primeiro, no contexto das cerimónias fúnebres de 19 e 20 de setembro na igreja dos Jerónimos. Segundo o *Memorial*, o pregador escolhido para fazer o sermão — o frade agostinho Miguel dos Santos — tinha sido aconselhado em segredo a tomar cuidado com o que diria na sua prédica, pois dom Sebastião estava vivo e assistiria à cerimónia. O religioso ter-se-á então dirigido a dom Henrique para saber sobre que assunto — rei morto ou rei vivo — deveria pregar.[24] Outro episódio relatado no *Memorial* envolve um barbeiro que assegurava ter dado de beber ao rei após a batalha, a uma légua de Arzila, com o monarca a cavalo e sem correr perigo. Na mão o barbeiro levava o odre ("borracha") por onde o rei teria bebido, tendo-o agitado como prova tangível perante dom Henrique.

Cristóvão de Moura assistiu às cerimónias fúnebres de 19 e 20 de setembro, e escreveu ter gostado do sermão. Nos seus despachos, não há referências ao incidente com o pregador agostinho. Mas a sua interpretação quanto ao caráter não espontâneo e politicamente motivado dos boatos não deixa de ter fundamento. Ganhar tempo na questão da sucessão da Coroa — para permitir, por exemplo, a obtenção de uma dispensa de Roma para um eventual casamento do cardeal-rei — parece ter sido um objetivo por detrás da propagação dos rumores. A mesma grelha de leitura volta a estar presente na correspondência de Cristóvão de Moura, meses mais tarde, numa carta de 11 de abril de 1579, escrita no momento em que já se reuniam Cortes em Lisboa para tratar das matérias de sucessão na Coroa. Um dos que afirmavam, "a quantos o queiram ouvir", que o rei estava vivo, era um padre jesuíta, o que é interpretado por Moura como manobra dilatória.[25] Os rumores dariam origem a averiguações judiciais, com recolha de testemunhos, o que permitiria ganhar tempo contra a candidatura de Filipe II. Ainda durante as Cortes, um médico (*físico*) da casa de Cristóvão de Távora, favorito do rei morto na batalha, enviou aos três estados reunidos uma carta em que afirmava que o rei estava vivo, escapara da batalha e que ele próprio o curara por suas mãos. O cardeal-rei mandou prendê-lo e expô-lo publicamente com baraço e pregão, condenado às galés como amotinador das Cortes e divulgador de falso testemunho. Note-se que este boato sobre o tratamento por um médico a dom Sebastião, "encoberto" em Portugal, nunca desapareceu totalmente, vindo a integrar a versão sebastianista vinte anos mais tarde.

Encontramos uma interpretação coincidente com a de Moura, sobre os usos políticos do rumor, num manuscrito muito crítico da

O QUE É QUE ELES (E ELAS) SABIAM? 55

expedição marroquina que circulou em várias versões e línguas. Segundo uma das cópias deste texto, forjar rumores sobre a sobrevivência do rei era um expediente dos "conjurados" contra o cardeal-rei, para lhes "não açambarcarem [i.e., selarem judicialmente] as portas e os deixarem viver com o temor de tal esperança: e têm razão, porque estão tão odiados do povo que não fora muito [para estranhar] fazer-se algum desatino".[26]

A identificação de uma génese política dos rumores em circulação tem a vantagem de ajudar a resistir à tentação de tomar automaticamente as primeiras manifestações "sebastianistas" como simples reflexo de um sentimento popular espontâneo. Isto não quer dizer que esse sentimento não tenha existido, nem que todos os rumores ou profecias sobre o regresso do rei resultassem de manobras políticas cortesãs — o que seria cair numa teoria da conspiração de sinal contrário. São conhecidos, nomeadamente a partir dos arquivos inquisitoriais, vários casos independentes entre si de declarações proféticas anunciando o retorno de dom Sebastião nos anos após a batalha, em diferentes regiões de Portugal, por exemplo na Beira e no Alentejo. Parte das denúncias feitas à Inquisição incidiam sobre a prática de adivinhação e vidência, algo que se acentuou após o desastre marroquino, em que as profecias implicavam, por vezes de forma indistinta, o regresso dos familiares ao mesmo tempo que o do rei. Já os inquéritos judiciais lançados pelas autoridades, menos notados pela historiografia, parecem efetivamente ter uma componente política.

Para já, retenhamos que não foram apenas os boatos da sobrevivência de dom Sebastião que vieram a ter uma longa história: o seu uso político também.

DEVASSAS

Apesar do que escreveu Cristóvão de Moura sobre a "má ordem" das autoridades portuguesas no apuramento dos factos, sublinhe-se como estas, confrontadas com rumores que pretendiam pôr em causa o desenrolar do processo político sucessório, tomaram medidas para os averiguar. Note-se também a presença dos mesmos magistrados nos vários momentos em que os boatos apareceram. Os dois juízes citados como tendo participado nas devassas — ou seja, a inquirição de testemunhas — são Belchior do Amaral e Diogo da Fonseca, que fizeram parte da expedição norte-africana. Tendo permanecido com a frota em Arzila, o segundo teve de inquirir ainda em Marrocos sobre os rumores da fuga do rei da batalha. De acordo com Jerónimo de Mendonça, o rumor nasceu quando três ou quatro cavaleiros chegaram, na noite da batalha, ao forte de Arzila e, encontrando as portas fechadas, declararam vir entre eles o rei, embuçado. O corregedor Fonseca, acompanhado do capitão de Arzila, tomou conhecimento do caso e constatou a falsidade do boato, identificando o embuçado como um jovem fidalgo, nomeado como Diogo de Melo pelo cronista Antonio de Herrera.[27] Mesmo assim, o rumor acabou por seguir para Lisboa com a armada e espalhou-se pela cidade, para o que terá contribuído o facto de o referido fidalgo ter também embarcado nela. Quase todos os relatos que se fizeram mais tarde em torno dos episódios de falsos reis vieram beber a esta fonte do rumor dos cavaleiros de Arzila. Diogo da Fonseca foi encarregado de indagar de forma repetida sobre tais boatos, em 1578 e 1579, e de reprimir os dois casos de impostura régia de 1584 e 1585. O segundo, ocorrido no litoral a norte de Lisboa, na zona da Ericeira, transformou-se num verdadeiro levantamento popular armado, com chacina de autoridades e confrontos armados.

A mesma continuidade e acompanhamento personalizado por um juiz se verificou com Belchior do Amaral, cujo protagonismo na oficialização da morte do rei já foi sublinhado. De regresso ao reino após o cativeiro, voltamos a encontrá-lo nas cerimónias solenes de transferência dos restos mortais de dom Sebastião para o mosteiro de Belém, no final do ano de 1582. A presença neste cortejo do juiz que tinha enterrado o rei renovava o gesto de certificação anterior, que consistia em associar a condição de alto magistrado à de testemunha presencial. Não apenas o juiz testemunhava: dezenas de oficiais da casa do rei e de fidalgos que tinham conhecido bem dom Sebastião acompanharam o féretro, numa peregrinação que atravessou ostensivamente o sul do reino por terra, de Faro a Tavira, Beja e Évora, e daí até Lisboa, com a clara intenção de dar a ver o caixão e assim desmentir rumores.

Mas a associação do corregedor Amaral à memória da batalha estendia-se a outras questões relativas à expedição: em junho de 1582, ele foi nomeado juiz das causas sobre "heranças, morgados e bens" daquelas pessoas que, tendo participado na batalha, não tinham até ao momento regressado ao reino. A questão que se colocava era a da disputa entre as reclamações dos herdeiros presuntivos, em caso de morte, e os direitos dos possuidores que alegavam que os proprie-tários estavam vivos e haviam de regressar. Os exemplos numerosos de regresso efetivo de antigos participantes na expedição. A crença na sobrevivência de outros antigos soldados pode ter sido alimen-tada por estes regressos a conta-gotas — e também pelos diferentes episódios de falsos reis Sebastião.

No caso de Belchior do Amaral, eram claramente a sua memó-ria, os seus arquivos e a sua experiência da expedição marroquina, inclusive como cativo, que o habilitavam para julgar estes pleitos judiciais. Em 1603, o mesmo juiz é citado por Cristóvão de Moura nas diligências que este, então vice-rei de Portugal, estava a fazer para prender cúmplices dos sebastianistas que estavam a ser julgados em Sanlúcar de Barrameda na causa-crime contra o falso rei dom Sebastião Marco Tullio Catizone.[28] A presença de magistrados que estiveram na Batalha dos Três Reis em causas relacionadas com os direitos após a morte ou o desaparecimento na batalha, incluindo a afirmação da identidade do rei e a repressão dos casos de falsa iden-tidade, não pode ser considerada fortuita. Ela demonstra a junção entre a função judicial e o testemunho.

Ao mesmo tempo, porém, a personalização do acompanhamento judicial não foi suficiente para fazer calar os rumores. Há indícios que sugerem que a esperança sebastianista se cristalizou ainda antes do episódio de Veneza.

Mas a pista da instrumentalização dos boatos para outros fins continua a ser pertinente, como o sugere uma fonte posterior a 1640. Neste texto manuscrito se salienta o uso do rumor da sobrevivência do rei pelos descendentes de Jorge de Albuquerque Coelho, o que foi senhor de Pernambuco, para alimentar a reputação desta casa nobre. Foi o episódio da cedência do cavalo a dom Sebastião por Albuquerque Coelho no final da batalha que esteve na base deste trabalho de construção de uma memória. Ao ceder o seu cavalo para salvar o rei, o vassalo ferido dava à posteridade um exemplo de he-roísmo e contribuía ao mesmo tempo para alimentar a fama de uma fuga do rei a cavalo. Veiculada por textos manuscritos e impressos e por imagens, a história terá contribuído para dar consistência aos boatos, transferindo-os da esfera das fábulas atribuídas ao vulgo para o crédito das crónicas e do texto impresso.[29]

Por outro lado, a persistência dos rumores de sobrevivência do rei não é sinónimo de estabilidade dos mesmos. Diferentes boatos sem coerência entre si correram nos meses e anos após a batalha. A partir de dado momento, o que resta de "verdadeiro" neles não é propriamente o seu enunciado, mas o facto de se reproduzirem, alimentando a ideia — vou buscar esta expressão ao nosso presente repleto de fake news — de que "não há fumo sem fogo". De resto, nem todos os rumores se equivalem: para João de Castro e os sebastianistas de 1598-1603, os "dom Sebastiões" que se manifestaram em 1584 e 1585 são evidentemente impostores. É a crença que traduzem que é por eles considerada verdadeira e que prenuncia a vinda messiânica do verdadeiro monarca. No entanto, e é isto que gostaria de sublinhar para começar a concluir este capítulo, mesmo este juízo é o resultado de uma reconstrução a posteriori, de uma reescrita da história. É ela que vai criar continuidade onde uma perspectiva histórica deveria, a contrapelo, considerar também, e talvez principalmente, a descontinuidade.

COMO REFUTAR A MORTE DO REI

Parto aqui de um postulado que não é original: aquilo que podemos chamar de primeiro sebastianismo constitui uma expressão de resistência política da parte dos seguidores de dom António, o prior do Crato. Este príncipe português fez-se proclamar rei em junho de 1580, durante a crise de sucessão gerada após a morte do cardeal dom Henrique, e liderou a resistência militar contra a candidatura de Filipe II. A sua pretensão à Coroa portuguesa foi prejudicada pelo facto de se tratar de um filho ilegítimo de um filho de dom Manuel I. Derrotado militarmente pelos castelhanos, dom António teve de se esconder e fugir do reino, acompanhado pelos seus mais próximos seguidores. No exílio, prosseguiu o seu combate diplomático para ser reconhecido como rei e participou, sem sucesso, em iniciativas apoiadas por franceses e ingleses para atacar Portugal. Mas após a sua morte, em 1595, o grupo antoniano encontrava-se esgotado e minado pelas dissensões internas.

O episódio messiânico em torno do calabrês Catizone é a última expressão deste grupo — pelo menos enquanto grupo —, só possível após a morte daquele pretendente à Coroa portuguesa, em 1595. É o episódio iniciado em Veneza em 1598 que está na origem de um corpus de textos proféticos e apologéticos, a partir do qual irá nascer uma tradição letrada sebastianista.[30] É também neste contexto que se lança a refutação da versão oficial sobre a morte do rei, assente na invalidação do testemunho dos fidalgos portugueses. Esse trabalho foi feito essencialmente por dois homens: João de Castro e o padre dominicano José Teixeira.

João de Castro

O percurso do intelectual fundador do sebastianismo, descrito em textos autobiográficos, permite entrar na questão. Em 1602, no seu livro *Discurso da vida do [...] rey dom Sebastiam*, João de Castro escreve que a hipótese da sobrevivência do rei foi "reluzindo" nele a partir de 1587, quando se encontrava em Paris "desocupado [...] e dando-se a algumas curiosidades de profecias e revelações".[31] A instalação de Castro em Paris, acompanhado de António de Meneses, senhor de Cantanhede, deu-se após uma primeira rotura entre estes dois homens e dom António, prior do Crato, então em Londres com o seu pequeno séquito. Apesar de as suas primeiras ideias messiânicas serem descritas como fruto de um estado de desocupação, a sequência não é acidental: quando a via do alinhamento político com António se começa a esgotar, a fé messiânica aparece como hipótese alternativa. Uma certa interpretação das profecias convence então os dois homens de que dom Sebastião deveria reaparecer na Senegâmbia. Por esta razão, Meneses embarca em 1589 para a costa ocidental africana, acabando por morrer na expedição.

Durante os anos muito duros das guerras civis e de religião que atravessavam o reino de França, Castro permanece em Paris. Uma passagem por Londres em 1593, durante a qual confia ao prior do Crato as suas convicções messiânicas, mostra que ainda ensaiava, naquele momento, uma conciliação com o seu antigo líder e entre duas vias de ação política. Mas a morte de António dois anos mais tarde, em Paris, e os conflitos com os seus seguidores mais próximos e testamenteiros assinalam o esgotamento de tais tentativas. Durante os anos seguintes, sempre em Paris, Castro continua as suas investigações eruditas e organiza encontros no convento dos jacobinos (dominicanos), tentando persuadir outros portugueses a aderirem à sua convicção de que o rei dom Sebastião estava vivo e havia de se manifestar antes do fim do ano de 1598. A convicção messiânica "aparece" a Castro tardiamente e resulta do seu afastamento do grupo de dom António. A via sebastianista, tal como descrita pelo mais famoso dos seus apologetas, surge como alternativa ao esgotamento de outras, que, aliás, nunca desaparecem totalmente dos textos de Castro: antes da morte de dom António, tentou reaproximar-se dele; e antes e depois da mesma morte, defendeu que a casa de Bragança poderia ser uma alternativa dinástica, caso a via antoniana ou mesmo a de dom Sebastião regressado falhassem.

Frei José Teixeira

O outro autor sebastianista de relevo é o dominicano José Teixeira. Como os demais sebastianistas, tratava-se de um antigo fiel do prior do Crato, de quem foi confessor. Exilado com dom António, participante na expedição luso-francesa comandada por Strozzi e derrotada nos Açores em 1582, foi feito prisioneiro em Lisboa e depois logrou evadir-se. Teixeira começou então a prestar serviço na corte francesa à rainha-mãe, Catarina de Médici, ao mesmo tempo que continuava a escrever em favor das pretensões de dom António. A sua atividade como informador e homem de pluma favorável ao partido de Henrique IV foram recompensados, em 1595, com uma pensão como esmoler e pregador do rei de França.

Em comum com João de Castro, Teixeira tinha o facto de se ter afastado de dom António ainda em vida deste. Mas a sua conversão ao sebastianismo não foi imediata. Só no final do ano de 1600, mais de dois anos após as primeiras manifestações do "rei" em Veneza, e na sequência da insistência de homens como frei Estêvão de Sampaio e do próprio João de Castro, é que se decidiu a escrever em favor da causa. Podemos colocar a questão de saber se a demora na adesão se deveu ao problema de coerência que a hipótese de sobrevivência do rei lhe colocava. Com efeito, Teixeira tinha sido durante anos um ardente defensor de uma teoria pactista do poder, favorável ao direito tradicional dos estados portugueses de escolherem o seu próprio rei, princípio que devia passar à frente do dinástico. Em 1598, ano em que o episódio messiânico de Veneza começou, Teixeira estava ainda a imprimir textos, em francês e em inglês, que defendiam esta solução contra o que ele considerava ser a usurpação filipina.

Fosse como fosse, pelo final de novembro de 1600 o padre dominicano começou a redigir os seus primeiros textos apologéticos a favor do prisioneiro de Veneza, para serem impressos no mercado francês.

Tal como os de Castro, eles testemunham de uma lógica de reescrita da história, indispensável aos antonianos para justificarem a sua conversão a uma causa que, a diversos títulos, era contraditória com a legitimidade do prior do Crato.

Esta contradição estende-se aos diferentes textos que Teixeira tinha publicado ao longo dos anos, em que não punha em questão a morte do rei. Foi o próprio dominicano a admiti-lo no seu primeiro livrinho sebastianista, *Adventure admirable...*, impresso no início do verão de 1601. A objeção, erudita, ter-lhe-á sido colocada pelo jovem príncipe de Condé: "Se tinha essa opinião [sobre o advento de dom Sebastião], como se explica que tenha escrito no seu livro *De ortu Portugalliae & regni initiis, etc.,* impresso em Paris em 1582, que o rei Sebastião estava morto?".[32] Teixeira responde de duas maneiras. Em primeiro lugar, dizendo que tal afirmação era o resultado de uma autocensura; no momento da publicação daquela obra, ainda era perigoso afirmar que o rei estava vivo, não por razões políticas, mas para não revelar tal notícia ao sultão marroquino, pondo em risco a segurança de um monarca ainda "encoberto" no Norte de África. Em segundo lugar, Teixeira declara que noutra sua obra em latim sobre o direito sucessório da Coroa portuguesa, de 1588, afirmava já que dom Sebastião não tinha morrido na batalha e que o cadáver enterrado em Belém como sendo o seu era o de um soldado suíço, como se dizia correntemente em Portugal na época.[33]

No entanto, quando consultamos os textos citados por Teixeira, verificamos que aquilo que escreveu em 1601 não corresponde à verdade. A versão que aparece nos seus textos de anos anteriores é o boato segundo o qual, em vez de morrer na "jornada de África", o rei dom Sebastião teria sido assassinado mais tarde pelos castelhanos. Se Teixeira dá crédito às vozes de uma fuga da batalha e ao enterro de um cadáver alheio nos Jerónimos, não deixa de referir a morte do rei pouco tempo depois, às mãos dos castelhanos.[34] Noutros textos posteriores publicados anonimamente, em particular o *Traicté paraenétique*, impresso no ano em que começou a impostura de Veneza, a morte de dom Sebastião é claramente afirmada. A segunda edição deste livrinho inclui uma carta de Teixeira que refere "várias coisas tocantes ao que aconteceu *desde a morte do rei Sebastião*" (itálico meu). Nesse mesmo ano (1598) saiu uma tradução inglesa desta obra, em que se diz que o rei Sebastião foi "morto" [*slaine*] ao lado de todos os seus chefes militares.[35]

O objetivo destes parágrafos não é instruir um processo contra a má-fé de frei José Teixeira ou de João de Castro, mas sublinhar o trabalho de reconstrução da memória que estes empreenderam. Foram os textos de justificação de Castro e Teixeira que transformaram a multiplicidade de boatos sobre a sobrevivência do rei num único e grande rumor que se teria mantido sem interrupções. A reescrita da história destes textos passa pela reconstituição de um itinerário verosímil para o rei durante o longo período (vinte anos) em que teria permanecido encoberto. Segundo Castro, o seu longo périplo inicia-se com o episódio dos cavaleiros embuçados que foram bater à porta da Fortaleza de Arzila na noite da batalha, seguido da partida intempestiva do capitão da frota, Diogo de Sousa, indício da presença de dom Sebastião a bordo. O percurso continua com um desembarque no Algarve, no cabo de São Vicente, onde o rei teria sido acolhido no convento franciscano. Mas a partir daqui, sentindo "mais a afronta do desbarato que a perda do reino", recusou-se a manifestar-se e começou a percorrer mundo com os seus companheiros.

Como referi atrás, a existência de rumores sobre a sobrevivência de dom Sebastião e os episódios de falsos reis são valorizados por João de Castro na medida em que, examinadas a posteriori, essas manifestações exprimiam uma verdade. A crença, mesmo tendo como objeto impostores e sendo própria de rústicos — como no episódio da Ericeira —, constituía um indício que apontaria para que o rei fosse vivo. Estas "aparências para ser vivo" seriam apoiadas por muitas outras: por exemplo, o facto de diferentes pessoas de autoridade, em segredo, estarem por dentro da verdade. Era o caso do citado capitão Diogo de Sousa, tal como o do cardeal-rei, de dom Filipe I (II) e dom Filipe II (III), sem falar do sultão vencedor, Muley Hamet. O mesmo raciocínio, assente numa teoria da conspiração, se encontra nas páginas que frei José Teixeira dedica à questão.

O recurso a uma "teoria do complô" — sem esquecer que a expressão é uma projeção no passado das nossas próprias categorias — também está presente no trabalho de invalidação do testemunho dos fidalgos a que se dedicam estes dois autores. Os nobres cativos teriam mentido no momento do reconhecimento dos restos mortais de dom Sebastião, fosse para proteger o rei em fuga, fosse por se terem entretanto posto ao serviço dos castelhanos. Nos dois casos, teriam testemunhado com reserva mental.

TIPOLOGIA BREVE DE UMA ARGUMENTAÇÃO

A partir do *Discurso da vida do [...] rey dom Sebastiam* e da *Adventure admirable*... é possível construir uma breve tipologia da argumentação utilizada para negar a morte do rei. A um nível muito geral, é possível dizer que essa argumentação não se caracteriza por estar em rotura com as categorias usadas na época para demonstrar e validar testemunhos, mas exacerba, de forma falaciosa, certos critérios relativamente a outros. Eis aqueles que me pareceram mais importantes:

1) Invalidação do testemunho presencial dos cativos portugueses, pelo raciocínio conspirativo que acabo de descrever; as motivações dissimuladas das testemunhas torná-lo-iam inválido.

2) Invalidação das circunstâncias do reconhecimento do corpo morto apresentado aos cativos. As numerosas feridas e o estado avançado de decomposição, por causa do calor, tornariam tal reconhecimento impossível.

3) Ausência de certos testemunhos ou indícios avançada como prova (*argumentum ad ignorantiam*). Entram neste registo a alegação, atrás referida, de que "ninguém viu o rei cair" ou de que as armas e outras insígnias do rei não foram encontradas.

4) Invocação de qualquer testemunho que possa ser interpretado como indício de sobrevivência do rei, sem qualquer trabalho crítico de validação ou cotejo. Aqui, como em geral em toda a argumentação de tipo conspirativo, o raciocínio sebastianista não se detém perante possíveis contradições internas; os argumentos são apresentados em forma de "mil-folhas", por acumulação, com o objetivo de confundir o adversário pela quantidade de "provas" apresentadas.

5) Equivalência entre o que é afirmado publicamente e a verdade, mesmo quando o que se afirma resulta de notícias não confirmadas ou releva da crença em comprovados impostores.

Enfim, o conjunto destes sofismas conduz à:

6) Inversão do ónus da prova, pela qual o adversário retórico é colocado na posição de ter de provar que o rei não está vivo, quando, logicamente, é à tese da sobrevivência do rei, ao negar uma verdade que tinha sido dada como provada, que compete esse trabalho.

O sofisma "ninguém viu cair o rei" — que foi retomado frequentemente como argumento na época contemporânea — tem como efeito tornar invisível um aspecto moral importante que pode ter condicionado o testemunho sobre a morte do rei, e que a leitura de alguns relatos da batalha permite repescar. Na *Jornada de África*, Jerónimo de Mendonça escreve que tal proposição pode ser indício não da ausência de testemunhas da morte do rei, mas do facto de ninguém ter declarado ser testemunha dessa morte, o que é um enunciado totalmente distinto do anterior. Como escreveu Mendonça, "nunca alguém disse que vira matar a El-Rei e não é muito [para estranhar] realmente, pois nenhum homem que ficasse vivo, é razão que tal confesse".[36] O facto de ter visto o rei cair e não ter morrido ao seu lado podia, de acordo com os códigos de uma moral cavaleiresca, ser entendido como uma falta moral. Do mesmo modo, outros critérios morais relevantes para a atribuição de crédito ao testemunho são esquecidos ou considerados nulos na refutação sebastianista: o valor intrínseco, considerado superior, da palavra dada por um nobre; a obrigação moral de assistência e enterro dignos — em solo cristão — do corpo morto do rei.

ENTREMEIO

Nesta paragem porei este capítulo como marca de duas arraias com seus letreiros de ambas as bandas, que demarque cada uma a sua.

João de Castro, *Discurso da vida do [...] rey dom Sebastiam*, Paris, 1602

Uma das marcas da escrita de João de Castro, esse "pai fundador" do sebastianismo, é a sua maneira um pouco abrupta, mas no fim de contas bastante eficaz, de começar um capítulo ou de mudar de assunto no interior de um capítulo. Em homenagem a esse talento, ponho uma dessas transições em epígrafe deste pequeno capítulo, que entendo como um entremeio entre as duas partes do livro, com "seus letreiros de cada banda": de uma banda ficou a morte do rei dom Sebastião, da outra começa a ficção, no sentido, como expliquei no prólogo, de fingimento e simulação. Mas antes de passar para a banda de lá do letreiro "ficção", apresento aqui um breve panorama crítico dos principais trabalhos que trataram do episódio do falso dom Sebastião "de Veneza", tal como das fontes sobre as quais trabalhei.

PANORAMA DA BIBLIOGRAFIA

A primeira referência vai para o trabalho de Miguel Dantas, *Les Faux Don Sébastien* (1866). Este conselheiro diplomático de Portugal em Paris estudou os diferentes episódios de falsos reis, tendo dedicado quase metade da sua obra à impostura de Veneza. Apesar de, mais de 150 anos depois, a minha perspectiva ser necessariamente muito distinta, Dantas fez uma leitura aprofundada — e, como a minha, sem concessões ao mito sebastianista — das fontes de arquivo espanholas, tal como dos textos de João de Castro e de frei José Teixeira.

A segunda obra a tratar da impostura de maneira global é bem mais recente. Trata-se do pequeno livro do investigador norte-americano H. Eric R. Olsen, *The Calabrian Charlatan* (2003). Olsen consultou também a documentação do Arquivo de Estado de Veneza, que Dantas utilizou menos. Entre as boas intuições do seu trabalho conta-se a relação que estabelece entre a circulação transnacional de rumores e a ideologia milenarista e "nacionalista" em Portugal. Apesar do esforço louvável para fornecer uma interpretação global, a investigação de Olsen apresenta os limites de um primeiro trabalho, padecendo de esquematismo e de dificuldade em articular uma leitura detalhada das fontes com a trama mais geral da história ibérica do período.

João Carlos Gonçalves Serafim consultou também a documentação relativa à impostura nascida em Veneza para fazer a sua tese sobre João de Castro (2004). Há nela muita informação relevante, mas a interpretação está subordinada a uma perspectiva bastante tradicional, do género "vida e obra", com problemas de distanciação crítica relativamente ao objeto. Outros trabalhos merecem referência, como o de Yves-Marie Bercé (1990), que integra os episódios de falsos Sebastiões numa investigação comparativa à escala europeia, o que faz todo o sentido. Não me alargo aqui sobre outros estudos ou artigos indispensáveis, que foram ou irão sendo citados ao longo do texto (L. Valensi, 1992; M. Olivari, 1999 e 2000; D. Ramada Curto, 2011). Tenho uma dívida relativamente a todos estes trabalhos, inclusive o de António Belard da Fonseca (1979), que, apesar das suas teses totalmente inverificáveis, na esteira das interpretações sebastianistas de que é herdeiro, valoriza a prova documental e reproduz documentos de arquivo preciosos. Ironia à parte, se não considerasse insatisfatórias ou parcelares as interpretações disponíveis sobre o caso que nasceu em Veneza, não me teria lançado nesta investigação.

PANORAMA DAS FONTES DE ARQUIVO

Para um inventário das fontes e transcrição e publicação de documentos, os artigos de Teodoro Toderini (1874), Umberto Caldora (1957) e o livro de Julieta T. Marques de Oliveira (2000) são importantes, assim como para a reconstituição da intriga veneziana. Um artigo de Rinaldo Fulin (1865) contém referências úteis às fontes do fundo "Mediceo del Principato" do Arquivo de Estado de Florença. Esta documentação de Florença foi até aqui praticamente ignorada pelos pesquisadores. No entanto, ali se encontra um fundo particularmente rico, nomeadamente o maço (*filza*) 5053, onde há dezenas de documentos relativos à prisão do falso dom Sebastião em 1600-1601:

correspondência política dos agentes do grão-duque da Toscana, mas também relatórios sobre o prisioneiro calabrês e cartas de sebastianistas portugueses destinadas ao grão-duque.

Não se encontrou — pelo menos até hoje — em Florença, Veneza, Nápoles ou mesmo Simancas a documentação judicial original. No entanto, esta falta é largamente compensada pela abundante correspondência diplomática e política, que pode ser cruzada com proveito com os detalhes fornecidos pelos sebastianistas portugueses nas suas obras e correspondência nelas impressa, ou apreendida manuscrita. Para este propósito, a documentação do Arquivo Geral de Simancas é evidentemente incontornável. Os processos finais de Sanlúcar de Barrameda também não se conservam neste arquivo, mas existem os minuciosos relatórios regulares feitos por juízes e instrutores políticos do processo, incluindo sínteses dos interrogatórios feitos aos presos. O essencial da documentação está nos maços (*legajos*) 193 e 197 da secção "Estado". Na série "K" da mesma secção, de correspondência diplomática, encontramos despachos de Veneza, Roma e do vice-rei de Nápoles, entre outros. Outra documentação muito interessante do arquivo de Simancas é a correspondência apreendida a frei Crisóstomo da Visitação quando este foi preso em Parma pelo ano de 1604. Trata-se — no *legajo* 438 da secção Estado — de várias dezenas de cartas que permitem reconstituir toda uma rede internacional de apoiantes da causa sebastianista, de Veneza a Roma e Paris, principalmente. No mesmo maço se encontram cópias de textos escritos por Catizone-dom Sebastião e as obras manuscritas — em letra miudinha e em latim — escritas pelo mesmo monge em sua defesa e justificação.

Outra fonte fundamental é o manuscrito (Mss 9394) da Biblioteca Nacional de Madri que relata o processo de Sanlúcar, intitulado *Berdadera y suçinta notícia de lo que succedío en el año de 1603 en el puerto de Santa María y çiudad de San Lucar de Barrameda*. Utilizado por Miguel Dantas em paralelo com os documentos simanquinos, é um texto que deve ser objeto de um olhar crítico, pois não se trata de uma simples cópia dos processos verbais enviados à Secretaria de Estado. O manuscrito de Madri, que fazia parte da biblioteca do conde-duque de Olivares, é testemunha da circulação da história do processo em redes de letrados logo após a sua conclusão. Trata-se provavelmente da obra — aliás cópia de um original perdido — feita pelo secretário do processo-crime levantado pela justiça régia. O autor teve acesso a toda a documentação produzida durante o processo (atas de interrogatório, sentenças) e menciona em detalhe as circunstâncias e diferentes incidentes da instrução e da acusação, em presença dos acusados, cujas palavras e reações regista.

Ainda em Madri, mas no Arquivo Histórico Nacional, as minutas dos despachos de Cristóvão de Moura durante o seu primeiro vice-reinado em Lisboa — que consultei seguindo os passos de Olsen — forneceram-me a base para redigir o capítulo 7. Consultei também os arquivos da casa ducal de Medina Sidónia, em Sanlúcar de Barrameda, sem ali encontrar a riqueza documental que encontrei noutros lados no que toca a este dossiê específico. Em Lisboa, além das obras manuscritas de João de Castro que se encontram nos Reservados da Biblioteca Nacional, foi o fundo de dom António, prior do Crato, e seus descendentes, conservado na Torre do Tombo, que mais me interessou. Aí se encontram numerosas cartas relativas ao episódio messiânico, escritas a Diogo Botelho e ao seu círculo parisiense. No mesmo fundo está outro documento interessante para o estudo dos conflitos entre os exilados antonianos em Paris: as atas, em francês, do interrogatório a João de Castro e seus próximos, em 1604, num tribunal de polícia (o Grand Prévôt de France), após denúncia contra eles do filho do prior do Crato, Cristóvão de Portugal.

PARTE II

FICÇÃO

Se um homem que acredita que é rei é louco, não é menos louco um rei que acredita que é rei.

Jacques Lacan

CAPÍTULO 3
EM VENEZA: ORIGEM DA IMPOSTURA

Dou a primeira teclada na história do falso rei dom Sebastião que apareceu em Veneza.[1] O rei de Portugal dom Filipe I morreu no dia 13 de setembro de 1598 no seu palácio-convento de São Lourenço do Escorial. A notícia chegou a Lisboa quatro dias depois. O conselho de cinco governadores, que administrava o reino desde 1593, reuniu-se e dispôs sobre a forma e a duração do luto, mandando tocar os sinos das igrejas, dando dispensa de trabalho durante três dias e anunciando a obrigação de cada súbdito envergar adereços de luto de acordo com o seu estatuto social. Seguiram-se os tradicionais atos de quebra dos escudos — os mesmos que haviam sido feitos para dom Sebastião e para dom Henrique — e de proclamação do príncipe Filipe como novo rei de Portugal.

Foi por estes mesmos dias, entre os atos fúnebres e a aclamação do novo rei, que chegaram cartas a Lisboa afirmando que o rei dom Sebastião tinha chegado a Veneza, onde fora "bem conhecido" e recebido "como tal". As notícias vinham de Ferrara, onde se encontrava a corte do papa, que ali fora para tomar posse daquele ducado italiano. A fonte que o relata é o *Memorial de Pero Roĩz Soares*, que, ao mesmo tempo que envolve a notícia em circunstâncias abonatórias — ela era relatada por "pessoas dignas de Crédito", incluindo um agente do rei e das ordens militares —, enfatiza a confusão gerada pela receção de tal notícia em Lisboa, "coisa tão extraordinária e tão dificultosa e de tanta desconfiança de poder ser por haver a este tempo vinte anos que era perdido na jornada de África".[2] Uma fonte diplomática, o embaixador veneziano em Castela, Francesco Soranzo, relata em despacho de 3 de outubro que esta "voz pública" que se espalhou em Lisboa tinha sido transmitida pelos "próprios grandes", que diziam possuir "cartas de Roma e aviso de que não só estava vivo mas que tinha fugido de Berbéria numa galeota e que com 20 cristãos se aproximava do golfo de Veneza",[3] dizendo alguns que já estava mesmo na cidade. No entanto, segundo esta fonte, passado pouco tempo o sussurro terminou, sem que o rumor se confirmasse, e o novo rei de Portugal foi jurado com o cerimonial habitual. No mesmo parágrafo, logo antes de referir o rumor, o embaixador veneziano conta um episódio relevante que o *Memorial*... não menciona: os atos fúnebres em Lisboa foram marcados por distúrbios. Durante o cerimonial, que era da praxe, de retirar do castelo o estandarte do rei morto e substituí-lo pelo do novo rei, os portugueses que o deviam fazer recusaram-se a entregar o estandarte do novo rei ao capitão castelhano do castelo, decidindo antes levá-lo ao palácio, aos "deputados do reino". Note-se a associação, implícita no despacho pela coincidência temporal e pela contiguidade textual, entre a animosidade dos portugueses contra os castelhanos e a difusão do rumor.

Começou com estas "vozes públicas" que, no início do outono de 1598, se comunicaram da península itálica a Madri, Lisboa e outras partes, o mais longo e importante dos episódios de impostura política do rei dom Sebastião. Durante cinco anos, e até à condenação à morte de parte dos implicados na localidade andaluza de Sanlúcar de Barrameda, em setembro e outubro de 1603, o caso teve importante repercussão internacional, circulando em redes de correspondência, alimentando as conversas no interior de grupos e comunidades, fazendo mover a resistência política aos Áustrias em diversas partes. De Veneza, onde foi preso em novembro de 1598 e em cujas masmorras permaneceu por mais de dois anos, até meados de dezembro de 1600, o pretenso rei passou a Florença e aí ficou de novo detido por alguns meses, até abril de 1601; foi depois transferido para Nápoles, onde o condenaram a servir perpetuamente nas galés; enfim, foi enviado para Puerto de Santa María, no golfo de Cádiz, e acabou por ser executado em Sanlúcar de Barrameda a 23 de setembro de 1603, após novo e derradeiro processo, consecutivo à descoberta de uma conspiração para o libertar urdida por monges portugueses — um dos quais, o antigo antoniano e frade dominicano Estêvão de Sampaio, será figura central na intriga. Os dois frades portugueses morreram enforcados, tal como o impostor e um punhado de cúmplices. No centro da impostura encontrou-se um homem oriundo da Calábria chamado Marco Tullio Catizone, que não era parecido com o rei dom Sebastião e que a cada passo desmentia a sua pretensão a uma identidade régia pela memória que (não) tinha do seu passado, a começar pelo facto de não dominar a língua portuguesa.

Várias razões, articuladas entre si, podem explicar a duração e o impacto de um episódio que, visto do presente, parece ter tão pouco fundamento. Mas a distância temporal, como tentei explicar no início deste texto, não nos leva forçosamente a um consenso em matérias relativas à memória do rei dom Sebastião. Além de existirem, até tempos recentes, publicações explicitamente favoráveis à tese de que Catizone era dom Sebastião, vários autores, mesmo quando não embarcaram nesta convicção, escreveram que esta impostura permanecia com fumos de mistério no que toca à verdadeira identidade do protagonista.

Sem a pretensão de esgotar aqui os vários feixes explicativos possíveis, passo a enumerar alguns que me parecem ajudar a compreender a narrativa que se vai seguir. O primeiro aspecto que tem de ser sublinhado, e para o qual apontam as fontes que citei antes, é a persistência de um forte sentimento político comunitário português, com uma marcada expressão anticastelhana. O citado diplomata veneziano Soranzo, e muitos outros na época, referem como um lugar-comum o "antigo e mortalíssimo ódio" entre as "nações" portuguesa e castelhana. Para os portugueses anticastelhanos, os sucessivos casos de falsos reis dom Sebastião integram-se numa forma de resistência política mais vasta, que nunca se extinguiu verdadeiramente após 1580. Aponta para aí a coincidência, nada casual, entre a morte do rei dom Filipe I (II) e a divulgação das notícias em Lisboa sobre a aparição de dom Sebastião em Veneza. Ainda que o falso dom Sebastião se pudesse já ter manifestado antes da morte do Rei Católico, foi naquela circunstância particular que o rumor se difundiu e ganhou poder para alastrar politicamente na cidade portuguesa, como se a passagem do trono de pai para filho abrisse um espaço de incerteza para se regressar a uma história que estava politicamente por resolver.

Um segundo ponto fundamental tem a ver com a história da oposição antoniana e a sua persistência no exílio. Já o referi no final do segundo capítulo, a impostura política que se iniciou em Veneza foi alimentada por um grupúsculo de antigos antonianos que conseguiram revitalizar, por uma última vez, as antigas redes políticas dos seguidores do prior do Crato no exílio, após a morte deste em 1595. O facto de entre eles se encontrarem letrados capazes de produzir uma apologética eficaz permitiu a fixação de uma ideologia e um corpus textual que se tornaram fundamentais na justificação posterior da corrente sebastianista. Mais uma vez, é a notável posteridade desta ideologia que dificulta o entendimento de que este episódio se parece na realidade mais com o último estertor do grupo antoniano do que com a primeira pedra de uma longa construção identitária. De uma certa maneira, para o lobby antoniano exilado, tratava-se de retomar o combate diplomático que se seguiu à derrota de 1580, pedindo apoio aos inimigos do inimigo (França, Inglaterra, a Holanda rebelde), mas num contexto em que morrera o histórico pretendente.

Uma terceira razão fundamental para o impacto e a duração deste episódio é a utilização política da impostura pelos rivais da "monarquia católica". É aqui que entra a ação (ou omissão) da República de Veneza, assim como a expetativa de fazer um aproveitamento do caso por outras potências hostis a Espanha, em especial a monarquia francesa. Os episódios anteriores de falsos reis, localizados em Portugal e em Castela, não longe dos centros do poder político, não permitiram esta politização imediata e internacional da reivindicação de que o rei português tinha estado "encoberto" e voltava para recuperar o seu trono. É certo que a este momento político há que juntar a paz de Vervins franco-castelhana de maio de 1598, que tornava a exploração do conflito entre as duas potências mais difícil. Ainda assim, várias condições se encontraram então reunidas: o "aparecimento de dom Sebastião" no território de uma potência diplomática "terceira" e distante da península Ibérica, a existência de uma diáspora portuguesa ali residente e ligada à antiga rede antoniana, a notícia da morte de dom Filipe I (II) e, três anos antes dele, de dom António.

Um quarto ponto a considerar é, de novo, a questão da prova. Ao mesmo tempo que colocou de novo na mira das autoridades castelhanas alguns "rebeldes" portugueses no exílio que eram delas bem conhecidos desde 1580, o episódio do falso rei de Veneza revela a dificuldade estrutural, por parte do poder central, em fazer prova à distância e em lidar politicamente com o caso, entre a vontade de discrição e o desejo de punição pública e exemplar. Da mesma forma que a oficialização da morte do rei em 1578 e a transferência dos seus restos mortais para Lisboa em fins de 1582 não impediram a circulação persistente de rumores negando a identidade régia do corpo sepultado, também assim as averiguações produzidas por diferentes juízes e órgãos durante o episódio que se iniciou em 1598 não impediram a persistência de rumores que, a cada passagem de testemunho, a cada transferência do prisioneiro de uma administração para outra, colocavam em causa a versão das autoridades, obrigando-as a refazer sempre o fio da história e a buscar novos testemunhos que confirmassem que o impostor que fora expulso de Veneza era o mesmo que fora depois preso em Florença e que, daí, fora transferido para Nápoles e finalmente para as terras do duque de Medina Sidónia, no golfo de Cádiz. Em vários momentos, são as autoridades que, diante da dimensão dos rumores, acarretam com o ónus da prova, precisam de demonstrar a identidade do impostor e de combater os rumores segundo os quais este era o rei verdadeiro e fora substituído por alguém, esse sim um impostor.

Por último, talvez o problema mais difícil de analisar de um ponto de vista histórico seja o comportamento particular de um homem, oriundo da Calábria, que se retirou do quadro comunitário e familiar em que residia para ir buscar vida no norte de Itália, e que começou a representar o papel do messiânico rei português, num jogo muito perigoso e obstinado que o conduziria à prisão, às galés e, enfim, ao cadafalso. Apesar de ter confessado a sua identidade calabresa em dois dos processos a que foi submetido, sem a sua teimosia em reivindicar durante quase cinco anos uma identidade régia altamente problemática não teria havido reanimação das antigas redes antonianas, nem reavivar de tensões diplomáticas, nem murmúrios em Lisboa, nem cartas atravessando a Europa e referindo o caso, nem a perturbação que, a seu modo, esta história exerceu sobre eruditos e curiosos. Durante esses quase cinco anos, o pretenso rei esteve preso nas prisões da República de Veneza, do grão-duque da Toscana, do vice-rei de Nápoles e, enfim, do duque de Medina Sidónia. Foi interrogado pelas autoridades de cada um destes territórios, por vezes com recurso a tortura, e submetido a quatro instruções judiciais diferentes.

INTERVENÇÃO DO EMBAIXADOR DO REI CATÓLICO

A dimensão pública da notícia de que alguém em Veneza afirmava ser o rei dom Sebastião no momento em que o novo rei acedia ao trono, com ecos que regressavam ao Estado veneziano pela sua rede diplomática, obrigou a República a averiguar da situação. A pedido do Senado, o Conselho dos Dez (Consiglio dei Dieci), um dos principais órgãos políticos da República, a quem competiam matérias de informação política e segurança de Estado, começou a fazer as suas indagações. De Pádua, o homem teria escrito um bilhete a um senador veneziano, assinando em nome do antigo rei de Portugal. Esse bilhete foi lido publicamente num dos órgãos de governo da República, e terá estado na origem de uma primeira ordem de prisão. A 24 de outubro de 1598, o referido conselho enviou instruções ao seu reitor em Pádua, cidade súbdita de Veneza, para que fosse dada ao homem ordem de expulsão da cidade em 24 horas e dos territórios da República em oito dias, sem passar por Veneza nem voltar a entrar nos seus estados. O homem estaria naquela altura em casa de um padre paduano chamado Prospero Baracco, sendo referido nos papéis venezianos como um "português de 42 anos de idade que professa ser aquele dom Sebastião rei de Portugal que outrora morreu na jornada que fez contra os Mouros".[4]

No entanto, o homem não só não obedeceu como regressou dias depois a Veneza, o que obrigou à intervenção formal do embaixador do rei de Espanha (por antonomásia, o "Rei Católico") junto do Colégio (Collegio), órgão que emanava do Senado (ou Pregadi) e que, assumindo funções centrais de controlo da comunicação política entre os diferentes conselhos, assegurava também a representação externa da República. A audiência teve lugar a 7 de novembro. O discurso feito pelo embaixador, Iñigo de Mendoza, que conhecemos na íntegra porque as audiências do Colégio eram objeto de uma transcrição estenográfica, chamou a atenção para a gravidade que o caso começava a assumir, dando azo a ajuntamentos (*bozzoli*) e desassossego nas ruas (*la piazza tumultua assai*). Acima de tudo havia a gravidade do delito, de "crime de falso" (testemunho). Duas razões principais são apontadas neste discurso para a inverosimilhança de se tratar realmente do rei dom Sebastião: o manifesto desconhecimento da língua portuguesa da parte do pretendente e a ausência de semelhança física. O embaixador revelava ter feito as suas próprias indagações, tendo conseguido tirar as medidas às costas do pretendente, que seriam incompatíveis com as do antigo rei português, e tendo apurado tratar-se de um calabrês (*puro calavrese*). O argumento da ausência de memória de uma língua que o rei falou até aos 24 anos, quando foi para a batalha (o embaixador diz 22) era aqui o mais importante, uma vez que depois dessa idade "não se há de perder a sua língua".[5]

EM VENEZA: ORIGEM DA IMPOSTURA

Na sua exposição ao Colégio, o embaixador argumentava ainda que existiam precedentes para "semelhantes e diabólicas invenções" e para o facto de a morte do rei de Portugal ter sido comprovada, na época, com "diligente processo" feito pelo rei de Marrocos, "pelo qual vem comprovada a sua morte por muitos testemunhos". Apesar de o embaixador considerar retoricamente a hipótese de que, depois de interrogado o homem, lhe fosse feita justiça se se apurasse que ele era efetivamente o rei dom Sebastião, a argumentação utilizada não deixava dúvidas sobre a convicção do embaixador e sobre a necessidade de punir exemplarmente o impostor. Por detrás da argumentação, revela-se também, desde esta primeira audiência, uma tensão diplomática latente entre o embaixador e as autoridades da República, cujas diligências e respostas afirmando que o pretenso rei obedecera à primeira ordem de expulsão pareceram claramente insuficientes ao diplomata. Mendoza insiste no facto, para ele indubitável, de que o impostor, longe de ter cumprido a ordem de expulsão enviada a Pádua, se manifestava naquele momento de novo na própria cidade de Veneza. Por isso mesmo, tratava-se de um crime particularmente grave, relativamente ao qual não agir imediatamente revelaria evidente complacência da República para com uma maquinação urdida contra o rei, seu senhor.

Nota-se a forma lenta, aparentemente passiva, como a República de Veneza tratou a questão desde o início, reagindo burocraticamente às solicitações que lhe iam sendo feitas e respondendo aos apelos do embaixador com informações que este considerava claramente insatisfatórias e nas quais estava longe de acreditar. Tal forma de atuação correspondia, por um lado, à normal tramitação das instituições venezianas. Elas produziam um discurso oficial que silenciava publicamente os conflitos, remetendo para o secretismo dos bastidores a verdadeira informação possuída e as divisões internas das famílias dirigentes.[6] As autoridades venezianas sabiam bem mais sobre o paradeiro do homem do que aquilo que diziam ao embaixador.

E este, como é claro, estava consciente disso e também sabia mais do que o que dizia em audiência. Uma carta escrita nesse mesmo dia para o seu rei revela outros detalhes sobre as diligências que tinha mandado fazer previamente: os seus espiões indagaram sobre os movimentos do homem, onde se alojava, as pessoas com quem falara, as conversas que tivera, a gestualidade e a já referida envergadura física.[7]

O rumor já lhe tinha chegado ao conhecimento várias semanas antes, talvez ainda em setembro, pois num despacho mais tardio refere que tinha escrito sobre o assunto ao rei anterior (isto é, a dom Filipe I [II]).[8] É plausível que a saída do falso dom Sebastião de Veneza para Pádua tenha sido motivada pelo receio de ser preso a instâncias do embaixador, como sugere um dos interrogatórios feitos mais tarde, em Florença. O embaixador também já enviara informação a outros diplomatas, tendo o duque de Sessa, embaixador em Roma, e outros ministros desaconselhado dar publicidade a um negócio considerado demasiado vil. Da Sicília, o vice-rei, duque de Maqueda, enviou-lhe aviso de que o "charlatão" estava alojado "em casa de Geronimo Miliori em Sanbenito", algo que o embaixador em Veneza — sem o referir ao vice-rei — considerou uma forma de menosprezo pela sua própria função, ao deixar implícito que este não teria conhecimento do que se passava na própria cidade em que exercia a sua representação diplomática.

De qualquer modo, não se pode deixar de ver neste processo, e o embaixador do Rei Católico foi o primeiro a fazê-lo, uma forma de Veneza retirar algum dividendo político-diplomático do caso, tendo em conta a persistente rivalidade da Sereníssima com a monarquia espanhola. Também foi por isso, para que a República não pudesse jogar politicamente com a suposta ignorância do embaixador, que este decidiu não seguir os conselhos de outros diplomatas e avançou para uma intervenção oficial.

A questão remete para a das relações externas da República, com a existência de diferentes bandos ou fações no interior do Senado sobre a política de alianças a adotar. A geometria variável das posições de Veneza no balanço dos poderes da época oscilava entre, por um lado, Roma, Espanha e o Império Romano-Germânico e, por outro lado, França e o Império Otomano. Os interesses económicos e políticos de Veneza, uma República de patriciado urbano assente na exploração do comércio mediterrânico, em posição estratégica entre Ocidente e Oriente, regulavam-se em função da guerra e da paz entre as potências cristãs e os otomanos, e também em função da antiga rivalidade entre franceses e espanhóis em Itália, a estes últimos se juntando, mesmo que então já não reunidos sob a mesma Coroa, o império dominado pela casa dos Habsburgos. Além das ligas antiturcos, em que tinha no rei de Espanha o seu principal aliado, Roma era rival de Veneza no domínio político e comercial, acrescendo também importantes tensões, que atravessavam as famílias patrícias, sobre benefícios e jurisdições eclesiásticas. Estas divisões político-diplomáticas, numa cidade e num território que eram dominados por uma aristocracia ampla de famílias, enraizavam-se em interesses sociais muito concretos (terras, posições de poder, benefícios, além de relações verticais de clientela e dependência). Encontravam por isso uma tradução em divisões internas da aristocracia patrícia e nas votações do Senado. Em parte, as famílias dirigentes eram identificadas como "papistas", isto é, eram favoráveis ao tradicional não confronto com Espanha nem com o papa. Outra parte manifestava-se por uma linha renovada, mais ambiciosa, de fuga à subordinação daquelas duas potências, com o objetivo de dar a Veneza um papel relevante na política europeia. Por isso, esta divisão também ficou conhecida como a que opunha os "velhos" (partidários da velha política neutral) e os "jovens", marcadamente antirromanos e antiespanhóis.[9]

É nesta relação política de forças que eclode a história do falso dom Sebastião de Veneza. Quando o Senado foi chamado a pronunciar-se sobre uma questão tão sensível para o Rei Católico, as linhas de fratura preexistentes terão influenciado as votações. Não parece mera coincidência que, quando o episódio começou a ser conhecido, a notícia, ou um dos focos da notícia, tenha saído da corte itinerante do papa que estava em Ferrara para ali restabelecer, em zona confinante com os domínios de Veneza, um domínio formal. É possível que a difusão de tal notícia tenha sido uma arma de arremesso dos "antipapistas", algo que pode ter sido usado pelas famílias deste bando para enfraquecer o bando rival, então em posição de força. Mas a complexidade dos alinhamentos políticos na Sereníssima convida à prudência. As oposições eram reatualizadas a cada momento e não reproduziam automaticamente os alinhamentos com um ou outro "partido". Sabe-se, por exemplo, que o doge de então, Marino Grimani, era um notório "papista", o que não parece ter-se traduzido em apoio explícito da sua parte ao embaixador espanhol.

Da primeira audiência ao embaixador resultou uma proposta para prender o suspeito e constituí-lo como acusado, a qual foi rejeitada. Constatando a ausência de medidas concretas para prender o homem que se fazia passar por dom Sebastião, o embaixador espanhol regressou ao Colégio dez dias depois, a 17 de novembro, não sem antes se ter lamentado junto de Paolo Paruta, membro da fação "papista", da falta de empenho da República na resolução do caso.[10]

Na nova audiência, a pressão do embaixador aumentou de tom. Apresentou desta vez um discurso escrito, alegando dificuldades com a língua italiana. Na verdade, tratava-se de reforçar o peso da argumentação, deixando por escrito, com base em testemunhas oculares, uma série de detalhes sobre a teia de cumplicidades que protegia o "furfante" (isto é, patife, velhaco) em Veneza. A situação tornava-se particularmente escandalosa por haver "senhores nobres venezianos" que o protegiam e o iam alojando em diferentes locais, inclusive num importante convento franciscano de Veneza, o "Monasterio de' Frari" — edifício que hoje alberga o arquivo com os manuscritos que estou a citar —, onde era visitado por padres e abades na própria câmara do padre regente. Tendo chegado à cidade "meio nu e sem séquito", o homem encontrava-se agora "regiamente vestido com roupa de marta e franjas de ouro", comendo e bebendo com opulência, em companhia de outros "furfantes" como ele. Não estando em causa a participação direta da República, dizia o embaixador, a proteção oferecida àquele homem por membros da oligarquia tornava-a cúmplice por omissão e, além de provocar distúrbios entre o "populacho" em Portugal, comprometia o bom entendimento diplomático entre duas potências. Na resposta ao discurso do embaixador, a defesa das medidas até então tomadas pela República esteve sobretudo a cargo do já citado Giacomo Foscarini, *savio grande*, que garantiu ao embaixador que ainda na véspera um membro do Conselho dos Dez lhe tinha assegurado que a ordem de expulsão fora cumprida.

É neste ponto que o manuscrito que relata a audiência ganha certo sabor dramático, com o embaixador a retomar a oralidade para responder às objeções dos membros do Colégio. Perante a resistência destes, Mendoza apresenta uma teoria do testemunho, assente segundo ele em práticas judiciais, para fazer valer a superioridade da sua versão dos factos. Basta um testemunho afirmativo credível, diz o embaixador, para fazer calar todos os que o negam:

> um testemunho que confirme uma coisa vale mais que cem que a neguem, e se muitos dizem que alguém partiu, e um diga que está aqui e o afirme *de visu*, a justiça acreditará mais neste que em mil outros, que digam que partiu.[11]

Este argumento jurídico e lógico vem dar apoio a uma posição política: o embaixador estava implicitamente a dizer aos membros do Colégio que eles sabiam que era ele quem tinha a justiça do seu lado.

O testemunho credível assentava também em identificar os cúmplices e dar detalhes concretos. A verdade, insistia Mendoza, podia ser facilmente obtida interrogando-se o padre do referido mosteiro com quem ele próprio falara, que saberia dizer quem era a pessoa nobre que o persuadira a alojar o alegado rei e quem, entre nobres e prelados venezianos, o visitara. Para concluir, o discurso do embaixador era acompanhado da ameaça explícita de um conflito diplomático, nascido a partir de uma maquinação de gente desprezível na sua origem mas que poderia degenerar numa "má satisfação", grande e perigosa, entre príncipes, "terrível Besta".

Uma vez mais, o Senado não tomou uma decisão no próprio dia. Mas ela acabou por chegar uma semana depois, com a detenção de vários cúmplices e do próprio rei suposto. Era também nomeado um pequeno colégio de quatro magistrados com amplos poderes para instrução do processo, como prender, constituir arguidos, torturar. Infelizmente, os papéis deste dossiê não se conservaram nos arquivos de Veneza, pelo que não conhecemos, a não ser indiretamente, o teor dos interrogatórios e das respostas. Segundo o embaixador de França, Antoine Séguier, nos primeiros interrogatórios o "pretenso Sebastião" manteve-se firme nas suas pretensões, mas tinha-se apurado que era calabrês de nascimento. Por essa razão, o enviado francês não via na história base suficiente para a explorar politicamente contra Espanha e vaticinava que o preso seria enforcado ou condenado às galés perpétuas.[12] Mas não foi isso que aconteceu. Veneza escolheu não descontentar totalmente nenhuma das partes, isto é, escolheu não escolher.

OS CÚMPLICES VENEZIANOS

Entre os cúmplices que foram presos no final de novembro de 1598 não estavam afinal os "senhores nobres" que o embaixador espanhol tinha denunciado. Tratava-se no essencial de gente humilde de Pádua e de Veneza, comerciantes e artesãos, que alojaram o pretendente ou com ele tinham estado: o já citado Gerolamo (ou Jerónimo, em fontes ibéricas) di Migliori, Alessandro de Bonis, Rogerio Scudi,

Bernardino di Santi, Pasqualino (por apelido Morosini), Gerolamo e Silvestro Santa Giustina. Preso foi também o padre Prospero Baracco, esmoler da Catedral de Pádua, o mesmo que, nas primeiras indagações feitas em outubro, era referido como tendo albergado o homem naquela cidade. Mesmo se, com o padre de Pádua, nos aproximamos de gente de maior dignidade na hierarquia social, dificilmente algum destes nomes chegaria a ser impresso num livro se não fosse pela sua participação nesta história. Em janeiro do ano seguinte todos estes cúmplices foram soltos, com exceção de Di Migliori e De Bonis, diferença de tratamento judicial que denuncia um maior grau de responsabilização destes dois.

Mas as autoridades venezianas sabiam que, depois de regressar de Pádua, o homem que se chamava rei dom Sebastião tinha sido acolhido de novo na laguna de Veneza, na ilha de Murano, por Giovanni Domenico Marcot, arcebispo de Espálato (hoje mais conhecida como Split, seu nome em croata), cidade da Dalmácia, então integrada nos domínios venezianos. Em Murano, o pretenso rei foi preso pelo "capitão grande de Veneza" e trinta homens armados, quando estava alojado junto à casa do arcebispo com o referido padre Baracco. Ao prender o padre e um grupo de artesãos e vendedores e ao deixar o arcebispo de fora das suas indagações, a República separava socialmente este "peixe graúdo" do mais miúdo. Na acusação do embaixador encontramos uma mesma lógica de distinção social. É quando um rumor é veiculado publicamente por gente de baixa condição que se torna mais perigoso, por envolver pessoas de outra dignidade social e política — "abades ricos", como diz o embaixador noutra carta, podendo estar a referir-se, sem o nomear, ao arcebispo Marcot. Deste ponto de vista, o veemente apelo dirigido pelo embaixador aos membros do Colégio não é feito apenas enquanto representante de um monarca, mas enquanto membro de uma oligarquia que se dirige aos seus pares. Trata-se de pôr fim a uma forma de usurpação social. Um "furfante" que é publicamente tratado como rei por altos-dignitários vê a sua baixeza moral autorizada. Apesar de o embaixador revelar implicitamente saber quem são as pessoas nobres que protegeram o aspirante a rei de Portugal, não as denuncia pelo nome nas audiências, excetuando o padre regente do mosteiro franciscano, um padre de nome Sanginesi. Ao mandar prender artesãos e pequenos comerciantes e ao poupar as pessoas nobres, o Senado agiu de forma correspondente com esta lógica de proteção da reputação social mais ilustre, o que era, implicitamente, uma forma de tomar posição sobre a natureza do caso.

A pergunta que se segue é por que razão este conjunto de venezianos e paduanos — artesãos, vendedores, padres e abades com responsabilidades, um arcebispo, outros prelados ainda — se interessou pela história deste homem ainda antes de ela se tornar num rumor politicamente interessante para um punhado de portugueses antigos partidários do prior do Crato.

Comecemos pelo posicionamento do arcebispo de Espálato, que parece relacionar-se, de novo, com o alinhamento em bandos relativamente às opções de política internacional da República. O arcebispo era um partidário da aliança de Veneza com França. Nos anos em que se colocou a questão do reconhecimento de Henrique de Navarra como rei de França pelo papado, Giovanni Marcot escreveu um discurso em favor da legitimidade do líder do partido protestante, intitulado *Discorso pio & cattolico sopra l'urgentissimo negotio di Francia*. Esta tomada de posição era suficiente para que fosse identificado com um partido pró-francês, e por consequência antiespanhol. Outras fontes indiciam que o arcebispo teve conflitos com um conhecido representante da fação pró-espanhola da elite política veneziana. Trata-se do já anteriormente referido Paolo Paruta, embaixador em Roma entre 1592 e 1595, anos em que o arcebispo de Espálato se viu envolvido em contínuas disputas com notáveis da sua arquidiocese em torno da reforma de mosteiros femininos. Paruta, e os próprios órgãos da República, pressionaram durante anos o papa para que o prelado fosse removido das suas funções.[13] Motivações ideológicas para um alinhamento com a fação pró-francesa confundiam-se assim com fortes rivalidades políticas em sentido lato, relacionadas com posições de poder. É possível que outros prelados ligados à Dalmácia tenham tido alguma relação com o pretendente a rei de Portugal, mas este é o nome mais certo — e constante — entre os apoiantes ativos da causa do falso rei.

Por outro lado, o arcebispo Marcot pertencia à Ordem de São Domingos. A atração de membros de ordens mendicantes, dominicanos e franciscanos, pela aparição quase miraculosa de um rei que se julgava perdido deve relacionar-se com a difusão de ideias milenaristas nestas ordens religiosas. Também era dominicano, e foi comentador de obras joaquimitas, o padre Girolamo Gioanne Capugnano, com responsabilidades na citada província da Dalmácia e depois inquisidor de Vicenza, autor de uma carta a Henrique IV em favor do "dom Sebastião" de Veneza, traduzida em francês e publicada por frei José Teixeira na *Adventure admirable*... O mosteiro De' Frari, citado pelo embaixador espanhol na sua audiência como lugar onde o homem recebia visitas e presentes de padres e abades, pertencia à Ordem de São Francisco. A maioria dos religiosos portugueses que acorreram a Veneza depois da prisão do pretenso dom Sebastião eram franciscanos e dominicanos. Alguns abraçaram decididamente a sua causa e acabaram por morrer por ela; outros foram seus ardentes ideólogos; vários franciscanos com responsabilidades em Portugal deslocaram-se até Veneza com o objetivo de reconhecer o prisioneiro.

Mas é importante considerar também a existência de ideias afins, de raiz joaquimita, fora dos circuitos eclesiásticos. Autores como Carlo Ginzburg e Ottavia Niccoli estudaram a persistência de uma "veia profética subterrânea" entre as classes populares urbanas de Veneza, em especial junto de artesãos, isto é, precisamente as categorias sociais com que o impostor contactou à sua chegada à cidade e que o apoiaram ou encaminharam para a encarnação da figura messiânica do rei português. Este messianismo bebeu em fontes diversas, apoiou-se nas guerras italianas entre príncipes cristãos da primeira metade do século, na luta religiosa contra turcos e luteranos, enfim, recebeu influências do messianismo dos rabis do *ghetto*. Por exemplo, uma geração apenas antes do caso do falso rei, na quaresma de 1573, um cavaleiro identificado por Ottavia Niccoli como Bastian Priuli apareceu a um grupo de artesãos liderado por um sapateiro (Domenego di Lorenzo), em que se discutia sobre poemas proféticos, por sua vez herdados do livro de um quase-profeta anterior, um armeiro chamado Benedetto. Uma configuração social que não parece ter sido muito diferente daquela que existiu em Portugal ao longo do século XVI, e que permitiu a difusão de trovas como as de Bandarra. A articulação entre profecias e divisões políticas que iam sendo atualizadas em função dos acontecimentos permite-nos não dividir entre crença religiosa e compromisso político, que é também a marca do sebastianismo à portuguesa.

Vários dos apoiantes do pretendente vinham de Pádua, tendo sido para lá que foi dada, no final de outubro, a primeira ordem de retirada dos territórios da República ao homem que dizia e escrevia já publicamente ser dom Sebastião. O anfitrião deste em Pádua foi o citado padre Baracco, tendo, segundo João de Castro, sido acompanhado ali pelo seu primeiro séquito veneziano e por alguns seguidores locais, entre os quais os três sapateiros que foram presos quando a República finalmente interveio. João de Castro refere a popularidade que o alegado dom Sebastião granjeou junto dos paduanos, o que pode ter estado ligado, tratando-se de um "rei português", à reivindicação de uma devoção afim por Santo António. O culto local pelo santo dos paduanos encontraria assim uma conivência na ficção sebastianista — devoção comum a que o protagonista faria alusão nos seus escritos. Esta é uma via possível para encontrar explicações para a popularidade que a história encontrou em Pádua quando o rumor veio à luz.

Vemos assim que os venezianos e paduanos implicados no episódio se moveram por uma pluralidade de motivações. Razões políticas, religiosas, de promessa de ascensão social ou de remuneração, puderam servir para que certos indivíduos e grupos se agregassem a uma reivindicação. Soldados e oficiais mecânicos procurando uma oportunidade de ganho material ou simbólico, alfaiates e sapateiros vendo-se no papel de testemunhas de uma chegada messiânica, paduanos motivados pelo culto a Santo António, prelados encontrando no pseudo-Sebastião uma ocasião de fazer frente ao "partido" oligárquico rival, isto sem falar das apostas em dinheiro que se faziam sobre a identidade do homem que dizia ser dom Sebastião. Constatar isto serve também para escapar aos estereótipos, que aparecem bastante nas fontes, sobre a cegueira e a paixão com que o povo — e por arrasto os sebastianistas portugueses — se deixava embalar pelos rumores.

Quanto ao arcebispo Marcot, ele continuou, até morrer, em agosto de 1602, a ser um apoiante da causa sebastianista, pois existem cartas suas enviadas com data de 1601 e 1602 que o atestam. Numa delas, enviada para Paris a Diogo Botelho, homem que fora do primeiro círculo de confiança do prior do Crato, refere ter privado por dois meses com o "rei" e ter sido seu anfitrião pelo mesmo período de tempo.[14] Na mesma carta diz sempre ter sido chamado "lusitano", pelas relações que tinha com os portugueses de Veneza que eram partidários do prior do Crato. Traços de uma história anterior de afinidades políticas na República que assim se reatualizavam.

Dito isto, é preciso tentar ver mais claro, fazendo a pergunta a que vários estudos precedentes também tentaram responder, a meu ver sem grande sucesso: como nasceu a impostura? É possível identificar um grupo responsável por ela ou foi o próprio Marco Tullio Catizone que a desencadeou? E qual o papel dos portugueses? Estiveram na génese da história ou aderiram a ela depois? Para o perceber, vamos tentar reconstituir em detalhe o percurso de Catizone, começando pelo período anterior à sua chegada a Veneza.

Os testemunhos sobre o percurso do falso dom Sebastião até ser preso em Veneza provêm no essencial dos autores sebastianistas, João de Castro, frei José Teixeira e frei Crisóstomo da Visitação, que fizeram toda uma investigação por conta própria sobre as etapas percorridas pelo prisioneiro, interrogando-o e inquirindo testemunhas, presencialmente ou por carta, que com ele tinham privado. Essa reconstituição foi levada à estampa, pelos dois primeiros autores citados, em livros e folhetos apologéticos. Nestes tentaram criar um relato compatível com a história de um rei sobrevivente, "encoberto", em longo exílio de expiação dos seus pecados. A narrativa teve de preencher os espaços em branco entre 1578 e 1598, estabelecendo uma continuidade numa história que tinha sido interrompida pela batalha. Nela foram incluídos, por exemplo, os diferentes rumores que tinham circulado, em vários momentos, sobre aparições do rei. O mais importante desses boatos, nos relatos sebastianistas, é aquele que o dá de passagem por Paris, em 1588, avistado por uma testemunha portuguesa, Manuel Godinho. Ele é importante porque cria uma âncora cronológica e geográfica que aproxima o itinerário do "rei" da própria posição de alguns exilados portugueses, conferindo-lhe proximidade e, portanto, credibilidade. Já antes do seu regresso ao mundo cristão, o percurso do "rei" tal como reconstituído pelos seus partidários é composto de uma geografia mítica, que passa pela corte do Preste João, o mar Vermelho e o monte Sinai, a Pérsia, Jerusalém, Constantinopla, lugares simbólicos de confronto ou resistência da Cristandade face ao Islã, em harmonia com uma imagem de rei cruzado expiando os seus pecados no Oriente. No entanto, do ponto de vista dos seus partidários, este itinerário tão distante apresentava o inconveniente de ser de verificação problemática. Com a passagem por Paris, "dom Sebastião" entrava em território familiar, que permitia a invocação de testemunhas conhecidas.

Poderíamos opor a "verdade" que ressalta dos documentos produzidos a partir ou em torno dos processos instruídos sobre o prisioneiro em Veneza, Florença, Nápoles e Sanlúcar de Barrameda à "ficção" dos textos dos sebastianistas. No entanto, é preciso salientar o apego destes últimos à prova, que os leva a inquirir, a procurar testemunhas e a produzir documentos escritos. E quando o itinerário do "rei fingido" entra em Itália, a geografia mítica dá lugar a uma geografia real, em que é possível confirmar lugares e nomes de pessoas. Tal pode verificar-se nos diversos testemunhos deixados pelo próprio protagonista da impostura, que alternam entre as confissões feitas sobre a sua verdadeira identidade durante os processos (e ele fez uma em Nápoles, voluntariamente, e outra em Sanlúcar de Barrameda, após um começo de tortura) e a sua mise-en-scène enquanto dom Sebastião feita em diversas cartas e poemas. Nestes últimos textos, tal como nos dos sebastianistas mas não necessariamente de forma concordante, encontramos também, sob um itinerário fingido, o detalhe de acontecimentos que podemos cruzar com outras fontes. Os factos são a matéria com que se constrói a ficção.

ITINERÁRIO ITALIANO

O falso dom Sebastião chamava-se Marco Tullio Catizone e era natural de Magisano, uma aldeia perto de Taverna, na Calábria.[15] Era filho de Hipolito Catizone e Petronia (ou Bertonia) Cortez. Tinha-se casado, em Messina, na Sicília, talvez no início da década de 1590 com uma mulher chamada Paola Gallardeta, também citada como Paola de Trento. Uma carta escrita por Catizone em nome de dom Sebastião refere a existência de uma filha do casal, mas é a única fonte que o refere. Na sua primeira confissão, feita ao vice-rei de Nápoles, Catizone declarou ter partido havia três anos (isto é, em 1598) de Messina, rumando a Roma, depois a Loreto e por fim a Veneza. Esta declaração foi feita depois de o prisioneiro ter sido confrontado com o testemunho de um homem que conhecia o seu nome, as suas origens e a sua família calabresa. Dois anos mais tarde, em Sanlúcar de Barrameda, pouco depois do início da tortura, repetiu o nome que tinha dado em Nápoles, o local de origem, o nome dos progenitores e da mulher. Declarou ainda "que não [tinha] ofício, só o ter aprendido letras humanas e um pouco de poesia e que há vinte anos que saiu de Taverna e andou peregrinando pelo mundo para vê-lo".[16] Mas não especificou o que fez durante aqueles vinte anos, limitando-se a referir as etapas imediatamente anteriores a Veneza, aonde chegou em 1598: Roma, Verona por quatro ou cinco meses, e Ferrara, "por curiosidade", durante um mês, no período em que ali esteve o papa.

Nas declarações que fez ao ser preso em Florença, em que nunca abandonou a persona régia, descreveu um percurso semelhante na península itálica, isto depois de um longo périplo que o teria levado primeiro às Índias e depois por terra à Europa (Arménia, Pérsia, Tartária, Moscóvia, Polónia, Hungria, Veneza e França). João de Castro descreve um itinerário italiano quase coincidente com este, da Sicília a Roma, daí a Loreto, depois Verona e enfim Veneza. Em Roma, segundo o que declarou aos portugueses à saída da prisão veneziana — e noutras declarações feitas em nome do rei dom Sebastião —, terá sido roubado, enquanto dormia, "de tudo quanto tinha" por "uns criados estrangeiros que o serviam".[17] O assalto explicaria a pobreza extrema em que se teria encontrado em seguida.

Na sua reconstituição de itinerário, frei José Teixeira escreveu que o "rei" tinha embarcado em Messina numa galé pertencente ao papa e tinha dela saído em Civitavecchia, para ir incógnito a Roma, onde se teria alojado perto da Basílica de São Pedro. Aí, criados acabados de contratar ter-lhe-iam roubado as valiosas joias que trazia consigo, entre as quais uma oferecida pelo grande sufi da Pérsia. Mas a sua passagem por Roma resulta de difícil verificação, inclusive para os seus partidários: nas confissões finais proferidas em Sanlúcar de Barrameda, frei Estêvão incluiu os detalhes sobre o roubo em Roma entre os vários indícios de incoerências que envolviam os relatos do preso, que no cárcere de Veneza teria dito os nomes dos criados estrangeiros, mas à sua saída da prisão nada mais adiantara sobre o incidente.

Já a presença na região de Verona e depois em Ferrara é confirmada por outras fontes. Por cartas escritas a frei Crisóstomo da Visitação, é possível deduzir que Catizone estava no norte de Itália pelo menos desde 1597. O autor dessas cartas foi um alfaiate, Giovanni Battista Zara, que testemunhou ter alojado Catizone durante quase sete meses em Verona (mais precisamente, de 7 de outubro de 1597 a 21 de abril de 1598).[18] Segundo outra carta do mesmo Zara, o seu hóspede tinha estado anteriormente em Nogara, perto de Verona, em casa de alguém para quem o alfaiate trabalhava, nomeado como "senhor Zuane, poeta".[19] De Nogara deslocaram-se ambos, o "rei" e o seu anfitrião, a Verona, porque o primeiro, fazendo-se passar por um nobre veneziano, dizia que queria regressar à sua casa em Veneza e estava necessitado de roupa. Foi o alfaiate quem lhe forneceu a roupa e foi a ele que o "rei" pediu abrigo, "como peregrino", depois de se incompatibilizar com o "Poeta", seu primeiro anfitrião, e com os criados (*servitù*) deste. É a referência a estes conflitos que permite colocar a hipótese de que haja um fundo de verdade na história mais tarde relatada por Catizone como tendo tido lugar em Roma, mas que ela tenha ocorrido durante a estadia em Verona.

Segundo o alfaiate veronês, em maio de 1598 o seu hóspede seguiu para Ferrara com o intuito de encontrar o papa e comunicar-lhe "o seu ânimo". Antes de partir de Verona, ter-lhe-á revelado que era o rei de Portugal. Frei José Teixeira, apoiando-se no que o mesmo alfaiate lhe contou, relata também um encontro do "rei" com portugueses em Ferrara, que o teriam reconhecido, espalhando-se logo ali o rumor da sua presença, o que o teria obrigado a dissimular-se e a escapar.[20] O encontro e reconhecimento num albergue em Ferrara foi afirmado também por Catizone nos seus escritos e em declarações em interrogatórios.

É assim possível que tenha havido já alguma forma de identificação do "rei" em Verona e em Ferrara. Mas é também possível que estes encontros com portugueses façam parte de uma narrativa criada ou ajustada a posteriori para satisfazer um auditório e emprestar verosimilhança a um percurso, com contactos que já prenunciavam uma manifestação futura. De qualquer forma, tenha ali existido ou não um encontro com portugueses, em Ferrara Catizone não tencionava ou não ousou publicar uma identidade régia. Foi em Veneza que o rumor verdadeiramente nasceu e foi dali que se amplificou. Foi em Veneza que se tornou impossível ignorar publicamente a reivindicação. Uma impostura não é feita por um indivíduo somente: representa um feixe de relações. Não basta que alguém declare uma identidade que na realidade não é a sua. É preciso que um grupo o reconheça e o ajude de forma reiterada. Foi em Veneza que esse grupo se constituiu.

O cruzamento das declarações de Catizone com as cartas do alfaiate de Verona permite-nos perceber que a dissimulação de identidade fazia já parte do comportamento do calabrês antes da sua chegada a Veneza. Enquanto esteve em Verona, fez-se passar por um nobre que, segundo a confissão que fez em Sanlúcar, dava pelo nome de "dom Diego de Aragona". Declarou tê-lo feito porque alguns veroneses "lhe disseram que se parecia com um cavaleiro deste nome". Insistindo eles em que o era, assim continuou a chamar-se enquanto ali esteve. O mesmo deverá ter dito aos portugueses que mais tarde encontrou em Veneza, pois João de Castro refere-se ao uso do nome fingido de "dom Diogo" pelo "rei" enquanto foi alojado pelo alfaiate.[21] Numa confissão escrita que fez em 1603, pouco antes de ser condenado à morte pelo papel ativo que desempenhou na impostura, frei Estêvão de Sampaio referiu que o calabrês chegou a enviar uma carta de Verona para Veneza com este nome fingido. Nela pedia dinheiro em troca de alegados serviços prestados à República.

NA ORIGEM DA FICÇÃO

Depois de ter estado cerca de um mês em Ferrara, Catizone seguiu para Veneza. Segundo João de Castro, a quem se deve o relato mais circunstanciado sobre os seus primeiros tempos em Veneza, chegou a esta cidade em junho de 1598 com não mais do que uma gazeta no bolso — moeda veneziana da qual terá derivado o nome do periódico —, o equivalente a seis réis portugueses. Tal como em Verona, não tinha praticamente nada de seu. Sem meios de subsistência, foi alojado numa "parte infame" da cidade chamada Corte Contarina, bairro "onde se agasalhavam maraus e gente pobre", em casa de um cozinheiro cipriota, "misser" Francesco. Segundo Castro, dizia nessa altura ser um nobre português chamado "cavaleiro da Cruz",[22] o que fez com que o fossem visitar alguns mercadores e judeus portugueses. A partir de certo momento, o "cavaleiro da Cruz" — nome que aparece referido apenas nos textos de João de Castro — passou a apresentar-se como o rei dom Sebastião que se pensava ter morrido em África.

Sobre esse momento fundamental, Catizone fez declarações com algum detalhe nas duas confissões que dele conhecemos. A primeira, às autoridades de Nápoles, resumida pelo vice-rei em despacho para Castela. Segundo esta declaração, uma vez chegado a Veneza,

> começaram a dizer-lhe que se parecia com o rei dom Sebastião de Portugal; e [...] um soldado italiano lhe disse, estando a ouvir missa, que ele [soldado] tinha ido a África com o rei dom Sebastião e que ele era o rei ou o Diabo em sua figura; e [...] outro lhe disse que tinha um retrato do Rei, que se lhe parecia infinito [i.e., infinitamente]; e [...] ainda que ele negasse, quanto mais negava mais dizia [o soldado]

que o era; e [...] alguns Portugueses lhe iam beijar a mão à força; e [...] uma senhora nobre dali se quis casar com ele; e, [...] estando ele preso, lhe disseram que um frade dominicano tratava dos seus negócios; e [...] alguns Portugueses lhe deram dinheiros com que se sustentasse, os quais ele não conhecia; e [...] um eremitão de mais de 90 anos, com uma grande barba branca e um hábito pardo, se chegou ali e lhe disse que Deus lhe havia revelado que ele era Rei dom Sebastião; e [...] com tantas coisas que lhe disseram determinou dizer que o era.[23]

Dois anos depois, em Sanlúcar, e desta vez sob tortura, declarou que,

estando um dia numa igreja de clérigos e outro dia na sua pousada se chegaram a ele três ou quatro portugueses e um veneziano que se chamava Febo e lhe disseram que se parecia com el Rei dom Sebastião e que o era; e que ele negava sê-lo; e que no fim, não acreditando [eles] nele e porfiando com ele, aceitou o nome de rei de Portugal e disse que era o rei dom Sebastião e se firmava assim. Tendo Jerónimo Minllor seu hóspede [i.e., anfitrião], que era homem especulativo, buscado um retrato del Rei dom Sebastião e dito que era verdade que se parecia com ele. Publicada esta fama em Veneza, principalmente pelo capitão Febo, lhe mandou notificar o senado que se fosse embora de Veneza e, não tendo querido fazê-lo, foi preso pela Senhoria porque se chamava el Rei dom Sebastião; e fez contra ele cabeça de processo.[24]

Em ambos os depoimentos, o homem confessou a sua verdadeira identidade e responsabilizou um grupo de pessoas à sua volta pela impostura. É plausível — e procedimento comum dos acusados na época — que o acusado, sob interrogatório, atirasse responsabilidades para cima de outros. No segundo caso, em Sanlúcar, não havia venezianos presentes, nem incriminados, nem outras testemunhas, pelo que a responsabilização dos portugueses pela impostura lhe pode ter aparecido como uma hipótese de atenuante da sentença. No entanto, os dois indivíduos que Catizone nomeia especificamente como tendo principais responsabilidades na eclosão do rumor são venezianos.

O primeiro, de forma insistente, publicando a "fama" de ele ser o rei, é um soldado ou capitão veneziano, identificado como Febo e como tendo participado na Batalha de Alcácer Quibir. Este homem não fez parte do grupo que foi preso nos mesmos dias que o impostor, em novembro de 1598. Mas sê-lo-ia dois anos mais tarde, em Lisboa, em outubro de 1600, por ordem do vice-rei Cristóvão de Moura. Numa altura em que os boatos sobre o prisioneiro de Veneza alastravam em conversas na cidade portuguesa, o veneziano, que tinha chegado ali pouco tempo antes numa nau de mercadores, contribuiu para dar crédito aos boatos em Lisboa, afirmando ter visto o prisioneiro e garantindo que se tratava efetivamente do rei. O *Memorial de Pero Roīz Soares* confirma a passagem por Lisboa e o protagonismo deste homem na difusão da nova, valendo-se do estatuto de antigo combatente na jornada de África.[25]

O outro veneziano claramente identificado por Catizone é "Jerónimo Minllor", que o hospedou e que, sendo "homem especulativo", tinha ou obteve um retrato de dom Sebastião para comparar a sua efígie com Catizone. Este nome é claramente a versão castelhanizada de Girolamo di Migliori (ou "Miliori", na correspondência do embaixador espanhol), citado como *sensale* (intermediário, vendedor) nos documentos que registam a sua prisão. Da lista dos cúmplices que foram presos no final de novembro de 1598, é o único nome que Catizone cita. O papel ativo de Di Migliori na impostura é indiretamente confirmado pelo facto de ter permanecido preso até dezembro de 1600, tanto tempo como o calabrês. O mesmo aconteceu com outro veneziano, Alessandro de Bonis. O tempo mais longo por eles passado na prisão indicia responsabilidades acrescidas no desenvolvimento da impostura. Com efeito, a partir da intervenção destes homens, o rumor parece ter sido amplificado de forma deliberada, com recurso a elementos credibilizadores. Um deles foi a utilização do referido retrato como termo de comparação física, ao que se terão adicionado esforços para aproximar o fenótipo — moreno — de Catizone daquele que era atribuído ao rei português. Segundo o que declarou frei Estêvão em Sanlúcar, dando de novo como fonte o senador Marco Querini, os italianos terão "tratado de [lhe] dourar os cabelos para que se parecesse com o rei dom Sebastião".[26] Este recurso da parte do pretendente a uma água para fazer os cabelos louros é referido por outro religioso português que passou por Veneza, frei Zacarias de Lisboa.[27] Tais produtos e métodos eram bem conhecidos em Veneza, através da moda, atribuída às matronas, de dourar os cabelos.

EM VENEZA: ORIGEM DA IMPOSTURA

Enfim, João de Castro refere outra forma de exibir uma reputação régia, com a existência de uma escolta armada em torno do pretenso rei: "arcabuzeiros de guarda, causando alvoroço no povo". A ser verdade, tratava-se de mais uma prática ilegal, pois o porte de armas, excetuando por guardas e embaixadores, era proibido em Veneza.[28]

Mais grave na escala da transgressão, Catizone começou a assinar cartas em nome do rei português, recorrendo a um selo forjado com insígnias régias. Já instalado em casa de Di Migliori, escreveu uma carta para a Sicília com data de 5 de setembro, selada com uma imagem ostentando um São Sebastião tendo a seus pés, de joelhos, um rei com uma coroa fechada. É provável que o autor deste selo tenha sido Alessandro de Bonis, que foi descrito em Sanlúcar por frei Estêvão de Sampaio numa das suas confissões como homem que "tinha familiar[idade com o demónio] e fazia selos [*sigillos*] e tratava de arte mágica".[29]

A carta era endereçada a Messina, a um "*fra Don Raimon Marquet*" (provável versão castelhanizada de Raimondo Marquetti). Junto com esta havia uma outra carta, assinada, como a anterior "*Io, el Rey Don Sebastian de Portogal*", que deveria ser transmitida por Marquetti à "senhora dona Paola Catizone", apresentada como a mulher de "Marco Tullio Catizone". Este nome aparece nas duas missivas como sendo o de um enviado de dom Sebastião em embaixada ao rei de Espanha, portador de cartas do papa que lhe revelariam o facto de o rei português estar vivo. Na carta a Paola Catizone, "*Don Sebastian de Portogal*" transmite-lhe informações e recomendações sobre o seu marido e despede-se com uma referência à filha de ambos e ao desejo de lhe encontrar um casamento muito favorável.[30] Em ambas as missivas, o "rei" desfaz-se em elogios ao seu mensageiro: era um fidalgo que ele tinha encontrado em Roma, de grande fama e raras virtudes, um "homem diligentíssimo" e "muito estimado por todos" de cujo valor logo "se enamorou". Estes louvores, a que se acrescentam o da presteza, o da elegância da conversação e a promessa de uma futura ascensão social de causar inveja, constituem uma forma de autorretrato idealizado. Catizone deixava aqui uma forma de assinatura: a marca de alguém que, de algum modo, se quer mostrar. Bem antes de a confessar sob coação, o falso dom Sebastião terá feito circular de sua própria iniciativa, por via da ficção epistolar, a sua verdadeira identidade.

Este desdobramento da ficção régia, com *mise en abyme* da identidade do protagonista, e pressupondo as improváveis relações epistolares e de alta confiança política entre um célebre monarca cristão dado como morto e gente humilde da Sicília, obriga-me a entrar desde já no ponto que antes descrevi como especialmente delicado: o comportamento do impostor e a circulação do seu nome. De sua própria iniciativa ou conduzido pelos seus primeiros cúmplices, porque colocou ele o seu nome — e o da sua mulher — em circulação por carta em inícios de setembro de 1598? Seria já uma forma de responder aos que em Veneza, desde muito cedo, denunciaram a sua identidade de calabrês? Como veremos adiante, alguns escritos autojustificativos mais tardios, forjados e datados como se tivessem sido escritos no período anterior à prisão, serviram entre outras coisas para refutar essa acusação.

Se a carta for autêntica e tiver realmente sido enviada na data que indica, é possível que tenha sido o próprio destinatário, Marquetti, a fazê-la chegar ao vice-rei da Sicília, o duque de Maqueda. Fontes mais tardias referem que o correspondente messinês do "rei" se desligou dele quando soube da sua prisão. Em todo o caso, a carta escrita para Messina só parece ter sido usada pela rede dos poderes espanhóis para identificar o homem como um calabrês chamado Catizone depois da transferência deste para Nápoles, em 1601. Nos despachos diplomáticos do final de 1598, o nome de Catizone não aparece — e se o embaixador o conhecesse teria razões para o referir, quanto mais não fosse como cúmplice.

Como quer que fosse, as primeiras cartas assinadas pelo "rei dom Sebastião" contribuíram para que a notícia se espalhasse e para que a impostura, entrando na esfera da circulação do escrito, aspirasse a uma nova autoridade. Como referi, tendo-se refugiado em Pádua provavelmente em outubro, o "rei" pegou (ou voltou a pegar) na pena para se dirigir diretamente a um senador. As notícias sobre a redação destas cartas começaram também a circular, nas ruas de Veneza e nas correspondências. O embaixador do rei de Castela e Portugal não se enganava ao ver nesta circulação de detalhes por carta o avanço que já levava a história no início de novembro, perante a passividade das autoridades. Aquilo que nascera como uma "velhacaria", um embuste de gente de baixa condição, começava a ser difundido por via de textos e legitimado por um acolhimento notório entre pessoas de distinção.

CAPÍTULO 4
OS "PORTUGUESES DE VENEZA"

Tento responder à pergunta que fiz atrás sobre a origem da impostura. Tanto quanto é possível perceber, não foram os portugueses instalados em Veneza que estiveram na génese da impostura, ou pelo menos não o fizeram autonomamente — isto não obstante os juízes de Sanlúcar os terem indicado mais tarde como responsáveis. A impostura, tivesse ela vindo da iniciativa do próprio Catizone ou fosse ela o resultado de um "reconhecimento" e uma pressão exercida por um grupo, não parece ter tido na sua génese um cunho especificamente português. Apesar de Catizone referir nos seus depoimentos a existência de três ou quatro portugueses na primeira abordagem que lhe terá sido feita, numa igreja, não os identifica pelo nome. Nas confissões que faz em Nápoles e em Sanlúcar de Barrameda, é a venezianos como o soldado Febo ou Di Migliori que atribui um nome e iniciativas concretas. A curiosidade dos portugueses que viviam em Veneza parece ter sido atraída por um rumor que estava já em circulação.

Se Catizone não nomeia estes portugueses, é possível saber por outras vias quem eles eram e/ou quem de entre eles difundiu a notícia pela Itália, França e outras regiões europeias. Três nomes aparecem primeiro: António de Brito Pimentel, Pantaleão Pessoa de Neiva e Nuno da Costa. Brito Pimentel foi o primeiro a referir o rumor a João de Castro, em carta que chegou a este último, residente em Paris, em início de agosto de 1598. Partidário do prior do Crato, assumiu responsabilidades diplomáticas em sua representação em vários momentos. Exilado em França e Inglaterra com dom António depois da derrota de 1580, afastou-se em seguida do grupo e instalou-se em Veneza. Também a João de Castro escreveu Pantaleão Pessoa, antigo pajem de dom António e nessa qualidade presente em Alcácer Quibir, que se encontrava na altura em Veneza, alegadamente de regresso de uma peregrinação a Jerusalém. O terceiro nome é o de Nuno da Costa. Mercador português da praça de Rialto e também, até à morte deste, agente do prior do Crato em Veneza para as relações com o Levante, frequentou regularmente o pretendente antes de ele ser preso. Também Costa enviou para Paris notícia destes encontros.

Um quarto homem chegou rapidamente a Veneza, alertado por várias vias. Trata-se do monge alcobacense frei Crisóstomo da Visitação, que viria a ter um papel importante no desenrolar dos acontecimentos, pois foi ele quem acompanhou o "rei" quando este foi expulso de Veneza, acabando ambos por ser presos em Florença. Frei Crisóstomo fora, desde 1590, procurador da Ordem de Cister em Roma. Por conflitos com o abade da sua ordem em Portugal, que lhe retirou o poder de procurador, encontrava-se recolhido num convento em Parma quando as notícias de Veneza lhe chegaram. Passando por Ferrara, onde outros portugueses lhe confirmaram a notícia, foi para Veneza e aí conversou algumas vezes com o homem que se chamava rei dom Sebastião, antes de este ser preso.

Segundo João de Castro, os portugueses que primeiro avistaram o pretendente começaram por não levar a história a sério. Brito Pimentel contou na sua primeira carta que tinha "chegado àquela terra um homem desprezível, que afirmava ser El Rei dom Sebastião vivo: mas isto dito por zombaria".[1] Pantaleão Pessoa manifestou também descrença nas suas cartas, transmitindo para Paris que o homem falava "siciliano".[2] Juntamente com Nuno da Costa, insistiu com o homem para que lhes falasse em português, e fizeram-lhe ambos perguntas para o porem à prova, mas sem êxito. Nem um nem outro pôde ter a certeza. Isto não os impediu de desenvolverem uma relação com o homem e de irem reportando por cartas o que ele dizia.

Na verdade, e voltaremos a este ponto, a situação destas primeiras "testemunhas" portuguesas de Veneza era à partida paradoxal, obrigando-me a pôr aspas no substantivo: nem Nuno da Costa nem Pantaleão Pessoa se lembravam do rei dom Sebastião para poderem reconhecê-lo cabalmente, fosse por serem demasiado novos quando estiveram próximos do rei, fosse por nunca o terem avistado. O mesmo acontecia com frei Crisóstomo, e o mesmo aconteceria com outros portugueses dois anos mais tarde, quando enfim as portas da prisão foram abertas para deixar sair o pretendente: vinte anos depois da batalha, parte importante do grupo de portugueses que quiseram reconhecer dom Sebastião em Veneza não dispunham de uma memória pessoal do rei, por precária que fosse, com a qual estabelecer uma comparação.

Até às vésperas de o homem ser preso pela primeira vez, esta hesitação, entre crédito e descrédito, parece ter-se mantido. Segundo João de Castro, Catizone pediu dinheiro a frei Crisóstomo, o qual lho prometeu; hesitante e aconselhado pelos amigos a não o fazer, porém, este nunca cumpriu a promessa.[3] O homem fez o mesmo pedido a Nuno da Costa, a que este não quis aceder sem antes obter resposta cabal às suas perguntas, para se certificar da identidade régia. Tinha uma lista dos fidalgos cativos e mortos em África, e pediu notícias deles ao pretendente. Ao que Catizone lhe terá respondido, em latim, com uma citação evangélica famosa que o colocava na posição de Cristo: *beati qui non vederunt et crediderunt* ["felizes os que não viram e acreditaram"].[4] Confrontado com a desconfiança, o impostor procurava contorná-la colando-se ao seu papel messiânico.

MULHERES TESTEMUNHAS

Ao mesmo tempo, algumas pessoas que diziam conhecer bem o rei desempenharam um papel de certificação nos dias em que o "rei" esteve em Murano. Entre elas contou-se a mulher de Nuno da Costa. Ao chegar a Veneza, frei Crisóstomo foi ter com este último, o qual lhe confirmou as notícias que circulavam fora de Veneza. Não podendo ele próprio testemunhar cabalmente, referiu que era convicção firme da sua mulher que se tratava do rei de Portugal. Levada até Murano para ver o pretendente, a mulher de Nuno da Costa, que dizia ter conhecido "muito bem" o rei português, "assim que o viu, imediatamente se encostou ao dito Nuno da Costa e lhe disse ao ouvido: 'senhor, ou este é o rei dom Sebastião ou o diabo em pessoa'".[5] A referência ao diabo na identificação do pretendente, que aparece também nos interrogatórios de Sanlúcar, em palavras atribuídas por Catizone ao soldado Febo e em declarações de frei Estêvão, remete para um tópico bem conhecido: só o diabo teria o poder de criar o simulacro exato de uma pessoa. A sua invocação tem como função sublinhar uma semelhança perfeita com o rei.

Esta curta citação permite-me voltar à questão mais geral do testemunho, chamando a atenção para a sua componente retórica, sempre presente. Não é a mulher de Nuno da Costa quem aqui escreve diretamente. As suas palavras são reportadas por frei Crisóstomo da Visitação numa carta escrita em Florença logo após ter sido preso com o "rei". A carta é dirigida às autoridades do grão-ducado da Toscana. O seu objetivo é persuadi-las de que o homem que tinham detido era realmente dom Sebastião. A impressão de um testemunho ocular, direto, produzido por alguém que teria conhecido bem o rei, resulta de um trabalho de escrita. Por via da carta, o testemunho é colocado, também ele, à vista do leitor, transformando o secretário (e nós próprios, leitores da carta ou da citação) em testemunhas de uma situação a que não assistimos. Independentemente da convicção plausível da testemunha e da do frade que relata esse reconhecimento, é este último o ator principal de uma operação de persuasão — de resto, votada a um imediato fracasso.

Invocada como digna de crédito por ter conhecido bem dom Sebastião, o nome da mulher de Nuno da Costa não aparece escrito. A sua subordinação como testemunha ao marido é marcada, no relato feito por frei Crisóstomo, pelo modo como o reconhecimento é transmitido ao ouvido do seu marido, tratado com autoridade ("senhor"). Este torna-se depositário do testemunho. Se a mulher de Nuno da Costa foi até Murano, fê-lo por insistência de outro homem, um nobre veneziano, de quem voltarei a falar. Sem ser desqualificado, o testemunho feminino é aqui enquadrado por homens, e não parece ter existência independente da presença masculina.

Este exemplo de tutela do testemunho da mulher não deve surpreender-nos, numa sociedade em que a desigualdade de condição segundo o género estava formalizada juridicamente e fazia parte da própria ideia, profundamente hierárquica, da ordem social. O masculino tinha, de um modo geral, o poder de representar o feminino.[6] Por outro lado, a mensagem mística de certas mulheres podia ser entendida como manifestação direta da graça de Deus, sem intermediários, tal como acontecia com as crianças, os rústicos e outras figuras menorizadas. Era a "simplicidade" destas figuras que fazia delas veículo direto, sem intermediários, de uma mensagem divina. Uma das formas, bem conhecida nesta época, de valorização excecional do testemunho feminino provinha da fama de visionárias ou de santas. Os sebastianistas tentaram, em diferentes momentos, obter o parecer de mulheres a quem se atribuía o dom da profecia. Já em 1587, o pequeno grupo de João de Castro tinha pensado em consultar a célebre freira Maria da Visitação, prioresa do convento dominicano da Anunciada, em Lisboa. A freira ganhara fama de santidade e de capacidade profética, exibindo (falsos) estigmas no seu corpo. Mas antes da chegada a Lisboa de Santos Pais, o enviado do grupo de exilados de Paris, a freira tinha sido condenada pela Inquisição.[7] Em 1600, durante a prisão do "rei" em Veneza, frei Crisóstomo da Visitação falou em Roma sobre a aparição de dom Sebastião com uma "Madona Lucrezia", a quem se atribuíam revelações. No ano seguinte, retirado em Parma, escrevia ao agente em Roma do arcebispo de Espálato para que a interrogasse novamente.[8]

Outras mulheres portuguesas são citadas como tendo desempenhado um papel de certificação da identidade do pretendente em Veneza, antes de este ser preso, no final de novembro de 1598. É o caso de Maria Fernandes e de Isabel de São Pedro, peregrinas de passagem por Veneza em direção a Jerusalém, referidas por frei Crisóstomo no processo-crime a que foi sujeito anos mais tarde em Castela. A primeira terá identificado o pretendente como dom Sebastião, que dizia ter conhecido.[9] Podemos imaginar que, ao regressarem a Portugal, as duas peregrinas tenham prestado testemunho do que viram em Veneza, contribuindo para sedimentar o rumor, por exemplo em Guimarães, terra de Isabel de São Pedro e de frei Estêvão de Sampaio.

Outras testemunhas referidas no texto que frei Crisóstomo escreveu em Florença incluem o já citado Febo, por ele descrito como um "mercador veneziano", e um outro "senhor tal Di Barbieri". Ambos proclamavam ter reconhecido o rei, de quem diziam ter memória direta, o primeiro na "guerra de África" e o segundo em Lisboa. Frei Crisóstomo afirmou que, depois de se informar pessoalmente da verdade destes testemunhos presenciais, foi ele próprio, sempre por meio de Nuno da Costa, ver o homem que naquela altura se escondia já nas casas do arcebispo de Espálato, em Murano, por receio do embaixador de Espanha. Por duas vezes conversou com ele, tendo saído da primeira entrevista "pouco satisfeito", devido à falta de resposta às suas perguntas; mas da segunda, e depois de usar uma estratégia diferente, já sem o interrogar "por modo de exame" mas apenas "discorrendo" com ele, relatou ter saído convencido: "Em suma, quanto mais lhe falava, mais me parecia que fosse ele, sem mais, o nosso verdadeiro Rei".[10] Segundo afirmou anos mais tarde, preso em Madri, o que o fez acreditar mais na sinceridade do pretendente foi tê-lo visto, na tal segunda entrevista, "a gemer e a chorar dos olhos" por causa das suas culpas na derrota africana e reconhecê-las largamente.[11] O relato de frei Crisóstomo sobre a sinceridade do homem entrou noutros relatos dos portugueses que passaram por Veneza, transformando-se em património comum de testemunhos "sinceros" a difundir. Segundo as declarações do monge nos referidos interrogatórios, na última conversa com o "rei", na véspera e este ser preso, ele mencionou, entre uma série de detalhes destinados a provar a sua identidade, o envio a Portugal de um mensageiro chamado Marco Tullio. Eis o que parece confirmar a hipótese de o próprio Catizone cedo ter feito circular o seu verdadeiro nome.

A convicção precoce de frei Crisóstomo, juntamente com a de Nuno da Costa e mulher, é também referida por frei Estêvão nas suas confissões, que refere neste mesmo contexto o papel desempenhado por "italianos e religiosos de Veneza, e senadores".[12] Aparece aqui, como aconteceu com o embaixador de Espanha, embora no campo adverso, a lógica de uma credibilização do rumor transmitida pela dignidade social dos apoiantes. Enquanto aquele via uma "velhacaria" de gente plebeia transformar-se num conluio antiespanhol sancionado por membros da elite patrícia, os portugueses terão visto neste apoio um indício credibilizador. A entrada em cena do arcebispo de Espálato deve ter tido, deste ponto de vista, um papel decisivo na impostura.

SER PORTUGUÊS

Antes de tentar identificar um pouco melhor este pequeno grupo de portugueses, abro um pequeno parêntesis para uma interrogação mais geral sobre a própria definição de "português", que é tudo menos transparente. O que significava ser português nesta época? Qual o sentido que a palavra podia ter para quem a usava? Uma historiografia recente renovou profundamente esta questão, afastando-a das conotações herdadas do nacionalismo dos séculos XIX e XX e permitindo pensar de modo diferente a questão do "nacionalismo" anterior à formação dos Estados-nação. Por exemplo, a partir da categoria de "espanhol", a historiadora Tamar Herzog deu contributos importantes, mostrando como, no espaço imperial do Atlântico, a definição de uma comunidade de espanhóis assentava em oposições morais e religiosas, do tipo civilizado versus bárbaro ou cristão versus gentio/herege. Estou convencido de que a mesma ideia pode ser aplicada ao caso dos "portugueses". Mais do que uma categoria étnica ou cívica (a que corresponderia uma definição abstrata, um substantivo), ser "português" remetia para uma qualificação moral dependente de códigos ou valores que vinham da religião, de ideais de justiça ou da afeição filial, de origem vassálica, para com um rei. Era-se "bom" ou "mau" português como se era "bom" ou "mau" cristão, ou "bom" ou "mau" súbdito. Em contexto peninsular, esta dualidade moral era, ou podia ser, ativada por um cimento concreto de oposição: o castelhano.

A isto se adicionavam lugares-comuns sobre o temperamento, em relação com uma história, um território, uma origem. Mas mesmo o facto de ser "natural português" nem sempre parece ter sido indispensável para definir uma pertença à comunidade, como o demonstra o afeto dos vassalos portugueses por uma rainha estrangeira, dom Catarina de Áustria, tal como ele é descrito no *Memorial de Pero Roïz Soares*, aliás em contraste com o relativo desamor por dom Sebastião.[13]

Ser português era também ser identificado como tal por outrem. Tal identificação era feita por um conjunto de caracteres, como a língua, mas também a aparência exterior, nomeadamente a roupa, assim como um comportamento moral e político. O grupo antonianossebastianista encontrava-se nesta situação, em que os caracteres "estrangeiros" se tornavam mais evidentes ao olhar dos outros. O caso mais evidente de assunção de uma identidade portuguesa no grupo parece ter sido o de frei José Teixeira, que a colocava na sua assinatura ("padre frei José Teixeira Português"). Ao fazê-lo, reforçava a leitura de uma identificação política dos portugueses exilados em França.

Mas a pertença comum a uma "nação portuguesa", igualitária na aparência por englobar num mesmo grupo indivíduos pertencentes a estratos sociais diversos, coexistia com formas de identificação social que podiam ser contraditórias com ela, ou até excluí-la. Os antonianossebastianistas identificavam-se a si mesmos como portugueses, mas, conforme veremos melhor, a sua unidade estava minada por profundos conflitos internos, traduzidos em categorias que dependiam de uma hierarquia social definida por valores de nobreza e de pureza de sangue. A oposição nobre/plebeu, filho legítimo/ilegítimo e cristão velho/cristão novo coexistia, de forma problemática, com a definição unitária de "português".

ANTONIANOS E CRISTÃOS-NOVOS

Com a possível exceção de frei Crisóstomo, todos os "portugueses de Veneza" tinham em comum um passado de compromisso político com o prior do Crato, tendo a maioria feito parte do seu séquito. A oposição ao governo dos Áustrias fazia parte do seu percurso e era o que explicava a presença em Veneza de alguns deles. Por outro lado, em pelo menos dois dos nomes citados, parece estar presente a identificação étnico-religiosa de cristão-novo, que atravessa o envolvimento político. Era nomeadamente o caso de Nuno da Costa, que pertencia ao grupo relativamente numeroso de portugueses residentes em Veneza, na sua maioria mercadores, identificados como cristãos-novos. Muitos deles, mesmo não residindo no *ghetto*, eram marranos, utilizando de forma pragmática uma dupla identidade cristã e judaica consoante a situação de interação em que se encontravam. Cristãos-novos e judeus de origem portuguesa formavam em Veneza, como noutras cidades europeias fora da península Ibérica, uma comunidade identificada como "nação portuguesa", cujo cimento, mais do que necessariamente a confissão religiosa, eram os laços familiares e comerciais e a partilha da mesma língua. Mas Nuno da Costa não judaizava, distinguindo-se, entre os portugueses de "nação", por uma prática religiosa cristã.

Imitando o que tinham precocemente feito outras cidades como Ferrara ou Ancona, a República de Veneza começou a desenvolver na última década do século XVI uma política de fixação baseada na tolerância religiosa, que teve como objetivo atrair para os seus territórios as ricas redes comerciais judaicas e cristãs-novas, em que se incluíam muitas famílias de origem portuguesa. Em 1589, o Senado aprovou uma lei que favorecia a instalação de mercadores cristãos-novos ou judeus, oriundos de Poente (isto é, ibéricos) e de Levante, como forma de atrair capitais e de desenvolver o comércio por terra, nomeadamente com o Império Otomano. Esta decisão era uma conquista política do partido dos "jovens". A medida incluía a criação de uma escala comercial em Espálato — a diocese do arcebispo Marcot — no caminho por terra em direção a Constantinopla. O fomento comercial dos interesses e das comunidades hebraicas, sobretudo sefarditas ibéricas, tinha sido uma estratégia alternativa ao projeto, sustentado pelo partido dos "velhos" em 1585, de negociar com Espanha a arrematação do comércio das especiarias indianas trazidas pelos navios portugueses, em especial a pimenta.[14]

Graças a esta política, segundo um despacho do embaixador espanhol Vera y Aragón datado de 1590, chegavam a Veneza judeus portugueses "à desfilada" e todos eles eram "apaixonadíssimos por dom António de Portugal que parece que vem com a Judiaria esta praga de rebelião". Correram ao mesmo tempo rumores de uma possível embaixada secreta de dom António a Constantinopla, organizada com o apoio das famílias da "nação portuguesa" de Veneza. Nas preocupações do embaixador, à hostilidade aos projetos comerciais de Veneza, já de si danosos para Espanha — voltados para o império turco e assentes numa comunidade considerada culpada de apostasia —, juntava-se a questão política dos rebeldes antonianos. A "aparição de dom Sebastião" em 1598 deve ser inserida nesta sucessão de acontecimentos, juntando-se, do ponto de vista espanhol, a uma ameaça potencial que vinha crescendo desde o início da década.

No entanto, e ao contrário do que chegou a ser escrito e do que se poderia deduzir da importância das crenças messiânicas entre os cristãos-novos e judeus sefarditas em Veneza, esta comunidade de origem portuguesa não se posicionou em defesa do pretendente. Demonstra-o a correspondência do embaixador espanhol relativa aos meses em que o preso foi solto e expulso de Veneza. Dos testemunhos disponíveis, apenas o fez Nuno da Costa. Este mercador correspondia exatamente ao perfil traçado em 1590 por Vera y Aragón, tendo sido agente do prior do Crato em Veneza até à morte deste, e seu correspondente com Ragusa e Constantinopla. No entanto, a sua relação com a "nação portuguesa" em Veneza foi marcada por fortes conflitos, a começar pelos membros da sua própria família. Ainda antes de o prisioneiro ser solto, no final do ano de 1600, Nuno da Costa começou a distanciar-se da causa sebastianista e das suas anteriores posições antonianas. Acabou por entrar ao serviço do embaixador Vera y Aragón, enviando-lhe notícias sobre dom Cristóvão, o filho do prior do Crato e os restantes portugueses que tinham vindo de França para reconhecer dom Sebastião. Anos mais tarde, pediu formalmente perdão ao rei. O discurso do embaixador já não era nesta altura o mesmo da década anterior, em que associava rebeldia política e apostasia religiosa.

Enfim, sempre segundo Vera y Aragón, o então cônsul português em Veneza, que era o cristão-novo Ludovico Lopes, contribuiu ativamente para a conclusão do caso. Esta tomada de posição explica-se provavelmente pela questão política que, desde a morte de dom Filipe I (II), movia a diáspora dos cristãos-novos portugueses: um pedido de perdão geral à Coroa, em troca de uma generosa contribuição financeira. Neste contexto, apoiar uma causa que era tão ostensivamente adversa ao rei de Portugal e Castela seria a última coisa a fazer.

A hostilidade à causa do alegado rei da parte da grande maioria da "nação portuguesa" de Veneza é confirmada pelos textos de João de Castro, que escreveu que, à exceção de Nuno da Costa, os "mercadores portugueses e judeus", depois de uma curiosidade inicial — "iam-no ver, inquirir e lançar juízos sobre ele" —, testemunharam contra a sua reivindicação.[15] Por seu lado, os portugueses que chegaram a Veneza mais tarde, como frei Estêvão e o próprio João de Castro, também procuraram demarcar-se dos judeus, a quem eram notoriamente hostis e que retiravam crédito à sua causa.

Apontam no mesmo sentido as investigações mais recentes sobre a perseguição inquisitorial movida naqueles mesmos anos em Itália, que demonstram a relação existente entre frei Crisóstomo da Visitação e a denúncia de cristãos-novos. Ele estivera envolvido, com outro monge português instalado em Itália, o atrás citado frade capuchinho Zacarias de Lisboa, na organização de uma malha internacional, entre o Santo Ofício lisboeta e o romano, de vigilância dos movimentos de cristãos-novos da península Ibérica para a Itálica.[16] Como principal cúmplice para a sua atividade de denúncia de cristãos-novos judaizantes em Veneza, frei Crisóstomo contava com alguém da comunidade, mas ao mesmo tempo "boníssimo" cristão: o referido Nuno da Costa.[17] Outro nome indicado por este monge como potencial delator de judaizantes, por ser grande conhecedor da comunidade cristã--nova, é o de António de Brito Pimentel. Este parece ser um caso de cuidadosa dissimulação, sob a capa de uma identidade nobre, das origens cristãs-novas. Referido em cartas como "fidalgo", era filho primogénito do alcaide-mor de Torres Novas, de quem teria herdado o morgadio caso não tivesse entrado na guerra civil do lado perdedor. Ao mesmo tempo, foram certamente as origens familiares que fizeram com que Brito Pimentel fosse invocado como possível delator. O nome Pimentel era um dos apelidos de famílias cristãs--novas portuguesas em Veneza, e em 1597 o mesmo Brito Pimentel aparece como testemunha em documentos notariais venezianos, certificando transações para famílias de cristãos-novos portugueses.

Em 1602, afastou-se de Veneza e regressou a Portugal. Seria preso em Lisboa em 1603, quando se lançou a perseguição contra os cúmplices portugueses da impostura de Veneza.

JOÃO DE CASTRO

A entrada do rumor na correspondência dos antigos seguidores do prior do Crato teve duas consequências: uma de natureza política, criando uma relação entre os eventos em Veneza e os exilados que restavam da causa antoniana; a outra de natureza ideológica, desencadeando um processo de criação doutrinária que constituiria a base de todo o sebastianismo português posterior, mil glosas e reinterpretações de um corpus a que foi dada nesta altura a sua primeira coerência. Neste trabalho de construção intelectual, João de Castro, definido por João Lúcio de Azevedo como o "São Paulo da religião sebastianista", desempenhou um papel fundamental.

Na publicação de textos de combate e na produção ideológica, Castro foi o sebastianista mais ativo, ao lado de frei José Teixeira. Porém, enquanto este último publicou os seus textos em francês (por sua vez traduzidos em inglês), atuando numa frente apologética destinada à persuasão das cortes rivais do Rei Católico, Castro imprimiu as suas obras em português, com o objetivo de as fazer circular em Portugal. Como referi no final do capítulo 2, o primeiro e mais importante desses textos apologéticos é o *Discurso da vida do [...] rey dom Sebastiam*, editado em Paris em 1602. Trata-se, por um lado, de uma biografia de dom Sebastião, antes e depois da batalha de Alcácer Quibir. Por outro lado, é um texto de combate que pretende contribuir para provocar em Portugal um movimento de adesão, conduzindo a uma revolta contra o governo castelhano. Em substância, a obra pretende provar que o rei não morreu na batalha e que reapareceu em Veneza, estando vivo no próprio momento da redação do texto, preso nas masmorras de Castel Nuovo, em Nápoles. A intriga entre o desaparecimento do rei e a sua reaparição é composta, em boa medida, pela história da descoberta pelo próprio João de Castro e seus companheiros dessa verdade milagrosa de que se fazem apóstolos. O autor atribui a si próprio "espírito de inteligência das escrituras [sagradas]". Servindo-se de si como juiz e testemunha, Deus ter-lhe-ia permitido descobrir, num primeiro momento, a verdade sobre a sobrevivência de dom Sebastião e, num segundo momento, a do seu aparecimento em Veneza. Na obra, a invocação da linhagem dos Castros, do seu homónimo avô, vice-rei da Índia, e do seu pai Álvaro de Castro, vedor da fazenda de dom Sebastião, aparece como caucionadora de uma escrita, de um crédito, imediatamente antes do início da narração do episódio de Veneza — altura em que passa a referir-se a si mesmo na terceira pessoa como "dom João de Castro". No entanto, esta retórica da autoridade de uma linhagem esconde uma posição de dependência, marcada pela bastardia — a mãe, de condição modesta, não é nomeada nos textos de Castro — e pela impossibilidade de fazer valer socialmente essa origem ilustre. Na sociologia dos antonianossebastianistas, e em particular na de João de Castro, este dado é fundamental, podendo dizer-se que a sua vocação intelectual é uma forma de resposta à frustração provocada pela mácula na origem nobiliária.[18]

Depois desta obra, Castro conseguiu imprimir outros dois textos, um aditamento (*Ajunta*) ao *Discurso da vida do [...] rey dom Sebastiam*, publicado logo a seguir a este, e, no ano seguinte (1603), a *Paráfrase e concordância de algumas profecias de Bandarra*, primeira edição comentada das famosas trovas do sapateiro de Trancoso. Depois destes, e na sequência do sucedido em Sanlúcar, Castro continuou pelo resto da sua vida a escrever sobre o que aconteceu nestes anos e a fazer o rescaldo da oposição antoniana.

FREI ESTÊVÃO DE SAMPAIO

O papel do frade dominicano Estêvão de Sampaio nesta história é singular, porque se trata, claramente, do homem que mais riscos pessoais correu pela causa e durante mais tempo, até morrer por ela. De entre os portugueses que estiveram em Veneza, ele foi o único que continuou a seguir fisicamente o rasto do "rei" preso nas galés, até este se fixar na baía de Cádiz, comunicando com ele e acabando por ser capturado. Ao longo dos vários anos em que Catizone transitou de prisão para prisão, frei Estêvão de Sampaio (ou frei Estêvão Caveira, como também era conhecido em Portugal) empenhou-se em várias missões perigosas e clandestinas, procurando obter apoios e dinheiro com o objetivo de libertar o prisioneiro. Andou muitas vezes "encoberto", isto é, vestindo roupa de laico e cobrindo as suas tonsuras, e usando vários nomes falsos. Assenta-lhe bem o epíteto de monge *frondeur* ["rebelde"] que Joseph Perez atribuiu aos membros do clero regular em rebelião contra Carlos V em Castela. Esteve ao serviço dos condes de Vimioso, cujo terceiro titular, Francisco de Portugal, fora o principal chefe militar do exército do prior do Crato durante as lutas de 1580 a 1582. Frei Estêvão destacou-se na Batalha de Alcântara por ter lutado a cavalo, com arcabuz, tirando a um alferes castelhano a sua bandeira e matando, já fora da batalha, um soldado castelhano. Antoniano notório, foi um dos cinco dominicanos condenados e expulsos da ordem por frei Luís de Granada, em 1581. Esteve preso em Castela, mas conseguiu fugir para França, obtendo a absolvição do provincial dominicano em Paris. Passou por vários conventos franceses da sua ordem até 1599. Mas ainda integrou a armada inglesa chefiada por Francis Drake, onde seguia dom António, que em 1589 tentou atacar Lisboa.

Ao mesmo tempo que a sua atuação, ao longo de quatro anos, revela uma forte determinação e uma coragem física assinaláveis, de todo o grupo de apoiantes da causa parece ter sido frei Estêvão quem exprimiu por carta, em diferentes momentos, as mais fortes dúvidas sobre a identidade régia do preso. Foi ele um dos primeiros a quem primeiro João de Castro, em 1587, comunicou as suas descobertas proféticas sobre dom Sebastião, enviando-lhe o frade documentos em troca, e transmitindo-lhe o seu ceticismo sobre as teses de sobrevivência do rei. O dominicano terá contribuído, também nestes anos, para as investigações de Castro, dando-lhe acesso nomeadamente aos manuscritos da biblioteca da Abadia de Saint Victor, em Paris. Os dois homens mantiveram ao longo dos anos uma correspondência regular. Quando começaram a afluir de Veneza as notícias do aparecimento de dom Sebastião, foi Castro quem as transmitiu a frei Estêvão, então em Toulouse, onde conseguira obter um cargo de professor de teologia. Na resposta a essa carta, frei Estêvão começou por se revelar cético quanto aos rumores segundo os quais o "rei" tinha mostrado os seus "sinais", incluindo as feridas da batalha, ao seu primeiro anfitrião: "Não pode ser que um rei, criado rei, e que viveu como rei, mostrasse seu corpo, e feridas dele, a um estalajadeiro".[19] Mas o seu parecer não se revelou constante e, no início do ano seguinte, o dominicano colocava já claramente a hipótese de ir a Veneza, ao lado de outras possibilidades, como regressar a Portugal ou ir em peregrinação à Terra Santa. Acabou por decidir viajar para Itália, onde poderia ir a Veneza mas ao mesmo tempo tentar salvaguardar um futuro em Portugal.

Dirigiu-se assim primeiro a Roma, onde obteve, graças à intervenção do embaixador espanhol e do agente português em Roma, um novo perdão relativamente à sua atuação no passado e autorização para regressar a Portugal, ao Convento de São Gonçalo de Amarante. Ao agente português terá declarado que iria depois até Loreto, em viagem de devoção a Nossa Senhora, mas aqui estaria já a ocultar a sua verdadeira intenção, que seria seguir para Veneza.

A INSTRUÇÃO DO PROCESSO EM VENEZA

No início de dezembro de 1598, Mendoza escrevia para a Secretaria de Estado que o prisioneiro já tinha sido interrogado duas vezes, mantendo que era o "verdadeiro dom Sebastião", o que, deduzia o embaixador, o levaria a ser condenado à morte, pois, não contente com o seu "fingimento e maldade que fez extrajudicialmente", agravava agora o seu crime com "atestação e confissão judicial".[20] Segundo João de Castro, o preso foi interrogado um total de 27 vezes, um número que, no seu texto, deve ser lido como indício de um valor moral, a constância.[21]

No início de 1599, o processo avançou, com a libertação, a 16 de janeiro, dos homens que haviam sido presos ao mesmo tempo que Catizone, à exceção de De Bonis e Di Migliori, e com a leitura integral dos atos processuais, incluindo uma série de interrogatórios feitos pelos quatro juízes que instruíam o processo. No fim desta instrução penal, não houve uma decisão cabal sobre a identidade do prisioneiro, e a República, em vez de optar pela condenação do pretendente como seria de prever, decidiu mantê-lo detido, sem se pronunciar por meio de uma sentença formal. Os despachos para Paris do embaixador francês Villiers-Séguier ajudam-nos a perceber o que se terá passado. Surpreendido pela decisão, o embaixador decidiu investigar um pouco mais a questão, pois não lhe parecia que restasse grande margem para dúvidas no espírito dos juízes sobre o facto de se tratar de um impostor. Como exemplo, citava um interrogatório em que o prisioneiro não fora capaz de responder a uma pergunta sobre qual a marca que tinha no rosto o confessor de dom Sebastião — tratava-se de Luís Gonçalves da Câmara, cego de um olho —, coisa de que "se ele [prisioneiro] fosse verdadeiramente o rei se poderia recordar".[22] Segundo o que apurou, a razão para tal decisão relacionava-se com as divisões no Senado a que já me referi: o grupo que queria satisfazer o rei de Espanha era favorável a uma condenação, à morte ou às galés; os demais, favoráveis à "conservação da liberdade da República" na qual o pretendente se refugiara, queriam que se abrisse a prisão com ordem de expulsão do território. A manutenção na prisão era a melhor forma de, salomonicamente, satisfazer as duas partes, preservando os equilíbrios políticos internos. Desta maneira, acrescentava o embaixador francês, a República guardava um possível trunfo que, noutra ocasião, poderia ser útil na relação com Espanha: o prisioneiro seria então um "grande presente" a usar na devida altura. Mas, se esta interpretação fosse a correta, concluía o embaixador com um travo de ironia, esperava-se que a República começasse a ter o homem um pouco mais em conta e o guardasse numa "câmara com tapeçaria". As condições de detenção de um presente valioso como aquele deveriam melhorar — o que efetivamente veio a acontecer.

MARCO QUERINI

Não era esta, decididamente, a interpretação dos acontecimentos que circulava nas cartas trocadas entre os antonianossebastianistas portugueses. Por razões difíceis de entender sem uma investigação mais aprofundada nos arquivos venezianos, o senador Marco Querini foi visto por eles como alguém tolerante para com a sua causa. Querini pertencia a uma importante família da aristocracia dominante, tendo ocupado cargos de relevo na administração da República que lhe permitiram ser membro do Colégio, um dos conselhos políticos mais relevantes de Veneza, como atrás referi. Foi na condição de censor — uma magistratura ligada ao controlo da licitude de procedimentos em matérias várias, nomeadamente eleitorais e comerciais — que ele foi nomeado para ser um dos quatro juízes que deviam instruir o processo. É possível que, nessa qualidade, tenha mostrado alguma benevolência para com o prisioneiro. Segundo frei José Teixeira, Querini declarou, numa alegação perante o Senado feita no início de 1599, que não só considerava o homem inocente dos crimes de que era acusado, como achava que tinha levado uma vida inofensiva.[23] Terá sido na sequência desta alegação, afirma Teixeira, que as condições de reclusão do prisioneiro melhoraram. Sem que saibamos exatamente quando, nos primeiros meses de 1599 o "rei" passou de uma "pequena prisão estreitíssima" — são palavras de João de Castro, que lhe chama também "penoso caixote" — para uma outra bem maior, partilhada com catorze ou dezesseis outros prisioneiros. Esta ala de masmorras, por contraste com as demais, era chamada "os jardins" (*i giardini*). Os presos estavam impedidos de contactar com o exterior, mas ainda assim circulavam na cidade vários boatos sobre o que ia acontecendo na cadeia, e havia intercâmbio de recados entre os presos e o exterior. Perante o segredo oficial da Sereníssima, foi a partir de boatos e mensagens transmitidas por pessoas com acesso às prisões — guardas, ex-presos — que se especulou sobre a identidade do homem durante meses a fio.

Quando frei Estêvão de Sampaio chegou a Veneza, nos primeiros meses de 1599, a transferência de prisão já tinha ocorrido. Segundo o que declarou na primeira confissão que fez em Sanlúcar, encontrou a "prática [isto é, as conversas] do Rei morta" — "ninguém tratava dela".[24] Dirigiu-se, ou alguém lho indicou, a Marco Querini. O frade dominicano, que tinha quase sessenta anos, alegava ter falado algumas vezes com dom Sebastião e ter participado em disputas teológicas na sua presença. Poderia, por isso mesmo e por perguntas particulares que saberia fazer, reconhecer se o prisioneiro era ou não o rei. Mas as autoridades venezianas permaneceram inflexíveis em não deixar o preso ser visto, e foi o próprio Querini quem fez perceber a frei Estêvão que sem outros instrumentos de prova os seus trabalhos seriam infrutíferos. Segundo a confissão de frei Estêvão, Querini disse-lhe que os membros do Colégio achavam que os portugueses "tinham tanto desejo de ter um Rei próprio que ainda que fosse uma coisa que lhes estivesse muito mal diriam que era o seu Rei". Aconselhou-o por isso a ir Portugal recolher as marcas e os sinais físicos particulares do monarca, autenticados por testemunhos credíveis; uma vez na posse desses documentos, poderia requerer uma audiência em nome de "senhores principais", para que o preso fosse examinado, confrontando-se esses sinais com ele. Ao sugerirem uma missão a Portugal com recolha de uma lista de sinais, as autoridades venezianas, que Querini não deixava de representar, estavam objetivamente a ganhar tempo para prosseguirem na sua linha: manter o homem na prisão e não tomar posição sobre a questão de fundo.

Neste ponto, é preciso frisar que o empenho de frei Estêvão — que o fez deslocar-se a Veneza, aí permanecer alguns meses, estabelecer contactos, decidir empreender longa e arriscada viagem até Lisboa —

não é sinónimo de adesão sem margem para dúvidas à identidade régia do prisioneiro. Em carta enviada ainda de Veneza a João de Castro, com data de 18 de julho, o frade referia a sua dificuldade em "tomar resolução": por um lado, o que o preso declarava, assim como o facto de não responder claramente a perguntas e de visivelmente mentir, faziam "evidente conjetura não ser ele". Por outro lado,

> sua pessoa mostra sê-lo em alguns sinais comuns; ainda que vem surdo de uma orelha; negro como corvo: esquecido de Portugal: que somente da batalha de Alcácer para cá da relação de si: do dantes penitus [i.e., do passado mais antigo] nenhuma, nem de Lisboa, nem de Fidalgos, nem do Reino, nada, nada. Português por nenhum modo o sabe falar. Digo a vossa mercê que é um encantamento até hoje.[25]

Estas informações que frei Estêvão detinha sobre o preso — respostas a interrogatórios, detalhes físicos, esquecimento do passado — eram, como já sugeri, indiretas. Provinham do que se dizia sobre ele em Veneza e também de mensagens trocadas com intermediários que, na prisão, tinham ou diziam ter acesso ao homem. Sem que a carta acima citada nos esclareça quais os "sinais comuns" que, para o frade, indiciavam que o prisioneiro era o rei, a questão da memória anterior à batalha claramente colocava obstáculos racionais à presumível vontade de crer, transformando a situação num "encantamento", isto é, num mistério impossível de resolver. Como veremos, até ao final persistirá — ou ressurgirá — em frei Estêvão a perturbação face à ausência de uma clara prova, fornecida pelo prisioneiro, através da memória concreta do passado anterior a 1578.

FREI ZACARIAS DE LISBOA

Nem todos os portugueses de passagem por Veneza eram hostis ao Rei Católico. Um exemplo em sentido contrário é nos dado por um outro religioso a que já aludi: o capuchinho frei Zacarias de Lisboa, guardião de convento da sua ordem em Módena. De perfil semelhante ao de vários sebastianistas, membro de uma ordem mendicante e envolvido, com frei Crisóstomo e Nuno da Costa, numa rede inquisitorial de denúncia de cristãos-novos — certamente por ser também ele oriundo dessas famílias —, frei Zacarias situa-se num lugar politicamente oposto ao de frei Estêvão: o de português fiel servidor do seu rei. Em julho de 1599, exatamente na mesma altura em que frei Estêvão fazia as suas primeiras indagações em Veneza, o capuchinho viu no caso uma ocasião para mostrar serviço ao seu rei. No final de 1598, recebeu novas de um confrade seu em Veneza relatando os sucessos do indivíduo que dizia ser o rei de Portugal. Como o seu correspondente lhe transmitia sinais de que o prisioneiro revelava boa memória das cartas escritas por dom Sebastião à Senhoria de Veneza do tempo da expedição a África, frei Zacarias respondeu-lhe que tais cartas tinham sido todas impressas e que, portanto, o preso podia simplesmente tê-las estudado. Avisou o embaixador Mendoza disso mesmo e decidiu ir em pessoa a Veneza para recolher melhores indícios sobre a identidade do homem. Dali, ao serviço do embaixador, escreveu ao rei dom Filipe com as suas conclusões.

Frei Zacarias lamentou-se na sua carta por não poder avistar o prisioneiro, aliás em termos muito semelhantes aos declarados por frei Estêvão: escreveu que nenhum outro português em Itália poderia reconhecê-lo como ele, ou por se tratar de judeus que não frequentaram a corte, ou por serem demasiado jovens. A par de toda a informação que lhe podia ter fornecido o embaixador, frei Zacarias referia na carta o uso de águas "para fazer louros os [cabelos] da frente" e colocava-se na posição de instrutor do caso se lhe fosse facultado acesso ao prisioneiro: "Se eu falasse com ele, fá-lo-ia suar sangue porque lhe perguntaria o que fez em Lisboa na sua vida, e em Sintra e em Évora e em Almeirim". Não sendo isso possível, considerava os indícios que lhe chegavam mais do que suficientes para afastar a possibilidade de se tratar do rei, pela ausência de semelhança física (cor da pele, cor dos cabelos, forma da boca) e pelo facto de não falar nem escrever português, enquanto falava e escrevia italiano na perfeição — aliás, afirmava ter visto textos do prisioneiro, entre os quais "excelentes sonetos", assim como algumas linhas que quis escrever em português, incompreensíveis ou quase.[26]

FREI ESTÊVÃO EM LISBOA

Quando frei Estêvão chegou a Portugal, a tarefa de recolha da lista de sinais particulares do rei foi dificultada pela existência de um surto de peste em Lisboa, o que tornou impossível chegar a algumas das os "portugueses de veneza"

potenciais testemunhas. Foram principalmente dois os homens que o ajudaram a construir a lista de sinais particulares que o rei teria de nascença: um cónego da sé, Lourenço Rodrigues da Costa, que manteve frei Estêvão escondido em sua casa enquanto indagava em busca de testemunhos; e o notário apostólico Tomé da Cruz. O cónego pô-lo em contacto com Nuno Mascarenhas, também ele um antigo partidário de dom António.

Em março de 1600, sempre em Lisboa, frei Estêvão fez lavrar um documento, autenticado pelo notário Tomé da Cruz, "no qual se contêm todos os sinais ou a maior parte deles que tinha el rei dom Sebastião de Portugal certificados e aprovados por muitos homens fidalgos senhores e senhoras daquele reino".[27] No entanto, os testemunhos obtidos para construir a lista resultam indiretos, obtidos por via de familiares de camareiros do rei ou de criadas da rainha dona Catarina, avó do rei. Segundo a primeira confissão de frei Estêvão em Sanlúcar, a sogra de Rui Teles de Meneses, senhor de Unhão, referia ter sabido pela irmã, que fora dama da rainha, que o rei tinha uma verruga grossa junto do dedo mindinho do pé direito, enquanto a mulher de um antigo camareiro do rei mencionava sinais nas costas e nos ombros. Um antigo barbeiro afirmava ter arrancado ao rei um dente do maxilar inferior um ou dois anos antes da partida para Marrocos. Outras informações, sobre o tamanho desigual dos membros inferiores do rei, terão vindo de Manuel de Portugal, irmão do falecido conde de Vimioso a que, como vimos, frei Estêvão estivera ligado.

Várias das marcas particulares descritas parecem, pelo menos a um leitor do século XXI, vagas e imprecisas, pouco mensuráveis e dificilmente interpretáveis como caracteres únicos: "lentilhas" [i.e., sardas] no rosto e nas mãos, mas "não muito claras"; uma perna maior do que a outra; uma mão maior do que outra; as unhas e os dedos longos; os peitos dos pés levantados com os dedos quase iguais; o corpo pequeno da cintura para cima e muito comprido da cintura para baixo; as pernas arcadas; o caráter razoavelmente impreciso dos sinais descritos permitia ajustar pragmaticamente a lista. Entre a cópia certificada encontrada em poder de frei Crisóstomo e a que foi impressa por frei José Teixeira na *Adventure admirable...* existem algumas variantes significativas. A lista que deveria provar o caráter único, irreprodutível noutro indivíduo, dos sinais particulares, não era, ela própria, totalmente estável e única.

Por outro lado, ela resultava da projeção de uma imagem do rei que era a que tinha corrido, por via de boatos, para fora dos círculos áulicos desde a meninice de dom Sebastião. Entre os sinais particulares enumerados contam-se também, sem que se refiram as testemunhas, traços fisiológicos relacionados com os órgãos sexuais do monarca, como o de que o rei "padecia fluxo de semente", isto é, que teria poluções noturnas. Enfim, um último sinal da lista era descrito pudicamente como "outro sinal secretíssimo que se dirá de boca", o qual, na confissão feita por frei Estêvão em Sanlúcar, foi revelado como fazendo referência ao "membro viril" do rei, o qual seria "torto".[28] Podemos ver aqui uma forma de adequação entre a lista e os rumores que correram sobre o rei desde o final da sua infância, por trás dos quais havia o receio de que o futuro rei português fosse estéril. Também deste ponto de vista a lista construída por frei Estêvão e seus companheiros é uma fonte interessante, ao dar-nos um exemplo concreto de como o que se dizia sobre o rei na década de 1560, entre médicos, cortesãos e diplomatas, teve circulação ampla e permaneceu nas memórias, na geração posterior, como um traço identitário de dom Sebastião.

Tal como os boatos sobre doenças e fisiologia sexual a que dá fundamento, a lista constitui uma devassa na intimidade física do rei, alguém que foi descrito pelos cronistas como particularmente zeloso da sua "natural honestidade", "sem consentir que criado algum seu, por familiar que fosse, lhe visse os pés, e ele por sua mão ordinariamente tirava as servilhas e meias calças".[29] Um pudor que, como vimos antes, o próprio frei Estêvão tinha sublinhado nas suas primeiras reações, quando estava ainda em Toulouse, às cartas de João de Castro, ao achar inverosímil que um rei mostrasse corpo e feridas a um estalajadeiro.

Na verdade, se adotarmos o ponto de vista de frei Estêvão e os indícios que ele próprio deixou da sua passagem por Lisboa, vemos que o seu problema parece ser menos a qualidade das testemunhas e dos sinais recolhidos do que a persistente desconfiança relativamente à identidade do prisioneiro. Duas cópias de cartas escritas pelo frade de Lisboa para Veneza em novembro e dezembro de 1599 mostram que, no momento preciso em que estava a recolher os sinais particulares do rei, frei Estêvão continuava convencido de que o preso era um impostor. Mais do que servirem para provar que era dom Sebastião, alguns dos sinais recolhidos pareciam indiciar precisamente o contrário. As cartas em questão eram dirigidas a Nuno da Costa e a Marco Querini. Ao primeiro, a 15 de novembro de 1599, dizia de forma categórica que o prisioneiro não podia ser dom Sebastião. Quatro dos sinais recolhidos pareciam-lhe incompatíveis com a sua morfologia: a perna, "um tanto mais curta do que a outra"; o dente a menos no maxilar inferior, do lado direito, o qual, arrancado quando o rei tinha vinte anos, não poderia ter voltado a crescer; os dedos dos pés "quase todos iguais", como se dizia ter tido o seu avô imperador (Carlos V); e "a qualidade das unhas dos pés". Por cada um deles — e o dominicano ilustrou a forma dos dedos dos pés com um pequeno desenho que o copista da carta reproduziu — se podia "ver claramente a falsidade desse enganador".[30] Na primeira das duas cartas em latim escritas ao senador Querini, datada de 22 de novembro, dizia que tinha passado todo o mês de setembro a procurar os sinais particulares do rei e indícios pelos quais se poderia provar que o preso usurpava o nome do rei dom Sebastião.[31]

Se as cópias destas cartas chegaram até nós, é porque foram intercetadas pelas autoridades espanholas. Tinham sido enviadas dissimuladamente para Itália em nome do próprio notário, o qual endereçava a correspondência de frei Estêvão a um residente português em Roma, que por sua vez deveria remeter as cartas para Veneza. No entanto, este último transmitiu as cartas ao embaixador de Espanha, o duque de Sessa, o mesmo a que frei Estêvão recorrera meses antes para obter perdão e reintegração em Portugal. O qual, duque, fez cópias e as enviou ao secretário de Estado Pedro Franquesa, remetendo os originais para Mendoza, o embaixador em Veneza. Apesar dos cuidados de frei Estêvão para encobrir a sua atividade, a rede político-diplomática do Rei Católico estava por dentro da comunicação que se ia fazendo na rede de antigos partidários de dom António entre Lisboa e Veneza. Nos meses seguintes, os despachos do embaixador Mendoza continuaram a referir os movimentos de portugueses que se deslocaram a Veneza em relação com a causa do "charlatão que se finge rei de Portugal", como três dignitários franciscanos que ali foram expressamente para ver o preso e tiveram de regressar a Portugal frustrados por não o poderem fazer ou a passagem de dom Cristóvão, filho do prior do Crato, que se dizia rumar a Constantinopla para mover os turcos contra o Rei Católico.

Independentemente da qualidade do testemunho produzido pelo frade português durante a estadia em Lisboa e da posição ambígua ou mesmo cética do dominicano, independentemente também da espionagem a que a sua atividade esteve sujeita, há que sublinhar a sua capacidade e dos seus aliados para forjarem uma série de documentos, acumulando profecias, instrumentos para produzir prova e uma interpretação messiânica das notícias em circulação. A crença no advento de um rei português, fosse ele o homem de Veneza ou outro "Encoberto", apoiava-se em alianças mais vastas, que vinham de um descontentamento antigo e que se alimentava de uma narrativa anticastelhana sempre renovada. Frei Estêvão articulava assim uma rede de cúmplices capaz de fornecer apoio logístico e de produzir "prova", entre Lisboa, Paris e Veneza, a qual seria copiada e reproduzida de várias formas, publicada por via da correspondência ou da cópia manuscrita, do texto impresso no estrangeiro. A assimetria de poder não os impedia de ir passando, em parte, entre as malhas da vigilância. As suas armas podem ser definidas como "armas dos fracos": disfarçar-se, atravessar reinos inteiros a pé, usar nomes falsos, esconder consigo — cosidos no interior da roupa ou escondidos em retábulos — documentos e cartas que formavam arquivos com prova; fazer-se valer de uma rede comunitária vasta e porosa que não precisava de saber tudo sobre as suas atividades para os acolher e proteger. É esta a marca do trabalho político de frei Estêvão e seus cúmplices em Lisboa, cuja aliança se alimentava de uma oposição estrutural ao governo castelhano e que, para existir, não dependia de o pretendente de Veneza ser quem dizia ser.

Um desses cúmplices era o já citado Tomé da Cruz, secretário do legado apostólico e descrito por frei Estêvão na sua confissão ao duque de Medina Sidónia como "de cor índio, ou mulato" — era indiano, oriundo de Cochim. Foi ele quem autenticou parte dos sinais e certificou a lista elaborada em Lisboa, em março de 1600. Tomé da Cruz era o notário que estivera ligado à certificação e divulgação do "juramento de dom Afonso Henriques", documento forjado em Alcobaça, "encontrado" em 1596 num cartório daquele mosteiro cisterciense, juntamente com outros apócrifos que serviram, à vez, os interesses dos monges de Cister e a legitimação ideológica da oposição ao governo do Rei Católico. Forjado antes do aparecimento do falso rei em Veneza, mas num momento em que já se multiplicavam sinais e profecias que alimentavam uma forma de resistência messiânica relativamente ao governo castelhano, o "juramento" viria a tornar-se numa das peças importantes da propaganda sebastianista a partir do

OS "PORTUGUESES DE VENEZA"

aparecimento do homem de Veneza. O texto, suposta prova documental do "milagre de Ourique", era considerado de valor profético, pois fazia referência a uma 16ª geração de reis portugueses "na qual se diminuirá a descendência" — a de dom Sebastião —, que seria depois de novo protegida por Deus.

Na primavera de 1599, o texto latino foi publicado, com base na cópia autenticada por Tomé da Cruz, juntamente com uma tradução portuguesa, na segunda edição dos *Diálogos de vária história*, de Pedro Mariz.[32] Da colaboração entre o notário Tomé da Cruz e frei Estêvão nasceu também um folheto, publicado em 1600 com um prólogo ao leitor feito por frei Estêvão e contendo o juramento e várias outras profecias em latim, textos que frei José Teixeira incorporaria, no ano seguinte, na sua *Adventure admirable...*, traduzindo-os em francês.

Este folheto com o "juramento de Afonso Henriques" conheceu uma impressão clandestina em Veneza, feita por frei Estêvão. Em setembro de 1600, o embaixador Mendoza que frei Estêvão estava de volta a Veneza e associava-o à publicação de uma "escritura" em latim, com o título *Divinum oraculum*, que incluía a explicação do "milagre de Ourique" e do juramento de Afonso Henriques, a que se juntavam vários outros textos de caráter profético (sibilinas, profecias de Santo Isidoro). A mensagem messiânica e anticastelhana do impresso era clara, tendo a publicação de tais documentos como objetivo, segundo o que diziam cartas chegadas de Lisboa, suscitar tumultos em Portugal.[33]

OS PARTIDÁRIOS DO "REI" EM PORTUGAL

Frei Estêvão partiu de Aveiro de regresso a Veneza na primavera de 1600, acompanhado do cónego Lourenço Rodrigues, que o tinha ajudado em Lisboa. O apoio logístico para a viagem, em embarcação e dinheiro, foi dado por Bernardino de Sousa, fidalgo de Aveiro, da família dos senhores de Miranda do Corvo; também ele era um antigo partidário do prior do Crato e também ele, de acordo com uma das confissões de frei Estêvão, acreditava de longa data que dom Sebastião estava vivo. A ligação entre Bernardino de Sousa, principal financiador das operações, e o grupo lisboeta que tinha como agentes Tomé da Cruz e um punhado de cónegos da catedral, manter-se-ia ao longo dos anos que durou este episódio. Entre estes últimos contava-se António Tavares, um homem com antigas ligações familiares à família de Bernardino Sousa.

São os alinhamentos políticos de filhos segundos de casas nobres da região de Aveiro, com as ligações familiares entre elas, que explicam a configuração desta rede. Herdeira dos bens de um dos antigos governadores nomeados pelo rei Henrique para decidir a crise sucessória de 1578-80, a referida família dos Sousas é um bom exemplo das divisões políticas que atravessaram então a nobreza portuguesa senhora de terras. O primeiro na linha de sucessão, Henrique de Sousa, aderiu ao partido dos Áustrias — seria, em 1611, feito conde de Miranda —, enquanto o seu irmão mais novo, Bernardino de Sousa, escolheu o partido antoniano. Vinte anos mais tarde, a questão da integração maior ou menor na monarquia católica continuava a colocar-se. Henrique de Sousa foi nomeado para ir para Castela integrar o Conselho de Portugal, enquanto o seu irmão parece ter permanecido na expetativa de mercês que não chegaram. O apoio ao projeto messiânico de libertar "dom Sebastião" pode relacionar-se com esta frustração.

Este tipo de lógica, familiar e de poder, estendia-se ao grupo de exilados antonianos de Paris. Havia também laços familiares entre os Sousas de Aveiro e Diogo Botelho, o mais fiel dos seguidores de dom António. Quando, na primavera de 1603, a rede antonianas-sebastianista começou a ser desmantelada pelas autoridades castelhanas, graças às confissões feitas pelos frades apanhados na conjura para libertar o impostor, foi para Paris que Bernardino de Sousa fugiu.

DE VOLTA A VENEZA

Quando frei Estêvão chegou a Veneza, talvez no início de junho de 1600, foi o senador Querini quem o frade procurou novamente, passando pela mediação de Nuno da Costa, alguém que o magistrado conhecia certamente melhor enquanto comerciante português bem estabelecido em Veneza. Como no caso das audiências do embaixador Mendoza de que falei antes, o documento que relata este encontro, escrito pela mão de Querini a pedido do Colégio, entra em detalhes preciosos: descreve o procedimento dos dois portugueses para abordarem o senador no momento em que este chegava a casa ao fim do dia, e o conteúdo do diálogo entre frei Estêvão e Querini.[34]

Enquanto Nuno da Costa o esperava à entrada de casa, frei Estêvão aguardava-o no interior. Uma vez a sós, e dispensado Nuno da Costa, o frade deu conta ao senador da sua missão em Portugal e insistiu em pedir uma audiência ao Colégio, acompanhado do cónego Rodrigues da Costa, para confrontar os sinais particulares do rei que haviam recolhido em Lisboa com a pessoa física do prisioneiro. A argumentação de frei Estêvão insiste na autenticidade do aparelho de prova recolhido, composto de sinais particulares inseparáveis da pessoa do rei, e na sinceridade e probidade dos portadores desse aparelho (ele próprio e um cónego da igreja portuguesa, ao serviço de fidalgos portugueses). Usa também o argumento, a que o embaixador de Espanha já recorrera com intenções opostas, dos tumultos que alegadamente se verificavam em Portugal em torno desta questão, os quais se alimentavam do facto de Veneza não soltar o prisioneiro. Quanto mais o mantivessem na prisão, mais os portugueses achariam tratar-se do verdadeiro rei. Por fim, frei Estêvão fez por realçar as suas próprias credenciais: ele não era uma "pessoa vil" ou de pouco relevo, e mostrou a Querini documentos escritos passados por um provincial e pelo geral da sua ordem que o reconheciam como teólogo e pregador, além de professor universitário em Toulouse. Mostrou-lhe ainda dois livrinhos impressos em que a sua prisão, sofrimento e perigos passados na "guerra de Portugal" (a de 1580) eram notados. Querini deu-lhe uma negativa diplomática: sendo ele, frade, uma pessoa privada, dificilmente obteria uma audiência do Colégio, nem este órgão faria depender o reconhecimento do prisioneiro da simples vontade de qualquer português. No entanto, o magistrado, enquanto membro de cargos públicos, tinha a obrigação legal de relatar a conversa ali tida ao doge, no Colégio, o que prometeu fazer na manhã seguinte. A reação do senador veneziano, refugiando-se na legalidade, permitia-lhe não se comprometer. Não deixava defraudado o frade, servindo o encontro de embaixada possível. Mas, entre as linhas, há claramente a colocação de uma distância entre a legítima expetativa do frade português quanto à resolução do caso — afinal, tinha sido empurrado para a recolha dos sinais em Portugal pelos mesmos canais um ano antes — e a realpolitik veneziana. Reaparece aqui, na forma de autoapresentação de frei Estêvão e na negativa que recebe do senador, uma questão fundamental: a possibilidade de mobilizar um aparelho de prova e de o utilizar em favor de uma demonstração não era independente do estatuto social de quem o fazia. Os argumentos utilizados em favor ou contra a identidade régia do prisioneiro eram permanentemente classificados, positiva ou negativamente, pela identidade social de quem os apresentava — e era essa identidade que permitia ou não abrir a porta de uma audiência no Colégio.

Entretanto, a opinião do frade sobre a identidade do prisioneiro mudara de novo. Se no final de 1599, a partir de Lisboa, frei Estêvão garantia tratar-se de um impostor, no início de julho de 1600 certificava já, em conversas e por carta, que o homem que a República não deixava examinar era o rei português. Foi isso o que transmitiu a João de Castro, que entretanto se decidiu também ele a partir para Veneza, onde chegaria no final de julho de 1600. Ambos passaram a colaborar ativamente para persuadir a sua rede de potenciais aliados e para obter apoios de peso para a causa. A junção dos membros desavindos do grupo de seguidores do prior do Crato exilados em Paris começou a fazer-se nesta altura, tendo sido frei Estêvão a enviar de Veneza as primeiras cartas a Diogo Botelho, Ciprião de Figueiredo e Manuel de Portugal, o filho primogénito do prior do Crato. Em cartas que escreveu em setembro e outubro apelando à intervenção de frei José Teixeira, frei Estêvão jurava por Deus e pela paixão de Cristo que o prisioneiro era o rei de Portugal, acrescentando tal ser tão certo como ser ele próprio frei Estêvão de Sampaio. Tinha também desaparecido a perplexidade, tão claramente expressa um ano antes, pela ausência de memória do prisioneiro: "Dá conta da sua vida, e dá razão de por onde passou, de maneira que não haverá entendimento tão obstinado e cego que não fique convencido".[35] Frei Estêvão assume nesta altura a dianteira da convicção de que o detido era dom Sebastião, tomando uma série de iniciativas concretas.

O que fez o frade mudar de posição, sem que as condições que permitissem um reconhecimento presencial se tivessem entretanto verificado? No primeiro interrogatório a que foi submetido pelo duque de Medina Sidónia em Sanlúcar de Barrameda, no qual conta com bastantes detalhes a forma como se envolveu no caso, o frade dá uma resposta: o que o teria convencido fora a comparação entre os sinais que trazia de Lisboa e os diferentes ecos que lhe chegavam da prisão sobre o homem detido. A isto devemos juntar o que não foi dito nesta confissão, mas sim noutro interrogatório, dessa vez perante o juiz: a vontade (aliás, coletiva) de acreditar, que o levara a tomar por bons indícios os mesmos de que antes tinha desconfiado. E algo que não disse em confissão nenhuma: o protagonismo que visivelmente queria assumir nesta história, uma ambição de ascensão social, que está presente em todos os episódios de falsos reis.

Vejamos que indícios eram esses que o frade, no seu depoimento ao duque de Medina Sidónia, disse ter encontrado. Eles podem ser agrupados em três categorias: a aparente coincidência entre os sinais físicos particulares do prisioneiro e a lista recolhida em Portugal; os indícios reveladores de boa memória do prisioneiro, comprovadora do seu passado como monarca; e uma série de relatos em circulação sobre o seu comportamento na prisão que emprestavam ao homem aura de majestade e de santidade.

Comecemos pelas marcas físicas. Frei Estêvão declarou ao duque de Medina Sidónia que, ao chegar a Veneza com o cónego Lourenço Rodrigues da Costa, procurou encontrar confirmação, através de pessoas que tivessem contactado com o prisioneiro — serviçais e antigos presos, o confessor —, da adequação entre os sinais recolhidos em Lisboa e os que o detido tinha "secretamente" inscritos no corpo. Os indícios obtidos pareceram-lhe suficientemente concordantes com a sua lista de sinais: um homem saído da prisão secreta, de nome Bartolomé Placentina, teria visto a grande verruga no dedo mindinho ao lavar-lhe os pés, o confessor referia-se à falta de um dente molar arrancado por um barbeiro em Portugal, e Marco Querini — outra vez citado como cúmplice — referia o facto de uma mão ser maior do que a outra, além de ter "o membro aquilino e como quebrado" e o lábio "derribado", que seria a marca hereditária da casa de Áustria. O frade declarou ter inclusivamente procurado quem lavava a roupa interior (as "camisas") do prisioneiro, para saber se havia "aquela imperfeição de fluxo de semente", e afirmou ter achado confirmação disso mesmo.[36]

A esta enumeração de indícios corporais juntavam-se aparências de um comportamento moral excecional: pelo relato que lhe foi feito por um italiano chamado Battista, que tinha servido no cárcere no tempo em que o prisioneiro estava reduzido ao isolamento, soube o frade

> da grande penitência e oração contínua que tinha no cárcere contra o que se publicava dele em Veneza e que, sendo chamado o dito preso pelos senadores para se lhe fazer perguntas, disse ao dito Battista que não era tempo porque estava transportado e que outras diversas vezes tinha raptos e revelações de maneira que ainda que o picassem com agulhas e fogo não havia volvido [i.e., mudado] de seu acordo, e que o seu confessor que se dizia Bernardino tesoureiro de São Marcos

lhe disse a este declarante que não estava na sua mão dizer quem era o preso, mas que se ali [na prisão] morria, morria um santo.

Enfim, o frade teve acesso aos textos que o homem que dizia ser dom Sebastião escrevia na prisão, os quais o terão convencido de que ele era afinal capaz de dar conta do seu passado enquanto rei e de escrever em português:

> e assim mesmo lhe mostraram um livrinho que o dito preso havia composto em oitava rima lamentando-se da senhoria de Veneza e contando muita parte do discurso [i.e., decurso] da sua vida e coisas que lhe sucederam em Portugal sobre os seus casamentos, e que teve traça [i.e., maneira], porque em Veneza se dizia que o dito preso não falava palavra portuguesa, de ter nas suas mãos uns papéis escritos em Português de letra e mão do dito preso; e confrontando-os com o dito livrinho e outras coisas que ouvia e lhe diziam com os sinais que levava entendeu claramente que era o verdadeiro Rei Don Sebastião segundo o seu engenho e entendimento.

As declarações de frei Estêvão revelam a sua preocupação em dar coerência ao seu discurso, em explicar as suas razões. Mas o seu relato revela um outro aspecto fundamental do combate sebastianista em Veneza: era preciso contrariar o muito que se dizia contra o prisioneiro. A confissão de frei Estêvão — tal como, aliás, num registo diferente, os livros publicados por João de Castro e por frei José Teixeira — permite inferir a existência de uma luta de narrativas opostas sobre o prisioneiro em Veneza, quer na fase em que este esteve em isolamento e foi submetido a interrogatórios, quer no longo período em que teve vários companheiros na cela. É nesse sentido que devem ser lidas as referências, nos dois excertos anteriores, ao que se dizia em Veneza contra o preso: a "grande penitência e oração contínua que tinha no cárcere *contra o que se publicava dele em Veneza*" (itálico meu) construíam uma imagem de santo dirigida aos que, dentro e fora da prisão, o descreviam como um impostor. O relato de Battista servia também para justificar os silêncios do prisioneiro durante os interrogatórios a que fora submetido: "Não era tempo [de responder aos senadores] porque estava transportado". Na segunda citação, o autoconvencimento de frei Estêvão, sobre o ponto delicado da memória que o preso revelava sobre detalhes cruciais anteriores a 1578 e sobre o seu domínio da língua portuguesa, é uma resposta ao que "em Veneza se dizia": que o homem "não falava palavra" de tal língua.

Este combate entre opiniões favoráveis ou desfavoráveis ao prisioneiro, travado publicamente em Veneza, alimentava-se, como já vimos e se pode depreender dos depoimentos de frei Estêvão, de um tráfico de mensagens e bens entre a prisão e o exterior. Serviçais e carcereiros, um confessor, antigos presos, são indicados como responsáveis por essa comunicação.

Uma palavra mais sobre a questão do crédito e da reputação, e sobre como ela afetava os partidários da identidade régia do prisioneiro. Também aqui a posição destes, fossem eles portugueses ou venezianos, era delicada: tratava-se de desmentir uma verdade oficial, que fora estabelecida em favor de um monarca poderoso. Os representantes do Rei Católico, pelo contrário, tinham desde o início argumentos concretos para denunciar a impostura: a identificação do homem que dizia ser dom Sebastião com um calabrês, incapaz de falar português, e moreno, contra a imagem comum que memórias e retratos davam do monarca falecido. Além desta alegada incongruência, note-se que uma possível origem calabresa era, em si mesma, uma forma de acusação: os estereótipos negativos sobre os calabreses eram muito antigos, associados a um povo considerado primitivo e violento, próximo da bestialidade, mentiroso, obstinado, melancólico. A associação de Judas, assassino de Cristo, à Calábria, era corrente e está presente em escritores espanhóis dos séculos XVI e XVII. Ouvir dizer, pois, que o pretendente seria calabrês era uma infâmia da qual havia que fugir como o diabo da cruz.

Enfim, nesta batalha dos boatos e das conversas, os partidários portugueses tinham de ter em conta a sua própria reputação, a própria imagem que davam de si mesmos. E esta jogava também contra eles, como um estereótipo negativo. Segundo frei Estêvão, em cartas enviadas a frei José Teixeira em setembro e outubro de 1600, uma das razões que as autoridades de Veneza avançavam para lhe negar acesso ao prisioneiro era que os portugueses "tinham tanta vontade de se verem livres dos Castelhanos que, se fosse preciso, eram capazes de defender que um Negro era o seu rei dom Sebastião".[37] De rei a negro, a comparação é reveladora do que se considerava serem dois extremos em termos de dignidade social. A imagem servia para ilustrar o absurdo da obstinação de um grupo visto como essencialmente motivado pelo anticastelhanismo.

CAPÍTULO 5
OS TEXTOS DE UM "CHARLATÃO"

Um dos epítetos mais utilizados na correspondência política dos agentes do Rei Católico para definir o homem que declarava ser o rei de Portugal — ao lado de "fingido", "chocarreiro", "furfante", "embusteiro" ou "velhaco" — foi o de "charlatão". Segundo os dicionários da época, o substantivo derivou do verbo italiano "ciarlare". Por charlatães eram conhecidos os saltimbancos que subiam para cima de bancos e apregoavam diversos produtos para venda, nomeadamente remédios e drogas.[1] Terá sido a partir desta figura bem conhecida das cidades e das vilas que a palavra se generalizou a quem costumava "falar muito e fora de propósito, e falar de papo" (isto é, com presunção de gravidade).

A ideia de que o homem era louco também circulou. Mencionava-se a sua louca audácia (*pazzo ardir*) mas também o seu comportamento agitado na prisão, em Veneza e em Florença, motivando a visita de médicos. Mas em nenhum momento a possível loucura do "charlatão" foi seriamente vista como atenuante capaz de diminuir a sua responsabilidade. Foi sempre a interpretação política da impostura que prevaleceu, com uma componente social e moral, isto é, a consideração de que se tratava de um embuste de gente de baixa extração.

Para além do que manifestou em conversas e interrogatórios, a escrita epistolar e poética foi o principal veículo deste discurso "charlatão". É pois altura de considerar com um pouco mais de atenção os escritos que o falso rei produziu, nomeadamente na prisão. Assinando-os como "dom Sebastião", Catizone compôs vários textos que se destinavam a circular fora do cárcere, para persuadir e contrariar a narrativa que corria publicamente contra ele.

A "ELEGIA"

Merece destaque um longo poema em italiano literário. A forma é a da *terzina dantesca*, usada na *Divina comédia*. É composto de 230 tercetos hendecassílabos, num total de 690 versos, de que sobreviveram pelo menos duas cópias, uma feita por frei Estêvão de Sampaio e enviada ao arcebispo de Pisa, ministro do grão-duque da Toscana, a outra encontrada na posse de frei Crisóstomo da Visitação. A cópia de frei Estêvão tem um título em português, talvez acrescentado pelo dominicano: "Elegia do Mártir Rei dom Sebastião feita no cárcere de São Marcos de Veneza no ano de 1598 e 99".[2] No interior do texto há informações que permitem deduzir que tenha sido redigido pouco tempo antes da Páscoa: comparando o seu martírio com Cristo e dramatizando a sua vulnerabilidade, o poeta refere a dado passo não haver melhor tempo para morrer do que aquele em que morreu "aquele Rei que os seus fiéis sublima" (est. 219). Apesar de frei Estêvão ter registado na sua cópia que o poema foi composto em 1598 e 1599, a Páscoa de 1600 é o momento que parece mais verosímil para datar esta passagem, se considerarmos que se trata de um lamento em que o preso protesta contra a longa indiferença relativamente à sua sorte da parte da República de Veneza.

O poema é uma longa jeremiada sobre a injustiça da prisão e a crueldade de tratamento a que o preso estava a ser sujeito. A parte inicial alude de forma vaga ao itinerário do "rei" após a derrota africana, justificando a sua ausência durante duas décadas pela vontade de ver mundo e de fazer vida eremítica. Refere também que ao reaparecimento foi persuadido por um companheiro, homem de santidade. Lamenta-se das potências que o mantêm cativo após a sua revelação, numa apóstrofe que ocupa grande parte do discurso. Os versos aludem de forma repetitiva e quase sempre vaga à crueldade sofrida às mãos de Veneza e do rei de Espanha, potências a que se dirigem acusações morais e petições de justiça. Numa inversão característica, é destes poderes que vem a mentira, não do preso. Se este alguma coisa simulou, fê-lo em nome de um fingimento justificado, e não movido pelo pecado da mentira. A tirania e a perversidade das potências contrastam com o modelo de simplicidade evangélica adotado pelo "rei" depois da batalha. Rebaixado e desenganado, este passa da ameaça de castigo divino à mensagem pacífica da reconciliação. A imitação de Cristo — e a comparação

OS TEXTOS DE UM "CHARLATÃO" 127

megalómana com este — torna-se o modelo de um desprezo do mundo em que reina a duplicidade dos corações. Oposições morais simples (pureza evangélica/duplicidade, perversidade humana/ serviço de Deus, discórdia/união) atravessam um poema de leitura difícil, pelo tom grandiloquente, ao qual faltam variedade e engenho.

Um dos objetivos do poema parece ter sido refutar as acusações que corriam publicamente contra o pseudo-Sebastião, à cabeça das quais estava o desconhecimento do português e a sua origem calabresa: Veneza dizia que a língua o acusava (*lingua m'accusa*, est. 114) e queria que ele confessasse que não era nem rei nem português, mas nascido entre calabreses ou sicilianos (*ch'io Rè non son, né portoghese/ Mà tra Calabri nato, ò Siciliani*, est. 121). Se a proficiência do italiano destes versos poderia ser apresentada como a demonstração mais cabal de que a língua o acusava, tal não impediu que os seus partidários a usassem como argumento probatório. Na Toscana, onde se demorou várias semanas após a detenção do "rei" no final do ano de 1600, Frei Estêvão copiou um exemplar para enviar às autoridades do grão-ducado, escusando-se pelos eventuais erros de língua e de estilo, mas os da sua cópia, não os da elegia original, que descrevia como "digna de ser impressa com caracteres de ouro, a qual se encontra em Veneza escrita à mão" [i.e., em circulação manuscrita].[3]

A cópia de frei Estêvão contém um "epílogo à elegia", em que o autor se justifica mais uma vez: se tinha levado a mão à pena era para dar conta do seu martírio e das suas desgraças, apesar de as "mal compostas rimas" serem "coisa verdadeiramente insólita nele, não sendo usual fazer tais composições" — tratando-se de um rei, depreende o leitor —, para mais sendo estrangeiro e pouco seguro da língua (italiana).[4] É possível ver neste "epílogo", se ele realmente tiver sido escrito depois do poema, uma resposta de Catizone a novas críticas que tenham sido feitas ao seu poema, incidindo sobre o caráter insólito de um rei português que escrevia em *terzina dantesca* para contar a sua história.

Outras críticas diziam respeito à memória dos tempos anteriores à batalha e à ausência de notícias sobre alegados sobreviventes, companheiros do rei. Se o poema é bastante alusivo no seu conjunto, encontramos nele referências a figuras como o duque de Aveiro — e demais cavaleiros que com o rei teriam escapado vivos da batalha —, mencionado logo na quarta estrofe (grafado como *Duca d'Aver*), a rainha Catarina de Áustria (est. 71), a dureza do cardeal

Henrique (est. 76), a fidelidade de dom António (*dom Anton*, est. 82). Para exibir conhecimento das relações diplomáticas entre Portugal e Veneza, refere o embaixador veneziano Anton Tiepolo (est. 38), que visitou a corte portuguesa no tempo de dom Sebastião, testemunho da ajuda militar do rei português a Veneza nas guerras contra os turcos. O encontro entre o rei português e seu tio Filipe II em Guadalupe (est. 53) destinava-se, como os detalhes anteriores, a provar uma memória. Mas estas eram informações muito conhecidas sobre o rei português, fazendo parte de uma memória comum. Como referiu frei Zacarias na carta que enviou a dom Filipe II (III), podia-se facilmente conhecer esses dados consultando os livros de história que tinham sido impressos. Na confissão que fez em Nápoles perante o vice-rei, Catizone referiu que tinha aprendido o que sabia sobre Portugal através da leitura de um livro que lhe deram sobre a batalha marroquina.[5] Mais tarde, em Sanlúcar, declarou que tinha sido um nobre veneziano, possuidor de livros portugueses, o responsável pelo empréstimo.[6]

Perto do fim do poema, um terceto formalmente mais elaborado quebra a monotonia e faz ecoar em mim, leitor, uma emoção:

> *Hor di giacio divengo, hora di foco*
> *Hor pace, hor guerra chiedo, hor taccio, hor grido*
> *Hor giusticia, hor vendetta, e'l ciel invoco* [est. 203]

> Ora de gelo me torno, ora de fogo
> Ora paz, ora guerra peço, ora calo, ora grito
> Ora justiça, ora vingança, e o céu invoco

Et pour cause. Se fizermos uma pesquisa rápida na internet, chegamos à conclusão de que este terceto está próximo daquilo a que hoje chamamos plágio. Do primeiro livro dos Madrigais de Monteverdi, impresso em Veneza em 1587, consta o poema "Donna, s'io miro voi, *giaccio divengo*" (itálico meu), que termina com a contradição dolorosa, para o sujeito poético, entre o gelo e o fogo. Mais flagrante ainda parece ser a forma tomada de empréstimo a um soneto de Luigi Groto: "Or m'allegro, or m'attristo, or rido, or gemo". Além de cópia direta, com simples inversão, do contraponto entre o calar e o falar ("*hor grido, hor taccio*", no soneto de Groto), a estrutura das oposições é a mesma, variando apenas o léxico.

Não deve surpreender a cópia de Monteverdi ou de Groto — talvez dos dois ao mesmo tempo — em alguém que era o próprio pastiche personificado, ou pelo menos tentado. Mas este exemplo dá uma ideia plausível dos textos a que Catizone teve acesso na prisão ou que tinha na cabeça quando compôs a sua "elegia". É possível que, como o livro ou livros de história de Portugal, estas obras lhe tenham sido emprestadas enquanto estava na prisão. Luigi Groto, originário de Ádria, foi um autor que ganhou alguma fama como orador e poeta cego, tendo sido próximo de letrados e academias de Veneza. As suas obras poéticas, impressas em Veneza tal como os Madrigais de Monteverdi, conheceram várias edições a partir de 1577. Um dos possíveis intermediários entre a sua poesia e Catizone é Orsatto Giustinian, membro do patriciado da República, e também poeta e tradutor. De facto, entre as obras de Giustinian conta-se uma adaptação poética de Sófocles, em que Groto interpretou como ator o rei Édipo depois da sua cegueira. Giustinian é citado por frei Crisóstomo da Visitação como tendo estado na origem da visita da mulher de Nuno da Costa a Murano, pouco tempo antes de Catizone ser preso.

A inclinação para as letras era em Catizone uma forma de autoapresentação. Na confissão feita em Sanlúcar, declarou que "aprendeu letras humanas e sabe poesia". O seu longo poema é construído para ostentar uma cultura literária, exibindo uma forma canónica, um estilo, o conhecimento de nomes da história e da cultura antigas. Deste ponto de vista, a escrita literária parece ser a própria persona do "rei", a sua máscara. Até o nome do autor parece conter uma alusão a essa cultura clássica que ele tenta encarnar. É difícil, com efeito, não ler ou pronunciar o nome "Marco Tullio Catizone" sem pensar noutro Marco Tullio — Cícero. Além do nome próprio, que é igual, o nome italianizado de Cícero (em italiano, *Cicerone*) estabelece uma sugestiva consonância com o de Catizone. É impossível apurar se esta aproximação identitária ao orador latino por excelência foi induzida desde o batismo ou se resultou de uma invenção mais tardia. Mas é difícil imaginar que essa associação não tenha sido utilizada desde cedo por Catizone, legível no seu (verdadeiro?) nome.

Independentemente da avaliação estética que possamos fazer sobre o seu poema, Catizone-Sebastião mostrou, na sua escrita e na interação com os outros, uma certo engenho. Talvez o seu principal "talento" fosse: uma memória e uma improvisação que o faziam ir decorando parte das conversas que ouvia e das leituras que fazia, para se adequar a uma imagem fugidia do rei português. Como o próprio disse num dos interrogatórios que lhe foram feitos, ia "apanhando uma palavra de aqui e outra de ali, com o que se ia acreditando".[7] O mesmo foi referido em Sanlúcar pelos forçados que o acompanhavam na galé: quando entrava no barco algum português, ele "chamava-o e falava-lhe e inquiria dele e donde era [e] que coisas particulares havia em Portugal e pelos nomes de algumas pessoas; e as recolhia e noutras ocasiões valia-se disto e referia-o para persuadir ao seu falso intento".[8] A capacidade para a apropriação de textos e palavras de outrem parece ter sido a marca da simulação de Catizone.

A CARTA AO PAPA

Outro longo texto do *"Rey Don Sebastian de Portogallo"* é uma carta ao papa Clemente VIII, datada de 22 de setembro de 1600, e dada como escrita no "mais feroz que todos os outros cárceres de Veneza".[9] Pensada — por ele ou por outros — como parte de uma estratégia diplomática tendo em vista a libertação, nunca foi entregue ao destinatário. Era missão do cónego Lourenço Rodrigues da Costa fazê-lo, mas tal não aconteceu, provavelmente por falta de apoio suficiente na corte pontifícia e de credibilidade da própria missiva.

A carta, que se apresenta ao leitor como um discurso narrativo quase sem transições, apenas pontuado por vírgulas, descreve o sucedido ao "rei" depois da sua chegada a Itália em proveniência da Sicília, enumerando etapas e incidentes do seu percurso. O tom de lamento não é distante do da "elegia", mas o relato, desembaraçado da forma poética, articula-se em torno de um encadeamento picaresco de peripécias e ciladas: assalto em Roma pelos criados; breve estadia em Ferrara seguida de fuga por medo de ser descoberto; passagem por Pádua; reconhecimento por portugueses em Veneza; tentativas de se subtrair às indagações destes; manobras insidiosas dos espanhóis em Veneza para o capturar; tentativa de ser recebido pelo Senado com a mediação de um clérigo; enfim, prisão. O relato continua com alusões aos interrogatórios feitos pelos magistrados do pequeno Colégio, sublinhando o "rei" a sua capacidade de resposta a estas perguntas e a satisfação de todos quando se fez um reconhecimento por comparação com um retrato e pela exibição dos sinais particulares do "rei". O interrogado teria provado com todos os detalhes a sua memória sobre a batalha ("com nomes de Generais, Capitães, Coronéis, Barões, Cavaleiros que ali me serviram [...], o número, o dia, a hora, o lugar onde se fez a infeliz jornada"), mas a carta não especifica os nomes nem as circunstâncias, assim como não explica o que fez o "rei" em vinte anos de peregrinação pelo mundo.

Segundo a carta, Veneza permaneceu insensível a tais "demonstrações", tendo o prisioneiro sido alvo de constantes pedidos — do médico, do confessor, dos guardas, dos capitães da prisão — para que simplificasse a sua vida e confessasse. Este apelo a uma confissão, na pena de "dom Sebastião", não é um apelo para que enfim reconheça a impostura; perante um poder inflexível, trata-se de um conselho pragmático. A confissão seria uma mera astúcia para obter a liberdade e fazer-se reconhecer noutras partes. Mas os mesmos que fizeram tais apelos são designados na carta como responsáveis pelas privações de que o preso foi vítima na prisão: cortes na alimentação durante seis meses (a "elegia" diz o mesmo), além de várias tentativas de envenenamento. Como na "elegia", Catizone procede a uma inversão moral: a dissimulação, a calúnia, o falso testemunho, vêm de Veneza (comparada a Pilatos) e de agentes ao serviço do rei de Espanha; ele e os seus apoiantes são meras vítimas da injustiça e da tirania.

Mais de metade deste texto — copiado numa letra apertada, ao longo de quase dez páginas — é dedicada a este relato, aparentemente realista nas ações que descreve, mas pobre em detalhes concretos que permitam identificar nomes e situações. Só no final da carta é que o "rei" apela explicitamente ao papa. Por um lado, fornecendo elementos de informação destinados a comprovar — como na "elegia", através de acontecimentos e protagonistas das relações diplomáticas entre Portugal e Veneza. Por outro, apresentando um argumento de direito a justiça que estaria igualmente presente nas alegações que os "portugueses de Veneza" apresentariam ao Colégio algumas semanas após a data de redação desta carta: para lá da questão da verdade, o prisioneiro tinha direito a ser visto e reconhecido "tal como era".

ENIGMAS AUTOBIOGRÁFICOS

Os poemas e cartas de Catizone-Sebastião devem ser analisados como resultado de uma simulação cuja matéria-prima é a experiência pessoal. Para lá da biografia ficcionada, os escritos de Catizone remetem para "verdades" autobiográficas, como as que permitem descortinar as suas veleidades literárias por detrás da imagem um rei poeta e literato. Da mesma forma, os diferentes incidentes referidos na carta ao papa parecem corresponder a acontecimentos realmente vividos, apesar de a escrita nos fechar a porta às possibilidades de verificação. Os textos parecem testemunhar das vicissitudes que o "rei" sofreu enquanto preso, como a supressão ou diminuição do fornecimento de comida. Além dos nomes e dos eventos decorados, das referências à história e à literatura (o herói romano Múcio Cévola, Édipo, a Esfinge), sobra talvez qualquer coisa de "credível" ou de "realista" na voz de um homem que apostrofa o poder que o mantém confinado meses a fio, perguntando-lhe, desde o primeiro verso da "elegia": "Que mal te fiz eu, Veneza?".

Outras passagens parecem remeter mais para a forma como Catizone se via a si mesmo ou pretendia explicar o seu comportamento do que para um referente régio: na carta datada de 5 de setembro de 1598, dirigida ao correspondente siciliano, o "rei" declarava que uma das razões por que tardara a voltar da sua peregrinação por "partes extremas" do mundo era a sua juventude, com natural desejo de ver novos países. Do jovem rei de Portugal ao jovem calabrês parece aqui distar um pequeno passo somente.

O poema e a carta são ainda testemunhos de uma imagem do poder veiculada por alguém humilde e destituído desse poder. A imagem de dom Sebastião forjada pelo calabrês é "fantástica", se pegarmos nesta palavra pelo seu sentido etimológico, ligado a "fantasia". Refiro-me ao que Italo Calvino escreveu no prefácio às suas *Fábulas italianas*, a propósito dos contos da Toscana, terra onde nunca houve reis, mas onde estes aparecem frequentemente em histórias em cujas intrigas estão despojados da maioria dos seus atributos específicos, conotando a palavra apenas a opulência de um senhor:

> Diz-se "aquele rei" como se se dissesse "aquele senhor", sem o ligar a um atributo régio, ou à ideia de uma corte, de uma hierarquia aristocrática, ou de um Estado territorial. Assim se pode encontrar um rei vizinho de outro rei, que se veem à janela e se visitam como dois bons burgueses do campo.[10]

Também a geografia do mundo percorrido pelo "dom Sebastião" peregrino após a jornada de África se aproxima de uma fábula, numa

OS TEXTOS DE UM "CHARLATÃO"

viagem assinalada pela simples enumeração de topónimos genéricos que conotam lugares sagrados e distância exótica. Também ele passa de terra em terra, ao longo de vinte anos, sem curar de lonjuras, obstáculos, datas ou detalhes de qualquer espécie. Desta vez não em textos, mas nas respostas a um dos interrogatórios que lhe fizeram em Florença, eis o itinerário picaresco que em síntese o prisioneiro terá descrito:

> [Com os seus companheiros fugidos da batalha], ao longo da margem do mar de África, chegaram a um navio de flamengos para o qual subiram e por medo dos inimigos não se quiseram descobrir [i.e., revelar quem eram], e o dono do navio não quis dirigir a navegação à sua vontade [...] e transportou-os para as Índias onde diz ter visto todos aqueles países; e ter parado depois na Arménia, fazendo sinal [...] de ter feito vida eremítica com resolução de abandonar o mundo, mas inspirados por Deus ele e um seu companheiro, pessoa santa, [diz] ter resolvido ir a Roma para falar com S. Santidade [...] e ter ido da Arménia à Pérsia, à Tartária, Moscóvia, Polónia, Hungria, Viena, França, onde tendo sido reconhecido por um português, para não se descobrir, passou a Inglaterra e daqui passou de novo a França, embarcando em Marselha e transportado pela fortuna a Quio [ilha grega do mar Egeu], de Quio foram para a Sicília e daí para Roma onde foi espoliado e roubado de tudo por três criados que tinha enquanto de noite dormia.[11]

Do ponto de vista político e moral, a visão que transparece nos textos de Catizone é a de um rei humilhado, mas pio e justo, pleno de virtudes evangélicas simples. Mais do que um rei, Catizone-Sebastião é um pai de vassalos fiéis, que pede lhe seja feita a justiça que é seu apanágio enquanto rei-pai. O seu mundo é povoado de bons (ele e os portugueses fiéis) e maus (espanhóis e venezianos) e o seu regresso seria uma forma de restaurar a ordem perturbada. O programa messiânico propriamente político, com o advento de um imperador universal, está praticamente ausente dos seus textos. Há um elemento biográfico que permite encontrar afinidades com a causa messiânica dos sebastianistas portugueses, eminentemente anticastelhana: a origem calabresa do impostor, região submetida ao rei de Espanha onde havia um potencial de revolta contra um domínio percebido como exterior. Mas, quanto ao mais, o seu rei dom Sebastião é uma personagem de fantasia, com pouca ou nenhuma relação com os atributos específicos do referente escolhido.

UM PAPEL ATIVO

Os textos e as imagens em que Catizone se ficciona como rei permitem-nos pôr em causa a ideia, transmitida nos interrogatórios em que reconheceu os seus crimes, de alguém passivo que foi simplesmente empurrado para a impostura por um punhado de artesãos venezianos ou de portugueses no exílio. Antes e depois da detenção, ele procurou adequar a sua imagem física àquilo que se dizia sobre a aparência de dom Sebastião, e também adquirir informação (aprendizagem da língua portuguesa e de acontecimentos históricos) que lhe permitisse ser credível no ponto delicado da memória. Desde o início, o impostor, sozinho ou acompanhado, tomou iniciativas, criou uma versão do seu passado, tentou convencer por meio de uma certa cultura literária, contrafez a assinatura do rei, forjou textos e imagens. Dos encontros com portugueses de Veneza anteriores à prisão resultaram anedotas que fixaram um perfil messiânico intencionalmente construído. Vimos atrás que, quando foi confrontado com perguntas de Nuno da Costa sobre o seu passado, Catizone lhe respondeu com a conhecida frase do evangelho: "Felizes os que não viram e acreditaram". Como vimos, também os encontros que teve com frei Crisóstomo antes de ser preso mostram um trabalho ativo de persuasão, que incluiu uma "cena" de choro destinada a exibir um arrependimento sincero e, na véspera de ser preso, a transmissão de uma série de informações destinadas a convencer o frade.

Isto não é incompatível, evidentemente, com a existência de contradições nos seus relatos. Frei José Teixeira e João de Castro deram diferentes versões sobre o percurso do "rei" após a batalha, divergindo nomeadamente sobre uma estadia de três anos em Lesine, na Dalmácia (no que seriam terras do arcebispo de Espálato), em que frei José Teixeira insiste e que João de Castro descarta, tal como afasta por inverosímil uma passagem pela Toscana. Para essas variações pode ter contribuído o próprio "rei", o qual ia ajustando o seu itinerário consoante o interlocutor e aquilo de que se ia lembrando. Na carta escrita a Marquetti com data de setembro de 1598, refere que o navio que o transportou após a batalha o levou até às "Índias novas" (a América), algo que não aparece em mais nenhum relato posterior, sendo substituído por "Índias". E enquanto nos interrogatórios feitos em Veneza negou ter passado por Verona e Nogara — confrontado com o alfaiate de Verona, declarou não o conhecer —, na versão que apresentou em Florença já aparece a etapa veronesa, com a referência ao seu anfitrião.

Um último exemplo do trabalho ativo de Catizone — e do seu imaginário sobre a realeza — é a forja de imagens e insígnias régias. Segundo João de Castro e frei Estêvão, o prisioneiro tinha feito uma "empresa" para servir de modelo a um selo para cartas, tal como também tinha desenhado um escudo da Coroa de Portugal para o mesmo efeito. Mais adiante falarei deste escudo, por enquanto apenas da empresa — de que não parece ter sobrado nenhuma cópia.

Uma empresa era um desenho ou pintura de caráter simbólico, aludindo a feitos ilustres ou condições morais, geralmente acompanhado de um mote ou divisa. Segundo João de Castro, o desenho seria desta maneira:

> Tem em todo cima um sol mui resplandecente: ficando-lhe um pouco abaixo à mão direita uma ave fénix que se está queimando para renascer outra dela. Defronte dela à mão esquerda do sol está uma formosa águia com os olhos nele: tem com as unhas do pé direito a um filho pelas costas, fitando-lhe o rosto no sol e com o pé esquerdo está botando para baixo outros dois. Em baixo de tudo está um mar pintado, e uma cidade à borda dele da banda da Fénix, e algumas árvores por derredor. Está mais uma barca à vela que vai emproar na dita cidade: indo por governadora dela uma donzela com cabelo tomado na cabeça, os braços arregaçados e roupas brancas compridas; indo ela abaixando a vela, e chegando-se a terra com a barca. Em cuja proa vai um homem para saltar em terra, todo armado com sua espada na cinta, e a viseira descoberta: levando na cimeira do elmo um cordeiro e na mão direita uma cruz. Ficando no mar sobre ele um pouco mais para trás uma coroa real: e outra muito maior e mais formosa na mesma altura da outra, mas sobre aquela parte da cidade, aonde vai desembarcar ou aonde já tem aproado.[12]

A descrição é bem detalhada: João de Castro viu o desenho. É possível que o "rei" lho tenha dado na noite em que saiu da prisão de São Marcos, como o fez com outros papéis que trazia consigo.

Frei Estêvão descreveu também a empresa numa das suas confissões, dizendo ter levado consigo uma cópia para França e mostrado a algumas pessoas. Menciona a fénix renascida, a águia que faz reconhecer o filho ao sol e o homem armado saindo de uma barca para terra com uma cruz.[13] A empresa também parece ter circulado em Veneza, existindo uma referência a um companheiro de prisão de Catizone, que mandou pintar o "enigma" — outro nome da empresa — e o certificou em cartório.[14]

Todas as figuras da descrição feita por Castro têm um significado razoavelmente transparente, que de resto o próprio comenta noutro texto.[15] O dom Sebastião regressado é ao mesmo tempo a fénix, "transformado e renascido do que era antes em outro novo rei e novo homem", o filho da águia escolhido por Deus (o qual rejeita os outros príncipes, representados nas crias botadas para baixo pela águia) e o cavaleiro armado prestes a desembarcar na cidade, de viseira finalmente descoberta. Os símbolos reais (duas coroas, uma para trás, passada, outra muito maior, a imperial futura) e cristãos (cordeiro e cruz) completam a representação messiânica.

TEXTOS ANTEDATADOS

Falta-me ainda apresentar outros traços da atividade poética de Catizone, a que já frei Zacarias fizera referência ao evocar ironicamente os "excelentes sonetos" em língua italiana do preso. Um deles foi dedicado ao senador Marco Querini. O poeta exprime ali um lamento sobre os seus erros e má sorte, destinado a morrer na batalha por suas culpas, mas sobrevivente por vontade de Deus, e desde então reduzido a uma condição miserável, obrigado a esconder-se:

Preclaro senhor muito amado,

De cruel sorte e de mim mesmo me devo queixar
pois foi ela, Querin[i], que fez de mim presa,
Apenas por África haver, não pude então
Por sangue havê-la e [hoje], perdedor, devaneio

Desde criança colhi o preço de um ânimo
indómito; em pugna culpada me destinei a morrer

OS TEXTOS DE UM "CHARLATÃO"

Mas vivo. Deus conservou-me e ora volto para os meus
Sem teto, ceptro e real assento

E como prouve ao céu aqui cheguei, ao estado
Que ouviste, nem posso fazer conhecer-me
Antes de assumir de novo o real trono

Devo esconder-me, pois mostrar-me poderia ser-me funesto;
que o teu coração gentil e compungindo
tenha piedade de mim com armas piedosas

O soneto é seguido de uma carta de apresentação, datada de 11 de julho de 1598, em que a identidade do remetente é explicitada por uma assinatura: o "rei de Portugal em quem pouco acreditam" (*il mal creduto Rei de Portogal*). Na carta, o "rei" começa por dizer a Querini que foi um seu "muito amado cavaleiro" quem lhe relatou as infinitas virtudes do senador. Depois diz ter chegado a Veneza acidentalmente após ter sido assaltado, e repete a necessidade de se esconder, até por se encontrar em lugar "estranho de se ver", numa referência à modéstia do seu albergue. Devia por isso permanecer em lugar secreto até que lhe chegasse o socorro que aguardava para poder "esclarecer aqueles que não acreditam que eu estou vivo e me encontro aqui".[16]

O soneto e a carta foram remetidos pelo embaixador castelhano Vera y Aragón ao seu secretário de Estado em dezembro de 1600, pouco depois de este diplomata ter substituído Iñigo y Mendoza. Não sabemos como chegou às suas mãos este documento, mas devia fazer parte dos papéis que o seu antecessor lhe transmitiu. Em todo o caso, parece-me provável que estes dois textos, carta e soneto, tenham sido escritos numa fase mais tardia do que a data que indicam. 11 de julho de 1598 parece ser uma data demasiado precoce na proclamação da identidade régia — segundo João de Castro, o "rei" chegou a Veneza em junho de 1598; e não se declarou imediatamente como dom Sebastião — para que o signatário se apresentasse já como vítima de uma descrença generalizada. O tom lamentoso destes textos parece corresponder melhor aos longos meses passados na prisão, depois de Catizone ter sido interrogado e relegado a uma retenção sem prazo definido. Dando-o como autógrafo, o embaixador refere-o como tendo sido escrito na prisão. Eis o que escreveu, com explícita ironia:

> E para que Vossa Majestade tenha ainda mais medo deste preten-
> dente à Coroa de Portugal lhe faço saber que é poeta e faz sonetos
> na prisão, donde me dizem que de alguns dias a esta parte deu em
> fazer-se de louco, [e] certificam-me que é seu o [soneto] desta carta,
> e que a letra dela, e o soneto, é própria sua.

A referência, na assinatura da carta a Querini, à desconfiança que envolvia o "rei" e a circulação tardia da mesma pela mão do embaixador
levam-me a pôr a hipótese de haver aqui uma dupla falsificação: a da
autoria e a da datação. Tratava-se de criar "provas" relativas a um passado recente que permitissem responder às acusações que corriam no
presente sobre o "rei". A razão específica por que isto foi feito permanece obscura, mas o antedatar de cartas que seria mais tarde praticado por certos apoiantes locais de "dom Sebastião" — servia para
criar retrospetivamente uma coerência biográfica ou, talvez no caso,
a prova de um relacionamento epistolar precoce.

Não posso avançar para o capítulo seguinte sem comentar a referência do embaixador a uma simulação de loucura da parte do prisioneiro. Apesar de não termos mais detalhes, é possível que as idas de
um médico à prisão tivessem a ver com tal comportamento. Como
veremos mais à frente, em Florença Catizone necessitou de assistência
médica por causa da sua alimentação irregular, noites passadas sem
dormir e um comportamento como de alguém "desesperado" da sua
saúde. A questão da alimentação nos cárceres de São Marcos talvez
foi, como vimos, também referida nos textos de agravo do "rei", ora
porque ela lhe terá sido retirada, ora por supostas tentativas de envenenamento. Estas acusações e o possível fingimento tático de uma
loucura tiveram lugar na segunda metade do ano de 1600, quando o
tempo na prisão se eternizava sem solução mas, ao mesmo tempo,
a campanha para a libertação ganhava força. Como quer que tenha
sido, Catizone conseguiu criar uma inquietação duradoura em torno
do seu estado de saúde, que não deixou de ser usada como argumento
pelos seus partidários.

CAPÍTULO 6

DE VENEZA A LISBOA: A FÁBRICA DE BOATOS

Tornando ao posto donde saí. O regresso de frei Estêvão de Sampaio a Veneza munido de novos documentos que podiam ser usados como argumentos probatórios contribuiu para trazer de novo o tema do homem que dizia ser dom Sebastião para as conversas e os relatos. Da carta de Giovannini Capugnano para o rei de França, com data de 28 de julho de 1600, depreende-se que a lista de sinais produzida em Lisboa estava circulando. Tal como os portugueses, os partidários venezianos não esperaram pela confrontação presencial entre o preso e o documento escrito para afirmar que se tratava do rei. Escreveu Capugnano: "Tem a mesma efígie, as mesmas mãos, pés (a saber, os [membros] direitos mais compridos que os esquerdos), idade, marcas, e o mesmo andar, com os joelhos recurvados para dentro, que dom Sebastião de Portugal".[1]

Uma das primeiras coisas que frei Estêvão fez depois de voltar a Veneza foi encontrar maneira de comunicar com o preso. Segundo Castro, o monge conseguiu que alguém em Veneza lhe desse dinheiro para ajudar o preso com comida e outras coisas que este pedia do cárcere. O início da comunicação escrita entre frei Estêvão e o prisioneiro é referido por João de Castro, que diz que o "rei" lhe começou a escrever em português e que o dominicano lhe enviou regularmente recados e notícias sobre Portugal.[2] Na confissão que fez em Sanlúcar, após um começo de tortura, a 16 de julho de 1603, Catizone declarou que frei Estêvão lhe escreveu muitos bilhetes para dentro da prisão e que lhe enviou uma imitação da assinatura do rei. Eis a paráfrase dessa parte da confissão:

> Diz que frei Estêvão de Sampaio lhe escrevia muitos bilhetes, umas vezes num pão e outras por mão de um médico que o curava, em

que lhe dizia que estivesse de bom ânimo que ele [fr. Estêvão] o favoreceria com outros, que aquilo correria bem e sairia da prisão, que os Venezianos lhe tinham prometido que o soltariam e que lhe enviou a assinatura do Rei contrafeita e o advertiu que usasse dela, como ele a enviava.[3]

Não há no excerto citado referências ao envio da lista de sinais por frei Estêvão, mas a lista chegou sem dúvida rapidamente ao prisioneiro. A carta ao papa, datada de setembro de 1600 e contendo um apelo à certificação pelos "meus sinais mentais e corporais", parece aludir implicitamente à lista trazida pelo dominicano. No livro de João de Castro, o conhecimento por parte do preso dos sinais deduz-se também do texto: "& fazendo [o 'rei', na prisão,] lavar todo seu corpo: dizendo a quem lho lavava: que sabia mui bem que os seus o haviam de querer ver todos para o reconhecerem pelos sinais & marcas dele". Mais ainda, há testemunhos de Catizone se ter prestado a sofrer sevícias corporais para adequar o seu corpo à matriz física que lhe foi apresentada. Foi o que confessou em Nápoles, quando revelou a sua verdadeira identidade ao conde de Lemos, em maio de 1601. Quem o conta, num despacho para o doge, é o residente da República de Veneza em Nápoles, Giovanni Carlo Scaramelli: ao vice-rei de Nápoles o "fingido rei dom Sebastião" declarou, entre outras coisas, "ter sofrido martírio para que se lhe encolhesse um nervo, como fez num braço, e se lhe inchasse um tornozelo, para com estas condições notáveis ser na pessoa semelhante ao Rei morto".[4]

Da interação entre frei Estêvão e o preso fez ainda parte a comunicação de notícias de Portugal e de personalidades do reino que estariam dispostas a apoiar a luta, assim como do programa profético do "juramento de dom Afonso Henriques". Depois de ter mandado imprimir o folheto, frei Estêvão anotou um exemplar e transmitiu-o ao preso.[5]

Aproveitando-se da posição privilegiada de comunicação em que estava, frei Estêvão deu um passo à frente, mais radical: segundo João de Castro, persuadiu o preso a alterar o brasão da Coroa para o tornar compatível com o conteúdo do "juramento". Eis o que Castro escreveu:

[Frei Estêvão] começou logo a inquietar El Rei com a ocasião do juramento d'El Rei dom Afonso Henriques para mudar as armas, como ele dizia que as vira daquele primeiro rei na cidade de Coimbra.

> Primeiramente meteu em cada escudo seis dinheiros: depois meteu
> trinta: que pareciam um Caos. Ao que o bom Rei preso obedecia
> em tudo por zelo & escrúpulo: mandando acrescentar de pura hu-
> mildade, afeição e devoção à paixão & martírios de Cristo: que em
> lugar da sua coroa, se pusesse a de espinhos de seu Senhor: & a sua
> em baixo das armas e por timbre a serpente de Moisés. Mandava
> também tirar os castelos pelo que se contém no juramento: e pôr
> em seu lugar por derredor os martírios da paixão de Cristo: & que
> as suas cartas se selassem com dois selos convém a saber com o das
> suas armas & com o da sua empresa: que ele tem.[6]

A mudança na heráldica régia pressupunha uma interpretação literal,
a que poderemos chamar fundamentalista, do que estava escrito no
"juramento": Afonso Henriques, após a vitória de Ourique e inspi-
rado pela providência divina, teria ditado a forma das suas armas
para si e os seus sucessores, referindo os escudos em forma de cruz,
com trinta dinheiros em cada escudete. Frei Estêvão, diz-nos o excerto, alegava ter visto em Coimbra esta representação literal, que
ia contra a tradição e prática heráldica que os reduzira a cinco em
cada escudete. Como se vê pela citação, João de Castro era contra
tal ideia (os escudos "pareciam um Caos"), que ia contra a tradição
estabelecida de cinco besantes por escudete. Quando se inteirou
dela após ter chegado a Veneza, interveio para impedir a "novidade"
das armas alteradas, ao que o prisioneiro terá acedido.

A despeito da intervenção de Castro, o desenho das novas armas
foi mesmo feito — talvez pelo próprio "rei" — e encontra-se no arquivo de Simancas.[7] O modelo de brasão não inclui a coroa do rei
nem a serpente de Moisés tal como descritas por João de Castro,
mas sim a envolvente de objetos alegóricos da Paixão de Cristo, sob
fundo de vermelho-sangue: pregos, chicote, cana com esponja na
ponta, mão, lança e cálice; e a coroa de espinhos a encimar os cinco
escudos, cada um com (aproximadamente) trinta dinheiros. Foi este
modelo híbrido, entre as sugestões do dominicano e a presumível
intervenção do prisioneiro, que frei Estêvão utilizou, em Sevilha,
para fazer um selo destinado a aparecer em cartas e provisões régias.

O homem que provavelmente ajudou frei Estêvão a comunicar
com o preso foi Battista Delfino, artesão e vendedor de pentes em
Rialto, e um próximo do arcebispo de Espálato, que era talvez seu
patrono. Delfino, que já apareceu citado no fim do capítulo 4 deste

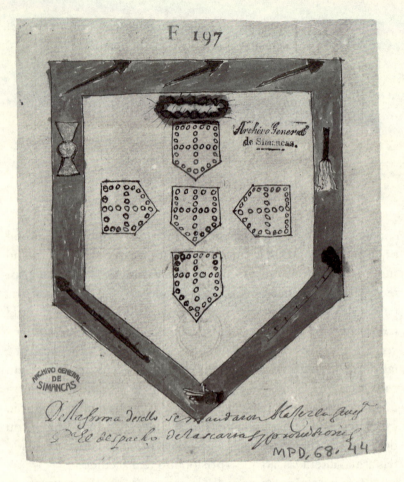

Selo régio, modificado por Catizone, utilizado por frei Estêvão de Sampaio, em Sevilha, para aparecer em cartas e provisões da Coroa

AGS, MPD, 68, 044

livro como "Battista", foi um ativo comunicador de notícias e recados, servindo de intermediário entre o arcebispo e o frade e outros adeptos do "rei". Foi também ele quem forneceu a frei Crisóstomo cópias da "carta ao papa" e da "elegia".[8] E é ele que é citado por frei José Teixeira como um dos venezianos mais empenhados na causa sebastianista, num grupo que era chamado de "quatro fiéis".[9] As cartas de Battista Delfino a frei Crisóstomo e a Diogo Botelho mostram a continuidade das relações entre os portugueses e os venezianos após a expulsão do "rei" dos territórios da República. Numa delas, Delfino cita agentes como Febo e Pasqualino, o que nos permite fechar um círculo de relações, que localmente se fazia em torno da figura preeminente do arcebispo.[10]

Através de homens como Delfino circularam as anedotas que permitiram a frei Estêvão imaginar um retrato moral favorável ao preso. Elas insistiam na sua aura exemplar, roçando a santidade. João de Castro carrega nas tintas da "espantosa fama de suas virtudes que saía do cárcere pelos guardas e presos que se livravam [saíam da prisão]", a qual contrastava com o estado miserável da sua aflição, "comido todo de piolhos e de imundícia". "Não obstante tanta abstinência", pontuada por constantes jejuns e quaresmas, "viram-se-lhe no cárcere forças incríveis".[11] Este tópico da força prodigiosa do prisioneiro tinha também um estatuto probatório: ele confirmaria a reputação, presente nas crónicas portuguesas e nas anedotas que correram sobre o rei durante o seu reinado, da sua valentia e força fora do comum.

Nos dois folhetos mais extensos que publicou sobre este episódio, frei José Teixeira relata com detalhe algumas dessas anedotas em circulação. Em Pádua, em casa de Prospero Baracco, o "rei" teria levantado, ao mesmo tempo e com grande facilidade, Bernardino Santi e Pasquino Morosini (o referido Pasqualino). O mesmo teria acontecido em Murano com dois outros homens, na presença do arcebispo de Espálato. Na prisão, o homem teria continuado a dar provas do mesmo género, respondendo ao sarcasmo de companheiros de prisão levantando a boa altura do solo, "pela força das suas mãos", dois homens de cada vez.[12]

Os quatro fiéis referidos por Teixeira publicitavam estas e outras anedotas favoráveis ao preso em lugares públicos como Rialto, a Basílica de São Marcos e as imediações do palácio ducal, sede do poder político e onde se situavam também as diferentes masmorras. Era numa praça junto ao palácio, conhecida como o *broglio*, que se encontravam os patrícios antes ou depois das sessões dos conselhos. Quando a pressão para se discutir de novo a questão do preso que dizia ser o rei de Portugal aumentou, nos últimos meses do ano de 1600, foi naturalmente para aí que convergiram os interessados na causa, estando na primeira linha os portugueses que tinham entretanto acorrido a Veneza, em busca de audiências no Colégio. Além da proximidade física com o centro das decisões políticas, a Basílica de São Marcos era, em si mesma, um lugar de peregrinação. Todo o complexo de mosaicos da igreja era objeto de leitura em chave profética joaquimita. Segundo uma tradição que vinha do final do século XIII, o autor do programa pictórico da basílica teria sido o próprio Joaquim de Fiore.[13] Ao longo do século XVI, este mito pseudo-joaquimita esteve bem presente em Veneza, com leituras políticas das figuras dos mosaicos, nomeadamente os dois leões desenhados no pavimento, além de outras figuras de animais. João de Castro interessou-se particularmente pelas esculturas do frontispício da basílica, interpretando-as como representando dom Sebastião ou como figuras alegóricas do seu regresso messiânico.[14]

Nas imediações de São Marcos e noutros lugares discutia-se, mostravam-se documentos que serviam para persuadir, faziam--se apostas, nutriam-se querelas que podiam chegar à violência. Segundo Teixeira, um dos "quatro fiéis", o piemontês Bassanese, divulgou um documento redigido pelo próprio "rei" contendo uma lista dos presentes trocados entre o rei dom Sebastião e o duque de Saboia por ocasião de uma embaixada que este teria enviado a Portugal. Prova pela memória: a lista produzida na prisão teria convencido, entre outros, Leonardo Donà, uma figura importante da política veneziana.[15] Outro dos argumentos utilizados em conversas, segundo Teixeira, era uma suposta prova tangível: no convento De' Frari, o "rei" reconhecera um anel que lhe teria pertencido. Deste anel se dizia que, virando-se a pedra, mostrava três letras escritas: S.R.P. (*Sebastianus Rex Portugalliae*). E daí veio, escreve Teixeira, o ter-se falado tanto em Veneza deste anel.[16] Prova pelo rumor público: o facto de se falar muito do anel torna-se indício de uma verdade.

As apostas sobre a identidade do preso — que eram muito comuns em Veneza — são transformadas por Teixeira em argumento de tipo conspirativo: os "fiéis", induzidos em erro por banqueiros e homens de negócio, por sua vez ao serviço dos agentes de Castela, terão apostado muito dinheiro em como o preso era o rei de Portugal, tendo-lhe sido prometidos pagamentos extraordinários por cada escudo investido, por ser de tal maneira notória a fama de que o preso era um calabrês e um falsário. Segundo Teixeira, as apostas foram aumentando até atingirem 300 mil escudos. A partir de dado momento, os banqueiros, presos a tão grande soma, terão passado a ser os primeiros a não ter interesse em que o Senado restabelecesse a verdade.[17] Era esta a razão notória, concluía Teixeira, por que os "senhores de Veneza" tanto insistiram para que o "rei" confessasse que não era o rei.

Depois da libertação, no final do ano de 1600, do homem que dizia ser dom Sebastião, as disputas em Veneza sobre a sua identidade continuaram. E quando em Nápoles, em maio de 1601, o homem confessou a sua verdadeira identidade, a fação antiespanhola forjou cartas para desmentir que o seu nome fosse Marco Tullio Catizone. Segundo estas cartas, Catizone — um nome que, como vimos antes, tinha circulado previamente como sendo o de um enviado de dom Sebastião — tinha morrido na sua missão diplomática, em Portugal. Tratava-se de "matar o mensageiro" e continuar a poder dizer que o prisioneiro que estava agora em Nápoles era dom Sebastião. A principal função destas cartas forjadas não era chegar aos seus destinatários e transmitir informações, mas fazer crer que elas tinham sido escritas e depois usá-las no combate da opinião.

Só em Veneza, aliás — se excluirmos Lisboa —, é que esta disputa acesa teve verdadeiramente lugar e continuidade. Explica-o a origem da impostura, com o seu enraizamento em clivagens locais, e a duração do tempo de prisão, incubadora de um "rei encoberto". Mas, justamente, façamos um desvio por Lisboa — ou melhor, por aquilo que de e em Lisboa se escrevia sobre o rumor do rei dom Sebastião.

O PONTO DE VISTA DE CRISTÓVÃO DE MOURA

Duas décadas depois da sua primeira missão como enviado de Filipe II, Cristóvão de Moura regressou a Lisboa, mas agora com o cargo de vice-rei de Portugal, uma posição de poder incomparavelmente superior, à qual foi associado o título de marquês de Castelo Rodrigo e a equivalência à grandeza de Espanha. A nomeação para o cargo, no entanto, foi consequência de uma queda política: a chegada ao trono de dom Filipe II (III) marcou o fim do favorecimento de Moura e a ascensão do duque de Lerma como novo preferido do rei. A investidura portuguesa e os privilégios que a acompanharam foram politicamente interpretados como uma (rica) compensação relativamente a essa desclassificação. Não era a única: de acordo com o estabelecido nas Cortes de Tomar de 1581, o vice-rei de Portugal devia ter sangue real, o que não era o caso de Moura. Assim, o próprio reino sofria uma relegação simbólica, criando-se um importante precedente relativamente ao pacto original das cortes.

O interesse dos despachos de Moura, nos quais aqui me apoio, é múltiplo. Eles são ao mesmo tempo um testemunho da situação política em Portugal, um instrumento de governo por via da comunicação com o centro político (relatórios, avisos, pedidos, queixas) e um instrumento de ação política do próprio vice-rei e da sua casa, a qual passava pela defesa dos privilégios e direitos dos vassalos portugueses.

De regresso a Lisboa, Cristóvão de Moura voltava a confrontar-se com o alastrar da crença na sobrevivência de dom Sebastião. Segundo as primeiras averiguações de Moura, o reatar das conversas sobre o tema fora provocado por cartas escritas por um tal de António Lobo, tido por morto na batalha de Alcácer, e que agora teria escrito da própria prisão de São Marcos, certificando a identidade régia do preso. Se nas semanas seguintes este testemunho não volta a ser referido por Moura — e ele não se encontra referido em mais nenhuma fonte, nem sequer nos textos de Castro ou Teixeira —, a verdade é que o boato foi ganhando dimensão, colocando em cima da mesa o dilema permanente com que se confrontavam os políticos: fazer pouco caso dele, para não o empolar, ou agir de forma repressiva, correndo o risco de essa repressão dar ainda maior importância ao episódio? Moura passou a defender a segunda opção a partir de setembro de 1600, depois de constatar que o assunto andava já entre "religiosos mui graves" e "cavaleiros principais que parecem sensatos"[18] e que o próprio presidente da câmara de Lisboa, Gil Eanes, lhe levara uma carta supostamente vinda de Itália certificando a verdade do caso.

A interpretação, por assim dizer, sociológica dos rumores sebastianistas por Cristóvão de Moura não se alterara em vinte anos: tratava-se de opinião do vulgo, sem o menor fundamento. No entanto, agora como nos anos sucessivos à batalha, o rumor alastrava a membros do clero regular e da nobreza. De forma análoga ao que escreveu o embaixador Mendoza quando o caso estalou em Veneza, para Moura o risco que o governo corria era precisamente este contágio, por via das conversas, entre o ruído que corria no povo miúdo e as pessoas consideradas de maior distinção. O seu papel enquanto vice-rei era tomar medidas para impedir este contágio, preservando a segmentação da opinião, e alertar o rei para os prejuízos políticos que "semelhantes novelas" podiam acarretar entre os seus vassalos portugueses. Segundo a visão transmitida por Moura nos seus despachos, estes tinham uma propensão particular para seguir cegamente histórias sem fundamento.

Pessoas na aparência prudentes e cordatas acreditavam nos boatos da mesma forma que o vulgo, baralhando as clivagens entre categorias socioculturais. Toda a comunidade parece afetada por esta imagem de gente ávida de novidades e de comportamento irracional.

Já o disse atrás, as ideias de Moura sobre os portugueses traduzem lugares-comuns sobre os comportamentos coletivos da população do reino, interpretados em termos de temperamento e de humores. Tais comportamentos são naturalizados por Moura, que chega a falar de uma forma de "pecado original", como se fossem transmitidos de pai para filho. Era também enquanto "natural português" que tinham sido confiadas a Moura as importantes tarefas e responsabilidades políticas relacionadas com o reino. O seu conhecimento e a sua experiência nos assuntos relativos a Portugal não eram dissociáveis da sua origem, que lhe dava uma capacidade especial, digamos, antropológica, para compreender e traduzir junto do rei o comportamento dos seus compatriotas. De alguma forma, portanto, o vice-rei incluía-se neste coletivo. Aliás, em mais do que um despacho refere o facto de não poder deixar de se sentir "corrido" (isto é, envergonhado) pelo comportamento leviano dos portugueses, pois, ainda que criado em Castela, era em Portugal que Moura tinha nascido, de famílias portuguesas.

No entanto, segundo Moura, por detrás deste comportamento um pouco infantil relativamente às novas em circulação, encontravam-se os mais leais vassalos, imbuídos de amor pelo seu monarca, que pudessem existir. Assim, bastaria remover as razões do descontentamento larvar relativamente ao governo do reino recentemente incorporado para apagar o "fogo aceso" das conversas sebastianistas. Claramente, estas só se difundiam por causa daquele. Eram a lentidão das decisões sobre os negócios do reino e da Índia e a falta de zelo pelos privilégios daqueles vassalos que alimentavam a propagação fácil do murmúrio sobre o calabrês de Veneza. A credulidade "natural" portuguesa, claramente orquestrada a partir do exterior, tinha as suas motivações mais fundas. Consequentemente, a melhor forma de pôr fim aos rumores ainda era, além da indispensável perseguição aos principais culpados, prestar atenção aos motivos de descontentamento, como a referida lentidão do despacho, o odioso da presença de militares castelhanos no castelo, a perspectiva de concessão de um perdão geral aos cristãos-novos ou a vinda a Lisboa de funcionários castelhanos da fazenda com amplos poderes.[19]

Do ponto de vista do vice-rei, também era claro que o fogo dos rumores recomeçava sem cessar por responsabilidade concreta de certos pirómanos. Chegou a Lisboa nesta mesma conjuntura, numa nau de mercadores venezianos, o militar chamado Febo, já nosso conhecido por ter sido citado por Catizone como um dos responsáveis pelo início da impostura em Veneza: este "Febo", segundo Moura, "afirmava ser verdade o que aqui se dizia e que ele havia visto o preso e o conhecia".[20] A presença de Febo em Lisboa, como bem notou H.E.R. Olsen, permite estabelecer a ligação entre os acontecimentos iniciados em Veneza e conspirações para provocar uma revolta anticastelhana em Portugal.[21]

A estratégia desta discreta mas eficaz rede passava pela chegada de testemunhas presenciais a Lisboa, como Febo, e pela difusão de cartas. Segundo Moura, parte dessas cartas eram "fingidas" ou "falsas", isto é, forjadas, introduzidas pela mão de estrangeiros ou cristãos-novos. O crédito das cartas dependia precisamente do facto de virem de fora, escritas numa língua estrangeira, dificultando a sua verificação. Na verdade, era sobretudo a aparência de credibilidade das cartas que interessava, para que pudessem entrar nos circuitos de conversação e os seus ecos se espalhassem, dando armas aos crentes e colocando em dúvida os descrentes.

Em outubro de 1600, Moura identificou os autores de certas cartas vindas de Itália com os círculos de cristãos-novos portugueses em Roma e em Veneza. As cartas chegavam a Lisboa

> sem dizer coisa clara, mas dando a entender grandes mistérios ao escreverem que viria aquela pessoa e que seria muito em breve; bastou apenas isto para que o negócio fosse recebido em todo o reino por certo e verdadeiro, e a tal estado chegou que em muitos corrilhos de gente nesta cidade e fora dela se davam dinheiros [...] com tal condição que haviam de lhes devolver outro tanto mais quando viesse o messias.[22]

Cristóvão de Moura dá aqui conta de uma prática que, tal como em Veneza, esteve associada à ampla difusão do rumor sebastianista: o recurso às apostas. Uma das casas onde mais se falava do assunto, e onde Cristóvão de Moura colocou espias, pertencia a Rodrigo Lobo, presumivelmente um filho do barão de Alvito, e a ela acorria também outro membro da nobreza, Nuno Mascarenhas, já mencionado atrás, tendo contactado com frei Estêvão quando este passou por Lisboa para recolher a lista de sinais particulares. Afetando repugnância por ter de cometer tal indiscrição, o vice-rei acrescenta um detalhe que permite confirmar que, na sua perceção política do episódio sebastianista, os interesses comandavam as ações: o que moveria Nuno Mascarenhas seria o descontentamento acumulado contra ele próprio, enquanto negociador das adesões da nobreza portuguesa no momento da união dinástica. Apesar de o vice-rei pretender desacreditá-los, parece claro que estes dois membros da nobreza fizeram valer o seu estatuto de sobreviventes da batalha para ajudar a difundir os rumores. De facto, tal como Nuno Mascarenhas, Rodrigo Lobo participara na jornada de África de 1578 como pajem da lança do rei, e contou-se entre os fidalgos que conseguiram escapar com vida da batalha sem serem feitos cativos.

Para culminar o que parece ter sido um pico de "guerrilha" de boatos, no dia 28 de outubro de 1600, dia de São Judas Tadeu, pasquins foram afixados em três lugares públicos de Lisboa: um nas portas do palácio real, outro nas portas de Santo Antão e um terceiro em São Sebastião, local certamente escolhido por permitir, na leitura dos acontecimentos, a associação, que existira desde o dia do nascimento do monarca, entre o santo e o rei. Verificando o avanço dos boatos, Moura começou a tomar medidas, pedindo a Madri autorizações para detenções e outras diligências, entre as quais discreta devassa, feita por corregedores, sobre os lugares, em todo o reino, onde mais se murmurava. No entanto, por experiência, sabia que os responsáveis não iam ser apanhados: de cada vez que havia uma devassa, os que eram interrogados protegiam os culpados.[23] Mas entre as medidas tomadas contou-se a prisão de Febo. Moura aproveitou o episódio dos pasquins para mandar prendê-lo, estabelecendo uma ligação entre os "disparates" que este dizia e os que corriam entre o povo. O castigo sugerido para o veneziano era exemplar: exibi-lo publicamente pelas ruas, com pregão, por "inventor de novas falsas". Assim pareceria que o rei não tinha os seus vassalos por culpados, mas um estrangeiro.

Quanto ao castigo a aplicar aos demais responsáveis pela propagação dos boatos, Moura propunha um tratamento diferenciado, adequado aos estatutos das pessoas envolvidas. Enquanto os populares deviam ser severamente punidos, para os frades sugeria-se o envio de uma visitação por superiores e, para os nobres, uma "boa repreensão", feita pelo próprio vice-rei ou algum ministro de qualidade. A estratégia de repressão era traçada de forma coerente com uma visão estratificada da sociedade, e de forma a dissimular o mais possível que na origem do plano repressivo estava o vice-rei.

No início de 1601, Moura escreveu que a detenção do veneziano Febo fizera diminuir as murmurações e que, portanto, não se justificava insistir nas devassas para apurar responsabilidades. Mas foi sol de pouca dura, pois no final de fevereiro repetiram-se as modalidades já conhecidas de difusão dos rumores: o representante papal em Lisboa, Decio Carrafa, tinha vindo avisar discretamente Cristóvão de Moura de que circulava em Lisboa uma carta chegada de Roma, escrita por uma "personagem grande", que anunciava que o rei de França estava a participar num plano para introduzir o falso dom Sebastião em Portugal no verão seguinte. Ainda que Cristóvão de Moura soubesse já nesta altura que o falso rei tinha de novo sido preso em Florença e que o representante pontifício também não acreditasse no que se dizia nas cartas, a circulação do boato era significativa e obrigou a pedir confirmação para a Secretaria de Estado. A inquietação política chegou às discussões do Conselho de Portugal em Valladolid, onde estes incidentes foram examinados em conjunto com outros, reveladores de descontentamento social e político em Lisboa, como as violências feitas contra soldados castelhanos, por sua vez acusados de insolências.[24] O caso do impostor calabrês, em si mesmo considerado negligenciável nas esferas de conselho e governo, contribuíra para uma politização das questões portuguesas, inclusivamente nos órgãos que as discutiam, e sem que as diferentes consultas e pareceres chegassem a uma estratégia repressiva realmente eficaz.

Durante os meses seguintes, as notícias que circularam em Lisboa referindo a detenção do homem em Florença eram acompanhadas de outras em sentido contrário, nomeadamente aquela, persistente, de que o preso que estava em Florença não era o mesmo de Veneza. Sempre de acordo com os despachos de Moura, a forma utilizada para acreditar estes boatos em Lisboa eram novamente "cartas falsas", escritas numa língua que a população não podia entender. É o que parece ter acontecido com umas cartas escritas em alemão, em maio de 1601, que Moura fez traduzir e enviou para a Secretaria de Estado. Em julho, circulava já o livro de frei José Teixeira, em francês, que o vice-rei enviou também, como ilustração da contínua atividade dos opositores portugueses.[25] Enfim, em agosto teve lugar mais um incidente sebastianista: um entalhador exibiu por várias partes, sobretudo em conventos, um ovo "com uma pintura em que se figuravam as cinco quinas que são as armas deste Reino, dando a entender que assim o havia posto uma galinha".[26] O vice-rei desmontou prosaicamente o "milagre galinheiro" e mandou prender o homem. A anedota atesta uma vez mais a circulação em Lisboa de detalhes precisos sobre a situação do prisioneiro, com a sua ressignificação em mensagens públicas de protesto. Para além da alegoria concreta da incubação de um retorno messiânico de um rei português, o ovo aludia ao nome da prisão napolitana onde se dizia que estava o prisioneiro, Castel dell'Ovo. Refira-se, por fim, que a utilização do ovo como presságio teria longa vida, pois conhece-se pelo menos outro exemplo, dois séculos mais tarde, no contexto do ressurgimento de manifestações sebastianistas durante a ocupação francesa de Portugal pelo exército de Junot.[27]

Como também veremos, circulou em Lisboa por aqueles meses uma carta do "rei", enviada da prisão de Nápoles, destinada a convencer a nobreza portuguesa. Os ofícios de Cristóvão de Moura que chegaram até nós não a referem. As páginas com as minutas dos despachos entre o verão de 1601 e o verão de 1603, do fólio 22 ao 130v, foram arrancadas do códice do arquivo de Madri. Tal facto permitiria a um conspiracionista do século XX identificar aqui um indício de uma manipulação espanhola para esconder a verdade sobre o caso. Mas, através de outras cópias de cartas, conservadas noutras coleções, sabemos que em março de 1602 Moura continuava a enviar despachos sobre os boatos em circulação em Lisboa, entre os quais a especulação sobre preparativos de uma frota francesa para atacar Portugal, com dom Sebastião a bordo.[28]

O PONTO DE VISTA DO *MEMORIAL DE PERO ROÎZ SOARES*

Os rumores messiânicos do episódio de Veneza são expressão de um sentimento comunitário português mais amplo que assumiu diferentes motivos e formas durante o período em que o reino de Portugal e suas conquistas fizeram parte da monarquia hispânica. O sentimento comunitário português podia ser compatível com a fidelidade à nova casa reinante dos Áustrias, com formas de adesão firmes ou intermitentes, ou podia assumir formas de distância e de oposição. Como escreveu Fernando Bouza Álvarez, o reino de Portugal era composto de diferentes portugais. Mas a perspectiva do vice-rei sobre um mal-estar político português é compatível com outras fontes que registam uma multiplicidade de formas de protesto contra o governo nesta época. O exemplo talvez mais conhecido é a longa jeremíada de uma crónica muito citada pelos historiadores, *Memorial de Pero Roĩz Soares*. Neste registo de acontecimentos centrado no último quartel de Quinhentos e início de Seiscentos, encontramos ecos detalhados do episódio veneziano e a sua articulação com o sentimento de descontentamento em Lisboa e noutras partes do reino.

Para os anos que vão de 1599 a 1603 o *Memorial* refere uma série de acontecimentos insólitos e "prodígios" que devem ser lidos a uma luz messiânica, mas que não validam necessariamente os rumores sebastianistas do caso de Veneza. O redator não assume uma posição favorável ao pretendente, referindo-se ao termo do episódio com o "enforcarem o calabrês que se fazia [passar por] el Rei dom Sebastião e o frade frei [sic] Estêvão [Sampaio] Caveira e assim se deu fim a esta tragicomédia".[29]

Eis uma sequência significativa de casos extraordinários, lidos como anunciadores de transformações futuras, tal como contados pelo *Memorial*: em vésperas de São João do ano de 1599, grandes tempestades se abateram sobre a região de Lisboa, com um grande raio a provocar danos de tal modo extensos e precisos no mosteiro da Pena, em Sintra, que foi "caso admirável"; em abril de 1600, regressou a peste, compensada por uma abundância de colheitas extraordinária; no dia de São João de 1600, de novo dois grandes raios caíram no mosteiro de freiras de Odivelas, sem provocar danos de maior; em 1601, contou-se o caso que vários frades, encostados à sepultura de dom Afonso Henriques no Mosteiro de Santa Cruz de Coimbra, ouviram pancadas do interior do túmulo, em resposta a uma afirmação de um deles segundo a qual tudo o que se dizia sobre a vinda de dom Sebastião "eram patranhas"; nesse mesmo dia (que era de Santo António) repetiu-se em Velilla (Aragão) o fenómeno do pequeno sino que tocava sozinho para anunciar momentos de desgraça, como fizera já tantas vezes no passado, inclusive prognosticando a perda do rei dom Sebastião. As conversas e a produção escrita de trovas alusivas ao sucedido, que o *Memorial* transcreve, interpretam estas coincidências — pancadas no túmulo/ sino — como aviso de desgraça para Espanha e sinal de fortuna para Portugal.[30] Enfim, para fechar a sequência, mais um "prodígio" de clara interpretação sebastianista: o grande incêndio da igreja e capela do Hospital de Todos os Santos, que ocorreu no dia 26 de outubro desse ano de 1601. Por mais que se tentasse, e que acudisse todo o povo e o próprio vice-rei, nada se pôde salvar. Ardeu todo o interior, paredes, estrutura de madeira e recheio, incluindo o sacrário e todas as ricas tapeçarias armadas para a festa de 1º de novembro, dia a que a igreja era consagrada. Apenas ficou intacto, "milagrosamente",

> o Retábulo de nossa senhora da paz e o de são Jorge, e estando pelas paredes Retratados todos os Reis de Portugal se queimaram todos, não ficando mais que o Retrato del Rei dom Sebastião estando na maior força do fogo, coisa de tanto espanto que o não podia crer senão quem o ia ver com os olhos. Ouve mais outra maravilha que, estando as armas de Portugal com uma esfera, tudo de pau, no cimo da entrada da capela-mor onde o fogo foi mais forte e queimou ferros e tudo, as ditas armas e esfera ficaram sem se queimarem.[31]

No mesmo dia de novembro, sempre seguindo o *Memorial*, tiveram lugar outros dois "prodígios" em Lisboa: passaram sobre a cidade "grandes e espantosos cardumes de gafanhotos que cobriam o ar de maneira que não se deixava ver o sol" e destruíram as oliveiras onde pousavam; e, antes dos gafanhotos, uma grande "serração de névoa [...] sendo verão [sic] e dias desacostumados a ver névoas". A procissão do dia de Todos os Santos, realizada dias depois em presença do vice-rei, ficou marcada pela memória destes aconte- cimentos extraordinários, comentados no sermão do padre jesuíta Francisco Cardoso.

Outros casos não mencionados no *Memorial* podem ser integra- dos nesta série. Dando a palavra a crianças profetas, como o episó- dio decorrido em Santarém no dia de Santo António de 1598, o qual inspirou o título de um artigo de Diogo Ramada Curto ("O Bastião! O Bastião!"). Ou ocasionando visões "milagrosas", como a estátua de São Sebastião que teria suado diante de uma mulher e os seus dois filhos — o mais pequeno chamava-se Sebastião — em Ourique, em janeiro de 1603. Todos estes acontecimentos, considerados ad- miráveis ou milagrosos, prenunciadores de mudança messiânica, faziam parte de uma narrativa partilhada, interpretada em função das notícias que vinham de fora, como as que se referiam ao homem que dizia ser dom Sebastião. Essa narrativa está presente nas redes de correspondência dos seus partidários, integrando os arquivos de cada um, fontes de uma prova feita a partir de profecias.

Longe de ser um testemunho neutro de acontecimentos de sentido transparente, o *Memorial* constrói textualmente o sentido deles. Confere crédito aos "casos admiráveis", declarando-se o seu autor por testemunha ocular ou referindo certificações feitas por notários. De forma indissociável, a fonte narra o que aconteceu e a sua interpretação. Transcreve por isso as trovas e outros textos juntamente com o sentido a atribuir aos diferentes "prodígios", de modo a construir uma interpretação junto do leitor. Para além desse efeito postulado, porém, havia evidentemente margem para atribuição de um crédito diferenciado a cada caso. E mesmo para que dúvidas persistentes sobre a identidade do "rei" atravessassem os mais empenhados dos seus apoiantes.

CAPÍTULO 7

EM VENEZA: SAÍDA DA PRISÃO E "RECONHECIMENTO"

As cartas e certidões de frei Estêvão de Sampaio, enviadas de Veneza, permitiram a mobilização em torno da hipótese messiânica da antiga rede de partidários do prior do Crato, divida entre Paris e a Holanda, ainda que os graus e tempos de empenhamento no seu interior tenham variado. No final de julho de 1600, João de Castro chegou a Veneza. Os testamenteiros de dom António — Diogo Botelho e Ciprião de Figueiredo de Vasconcelos — não se puseram a caminho, mas mobilizaram as suas influências junto do rei de França e dos Estados Gerais das Províncias Unidas. Um seu enviado, Sebastião Figueira, foi procurar cartas credenciais aos Estados Gerais. A tarefa foi facilitada pela presença na Holanda do filho primogénito do prior do Crato, Manuel de Portugal, que tinha casado em 1599 com uma filha de Guilherme de Orange. Tornava-se assim cunhado de Maurício de Nassau, principal responsável político (*Stadhouder*) da República neerlandesa. Munido de diferentes cartas credenciais, Sebastião Figueira seguiu para Veneza, aonde chegou no princípio de novembro de 1600. Fiel antoniano, Figueira tinha no seu currículo a participação na batalha de África, de onde regressara ferido e trouxera a convicção de que o rei português escapara vivo com quatro ou cinco companheiros. Também o segundo filho de dom António, Cristóvão de Portugal, avisado por frei Estêvão, se pôs a caminho de Veneza.

O envolvimento neste processo dos homens que tinham pertencido ao círculo de confiança de dom António e do seu filho foi fugaz, mas parece ter sido decisivo para abrir caminho à libertação do prisioneiro. Antes desse envolvimento, todos os esforços, na República de Veneza e fora dela, revelaram-se infrutíferos. Enquanto Estêvão de Sampaio permanecia em Portugal em busca dos sinais particulares do rei, João de Castro deslocou-se à corte da rainha de Inglaterra e aos Estados Gerais holandeses para obter apoio. Nos dois casos, a resposta que obteve foi a mesma: não se moveriam sem o apoio de outras potências. O grupo de João de Castro, por si só, não tinha peso político e social para mover a influência necessária, e os seus textos refletem a consciência dessa falta de poder. No caso dos filhos e dos testamenteiros de dom António, a coisa já era um pouco diferente. Tratava-se de figuras com uma legitimidade e um passado políticos que eram reconhecidos pelas potências rivais da casa de Áustria, e também capazes de acionar redes de relacionamento de maior peso.

Como vimos, as desavenças entre João de Castro e o núcleo duro antoniano vinham do tempo em que dom António era vivo e residia em Londres, tendo resultado na desilusão e autoafastamento de Castro para Paris, exilado entre os exilados. Apesar da tentativa de reconciliação com dom António em 1593, Castro não voltou a juntar-se ao grupo, preferindo enveredar pelo proselitismo messiânico num pequeno cenáculo que se formou em Paris em seu torno e de Diogo Manuel, de famílias de mercadores, de quem Castro dependia para o seu sustento. Deste grupo tinha feito parte, mais à distância, frei Estêvão de Sampaio. O episódio de Veneza transformou esta correspondência em ação política comum, colocando os dois em colaboração estreita. Mas, como o revela a leitura do *Discurso da vida do [...] rey dom Sebastiam*, a dissensão rapidamente se instalou entre ambos, incluindo-se nela frei Crisóstomo, aliado a frei Estêvão. A conflitualidade interna é fundamental para compreender os primeiros sebastianistas. Ao mesmo tempo que são obras de propaganda com o objetivo de mobilizar politicamente, os textos produzidos em torno do episódio de Veneza dedicam-se também a um ajuste de contas verbal, por vezes violento, entre os grupúsculos antagónicos do exílio político português. É por isso inútil procurar neles uma versão única dos acontecimentos, pois as versões variam consoante o narrador. Não se trata simplesmente da oposição entre castelhanos e portugueses ou entre venezianos pró e antiespanhóis. Entre os próprios portugueses os antagonismos foram constantes. Isso é particularmente visível nos textos de apologética redigidos por João de Castro, no *Discurso da vida do [...] rey dom Sebastiam* e nas diferentes obras manuscritas que foi escrevendo nos anos seguintes e até ao fim da sua vida — em certo sentido, trata-se de um único e longo texto, retrabalhado durante mais de duas décadas. Também o mostra amplamente uma obra redigida por Diogo Botelho e Ciprião de Figueiredo, a *Resposta que os três estados do reino de Portugal [...] mandaram a dom João de Castro...*, impressa em 1603. Depois do processo de Sanlúcar, os conflitos continuaram, por vezes à beira do confronto físico, nas ruas de Paris, culminando na queixa que Cristóvão de Portugal apresentou ao rei e ao Conselho de Estado de França contra João de Castro e os seus próximos, principalmente por difamação da reputação de dom António.[1]

As divisões foram pragmaticamente caladas durante o episódio de Veneza. Segundo o *Discurso da vida do [...] rey dom Sebastiam*, após a chegada de João de Castro a Veneza, foram duas as vias exploradas: por um lado, tentou-se sensibilizar o papa para a questão; por outro, fizeram-se diligências para obter uma audiência com o Colégio. Por duas vezes, os três portugueses — Castro e os dois monges — foram recebidos em audiência pelo Colégio, numa delas competindo a frei Crisóstomo a arenga, por falar melhor italiano, e, na seguinte, a frei Estêvão. Em substância, o que pediam, depois de um resumo do que acontecera até então e das diligências por eles já efetuadas, era a possibilidade de se proceder a um reconhecimento público do prisioneiro, de forma a desfazer as dúvidas que existiam e pôr fim aos rumores que corriam, nomeadamente em Portugal, sobre a identidade régia do homem. Além disso, lembraram ao Colégio

> como aquele homem era mortal: [e] acontecendo que falecesse naquela prisão: teriam para si sempre os Portugueses que lhe mataram ali o seu verdadeiro Rei: inda que não fosse senão um calabrês, como se dizia: e não somente eles, mas também os estrangeiros [o teriam para si como Rei].[2]

A hipótese da morte na prisão, que frei Estêvão retomaria na sua fala na semana seguinte, corresponde ao boato, que circulava entre os sebastianistas, de que havia planos urdidos pela clique do embaixador espanhol para envenenar o preso. Nesta segunda audiência terão estalado divergências no pequeno grupo, com Castro a encontrar-se em minoria contra os dois frades, que eram do parecer que se deveria dizer diretamente aos membros do Colégio que o prisioneiro era realmente o rei dom Sebastião. Favorável ao "realismo" de uma retórica que não se pronunciasse diretamente sobre a identidade do preso, Castro tomou a palavra no final da audiência para evitar as revelações prematuras de frei Estêvão e, segundo ele, impedir que se criasse uma situação embaraçosa para os três portugueses.

Das audiências não saíram resultados práticos, mesmo se, alguns dias depois, nova deliberação do Senado instava a que fosse tomada uma decisão definitiva sobre a questão. Entretanto, chegaram reforços. A 21 de outubro, Diogo Manuel veio de Paris com uma carta do rei de França. Na versão de Castro, esta intervenção foi decisiva para desbloquear a situação. Mas a leitura das fontes diplomáticas deixa dúvidas sobre tal interpretação. As instruções de Henrique IV ao seu embaixador mostram reticências em envolver-se diretamente na defesa da causa do prisioneiro, ainda que tenha havido uma mudança de tom com o renovar da tensão franco-espanhola a partir da eclosão de uma guerra entre França e a Saboia, aliada dos Habsburgos. A mudança no discurso do rei francês teve lugar no início de dezembro: se a Espanha favorecia assim tão abertamente os seus inimigos, ele devia "desforrar--se por todos os meios" que se apresentassem. Deu assim instruções ao seu embaixador em Veneza para dar assistência ao preso, com a condição, no entanto, de que houvesse "fundamentos para o fazer".[3]

As fontes venezianas confirmam estas reticências de Henrique IV para agir às claras. Em vez de pedir uma audiência formal ao Colégio, o embaixador pediu uma audiência privada com o doge, Marino Grimani, na câmara deste. Ao solicitar uma reunião discreta, o representante do rei francês revelava que o seu empenhamento na causa era relativo. Por outro lado, esta maneira de fazer desagradou ao doge, que alegou que este tipo de pedidos deveria ser feito diretamente ao Colégio, sem passar por ele. Dois dias antes, aliás, "alguns portugueses" tinham-se aproximado dele "com bastante vivacidade" para lhe entregarem um documento escrito sobre a situação do prisioneiro. Não era a primeira vez, e o doge descreve a intervenção como sendo "coisa de mau gosto".[4] O descontentamento do doge sobre o método utilizado pelo embaixador de Henrique IV e a sua apreciação negativa sobre os portugueses têm uma explicação política que já referi atrás: a carreira de Grimani na República fez-se em total alinhamento com os "papistas".

A discreta intervenção francesa foi seguida da chegada a Veneza, a 3 de novembro, de Sebastião Figueira, com cartas oficiais dos Estados Gerais, de Maurício de Nassau e de Manuel de Portugal para a Senhoria de Veneza, pedindo o reconhecimento público do prisioneiro. As cartas das autoridades holandesas foram entregues diretamente ao doge, no Colégio, e o Senado voltou a discutir o assunto nas suas sessões. O regresso à ordem do dia de uma discussão formal sobre a causa nos órgãos de Veneza fez com que o novo embaixador do Rei Católico, Francisco de Vera y Aragón, abandonasse o silêncio que fora a marca do comportamento diplomático espanhol desde a detenção do calabrês. Mas é provável que a decisão de pressionar as autoridades venezianas para pôr fim às dificuldades criadas pela manutenção do homem na prisão tivesse sido ordenada previamente de Madri. Num despacho cifrado para o rei com data de 9 de dezembro — o mesmo em que enviou o soneto e a carta a Querini, datados de julho de 1598 —, o embaixador referia as instruções recebidas no final de julho sobre "o castigo e libertação desse charlatão calabrês". E que tinha, para esse efeito, pedido audiência ao Colégio. A 28 de novembro apresentou-se naquele órgão, justificando a sua vinda com a insolência "de um frade português da Ordem de São Domingos chamado frei Estêvão de SanPau [sic] que aqui se intitula Regente de Tolosa [Toulouse]". Com Nuno da Costa e "outros rebeldes que seguiram dom António", o grupo solicitava abertamente à Senhoria a libertação do preso e discutia publicamente o tema nos "corrilhos da Praça de São Marcos".[5] A argumentação, em circunstâncias diferentes, seguia ainda a mesma lógica que a do seu antecessor, dois anos antes, quando este exigia a detenção do homem que dizia ser dom Sebastião. A Senhoria de Veneza devia tomar uma posição sobre o "burlador". Ou era "louco" ou "homem de juízo"; se era louco, havia que soltá-lo, pois a lei o absolvia de castigo; se era homem de juízo, deveria ser severamente castigado, pois estava a fomentar uma "perniciosa rebelião". Enfim, se se tratasse do legítimo rei de Portugal, era contra a razão mantê-lo preso tanto tempo e impedi-lo de recuperar a sua coroa.

O doge respondeu-lhe que a maioria dos membros do Colégio

> sempre o tinham tido por louco, tratando-se muito largamente da ligeireza dos que se tinham persuadido a tê-lo pelo rei dom Sebastião não sabendo falar uma palavra de Português, nem [tendo] ficado nele o sotaque nem a pronúncia daquela língua, da qual era impossível esquecer-se totalmente em tão poucos anos, tanto mais falando, como fala, a sua [língua italiana] com muita perfeição.

Uma vez mais, a questão da língua aparece como argumento fundamental, no qual esbarram ou parecem esbarrar todos os testemunhos de sinal contrário. Mas se era realmente esta, desde o início, a convicção da maioria dos membros do Colégio, voltamos a constatar aqui — dois anos após a detenção do calabrês — a secundarização desta evidência perante a lógica política.

Embora por razões políticas opostas, até o embaixador de Espanha concordava com os sebastianistas em que a manutenção do homem na cadeia só fazia aumentar a expetativa messiânica em seu torno. O mesmo argumento — do facto de não se deixar ver o pretendente nascia a crença de que ele era o rei — seria usado dois dias mais tarde perante o Colégio por Cristóvão de Portugal, última peça a juntar a esta sucessão de diligências. O filho do prior do Crato tinha chegado a Veneza vindo de Roma a 28 de novembro, acompanhado do seu pequeno séquito. Vinha dar apoio (e palavra de filho de príncipe) às cartas oficiais trazidas por Sebastião Figueira. Cristóvão de Portugal foi recebido no Colégio a 11 de dezembro. Depois de uma troca de palavras protocolares com o doge, leu a sua petição, por não ter "a língua italiana tão expedita".[6] Mais uma vez, o pedido ia no sentido de que se fizesse o reconhecimento público da identidade do prisioneiro, por pessoas idóneas que tivessem conhecido o rei, não apenas portugueses, mas também "muitos príncipes de diversas nações, e espanhóis em particular, que tiveram amplo e perfeito conhecimento de dom Sebastião, rei de Portugal". Tal como o haviam feito os três portugueses que tinham ido ao Colégio dois meses antes, dom Cristóvão oferecia-se em penhor da verdade: juntamente com o seu séquito, ficaria na prisão ao lado do pretendente até que aquela fosse apurada formalmente.

As solicitações convergentes das duas partes antagonistas levaram ao desbloqueio da situação. Todos pediam a mesma coisa em simultâneo ao governo da Senhoria. Do ponto de vista desta, os dados tinham-se alterado. A iminência do regresso a uma situação de guerra entre as duas potências rivais de França e Espanha em consequência do conflito na Saboia foi também agitada naqueles dias. Era tempo de a República se ver livre do prisioneiro, que ameaçava tornar-se um problema.

O "RECONHECIMENTO"

Na noite de 15 de dezembro de 1600, após mais de 24 meses passados na cadeia, o homem que dizia ser dom Sebastião foi finalmente libertado. A Senhoria não procedeu a nenhum reconhecimento público do género dos que retoricamente tinham sido reivindicados pelas várias partes nas audiências ao Colégio. O prisioneiro foi conduzido ao gabinete dos *capi* (chefes) do Conselho dos Dez. Foi notificado de que o Senado o libertava com intimação a abandonar a cidade em 24 horas e o território da República nos três dias seguintes, sob pena de dez anos de serviço nas galés ou cárcere perpétuo. Como bem notou o embaixador de Espanha, no agradecimento que logo transmitiu ao doge, tratava-se de uma forma escondida de sentença: as autoridades tinham-no por "homem baixo e de nenhuma consideração".[7] No mesmo dia, eram libertados os dois cúmplices iniciais que tinham passado tanto tempo na prisão de Veneza quanto ele: Girolamo di Migliori e Alessandro de Bonis.

O reconhecimento do "rei" teve lugar nessa mesma noite. Sobre este momento crucial para os sebastianistas, dispomos do relato de João de Castro no *Discurso da vida do [...] rey dom Sebastiam*, de uma carta de Pantaleão Pessoa a Manuel de Portugal e das declarações proferidas por frei Estêvão e frei Crisóstomo da Visitação nos seus interrogatórios, todos testemunhando o encontro messiânico tão aguardado. O grupo de portugueses já não incluía os residentes em Veneza, como Nuno da Costa e a sua mulher. Era constituído por uma dezena de homens levados a Veneza expressamente pela causa. Iam enfim poder vê-lo com os seus próprios olhos. Entre eles, como referi, eram poucos os que tinham uma memória pessoal do rei: frei Estêvão de Sampaio, que tinha avistado e dialogado com dom Sebastião provavelmente enquanto estudante em Coimbra; Sebastião Figueira, que participou na jornada marroquina e terá visto uma última vez o rei a alguma distância do campo de batalha; e talvez João de Castro, que pode ter conhecido dom Sebastião durante um dos momentos em que este permaneceu em Évora,[8] quando Castro estudava no colégio da Companhia de Jesus. Mas em nenhum dos seus textos autobiográficos aparecem dados concretos sobre uma eventual entrevista que possa ter tido com o rei — o que seria suficientemente digno de memória para ser notado. A sua autoridade como testemunha do reconhecimento do "rei" é apresentada por si como autoevidente.

Os restantes, como já referi anteriormente, por razões de idade (eram demasiado novos) ou de distância social em relação à corte, nunca tinham visto o monarca e não podiam, por isso, comparar a sua perceção com uma memória pessoal. Assim, o que é apresentado, nomeadamente por João de Castro, como um "reconhecimento do verdadeiro rei" é na realidade um primeiro encontro para boa parte das testemunhas (e assim seria necessariamente, se nos lembrarmos de que a verdadeira identidade do homem era a de um calabrês chamado Marco Tullio Catizone).

Eis uma questão que pode parecer embaraçosa mas que, se levarmos a sério a ideologia sebastianista, não o é. Tal permite-nos perceber que a crença messiânica se desenvolveu, de maneira afinal de contas lógica, entre indivíduos que pertenciam na sua maioria à geração posterior à que participou na batalha. Para os que não tinham uma lembrança pessoal do rei, o "reconhecimento" seria feito por procuração, atribuindo crédito às testemunhas mais velhas ou consideradas dignas de crédito, ou a formas indiretas de identificação, como o recurso à lista de sinais particulares recolhida em Lisboa. Para todos eles, tendo ou não avistado um dia o rei, o reconhecimento físico, imediato, foi secundarizado. A possível impressão de dissemelhança física foi compensada com explicações aparentemente racionais, ligadas aos efeitos da peregrinação durante anos por climas tórridos (a cor da pele, mais escura do que a do rei) ou à fome passada na prisão (a magreza).

O "reconhecimento" foi sendo feito por diferentes grupos ao longo da noite. Segundo Castro, à saída do homem que dizia ser dom Sebastião, o pátio de São Marcos estava "todo cheio de gente: assim de gentis-homens que sabiam de sua soltura, para o verem, como de criados dos senhores de Pregai [i.e., criados de senadores]".[9] O homem ter-se-á dirigido de imediato ao albergue onde se alojara à chegada a Veneza, a pousada de *misser* Francesco. Aí estavam, além de alguns cúmplices paduanos, os portugueses Sebastião Figueira e Rodrigo Marques. A reação de Sebastião Figueira ao ver o homem que dizia ser dom Sebastião foi descrita por Pantaleão Pessoa nestes termos:

> À primeira vista este achou-se muito espantado, porque o viu muito diferente do que o tinha visto em Portugal e na Barbária no próprio dia em que aconteceu a nossa derrota, a quatro léguas do campo de batalha. Mas quando considerou bem os traços da sua cara, e a fronte, os olhos, o nariz, o seu lábio de Áustria (que hoje não está tão abatido como quando ele estava em Portugal, porque nessa altura estava em boa forma, e agora está muito magro), a sua cintura, a sua palavra e as outras partes do seu corpo: mandou de súbito Rodrigo Marques avisar o senhor dom Cristóvão e os outros Portugueses.[10]

João de Castro não dá especial relevo nem desenvolvimento ao testemunho de Figueira. No seu *Tratado dos portugueses de Veneza*, escrito vinte anos depois destes acontecimentos, acusa-o de nunca ter realmente acreditado que se tratava do rei dom Sebastião. Só isso explicaria o facto de Figueira ter enviado alguém avisar Cristóvão de Portugal da libertação, em vez de ir ele próprio transmitir tão grande notícia, e não ter acompanhado o "rei" até ao lugar onde o esperavam os outros portugueses.[11] Ausente do momento coletivo mais importante da noite, Figueira não deixaria de certificar por escrito que reconheceu no homem o rei dom Sebastião. Mas para Castro o seu testemunho enferma de má-fé, vindo de alguém que, após o processo de Sanlúcar, estava pronto, com Diogo Botelho, a aliar-se aos castelhanos.

Avisados os restantes portugueses da libertação do seu "rei", foram buscá-lo para o levarem ao alojamento onde residiam João de Castro e Diogo Manuel. Segundo Pantaleão Pessoa, esta transferência destinou-se a subtrair o "rei" ao contacto com o povo da cidade. A diferença entre o percurso escolhido por Catizone e o que lhe foi determinado pelos seus apoiantes portugueses é em si mesma significativa. Ao retirarem-no da casa de *misser* Francesco, de má fama, estes tratavam de o colocar numa posição mais condizente com a que lhe atribuíam.

O relato de João de Castro sobre o reconhecimento do "rei" por um grupo de quatro portugueses na noite de 15 de dezembro, quando este entrou na sua pousada, é um ponto culminante do seu livro, para o qual converge todo o texto anterior. Nele ecoam o reconhecimento e o testemunho dos fidalgos sobre o cadáver do rei no dia seguinte ao da batalha. Trata-se de substituí-lo, falso testemunho, por este, verdadeiro. O leitor assiste a uma "cena" construída para transmitir um testemunho coletivo e sem contradições, que ao mesmo tempo faz do autor do livro o seu principal garante. Eis como João de Castro descreveu a entrada do "rei":

> Na qual [pousada] entraria entre a uma e as duas horas depois de meia-
> -noite, vestido num certo modo de roupeta comprida de seda, que
> lhe ficara do verão, mas já forrada de peles; recebendo-o nós com o
> alvoroço e acatamento devido: e agasalhando-nos ele como se fôramos
> nós os saídos da prisão. Posto ao fogo esteve-o dom João vendo muito
> devagar, por o ter muito suspenso a grande mudança que tinha feita:
> e certificado lançou-se aos seus pés reconhecendo-o pelo seu verda-
> deiro Rei e senhor, como testemunha então de vista. Aos quatro que

então estávamos, nos disse: que ele se punha em nossas mãos: que o víssemos todo: e se lhe achássemos menos um sinal, dos que tinha El Rei dom Sebastião: que fizéssemos justiça dele. Que ele era o verdadeiro Rei. O Único espetáculo do mundo: um Rei, e que Rei.[12]

João de Castro começa por dar conta de uma estranheza, uma "grande mudança". O reconhecimento físico não é imediato. Mas, após uma lenta observação, junto do fogo para melhor visibilidade, o reconhecimento é declarado, apesar da diferença constatada no aspecto.

Um pouco mais tarde, já com Cristóvão de Portugal e Manuel de Brito presentes,

começou-se-nos [ele a] mostrar todo para confirmar que era o verdadeiro Rei dom Sebastião, quem ele dizia ser. Mostrou a ferida da cabeça que recebera em África, tomando as mãos a alguns e fazendo-a apalpar. Mostrou o dente queixal a menos; mostrou as pernas, os braços, até se assentar de joelhos metendo uma chinela debaixo de um deles para mostrar como era mais curto de uma parte [do corpo do que de outra].

Enfim, um terceiro momento de reconhecimento teve lugar horas mais tarde, ainda antes do nascer do dia, com a chegada dos dois religiosos, frei Estêvão e frei Crisóstomo. Na sua primeira confissão perante o juiz eclesiástico, frei Estêvão declarou terem ambos reconhecido o homem por rei, como os demais presentes. A reação que frei Estêvão declarou ter tido foi de espanto: "Diz que assim como viu a Marco Tullio ficou pasmado e disse em público aquelas palavras de Jeremias '*ecce vidimus eum et non est aspectus eius in eo*',[13] e o tratou não se lembra se de alteza ou majestade". A citação bíblica ("vimo-lo e não tinha beleza que nos agradasse") é também referida por João de Castro. Como outras citações ou fórmulas, ela parece dita para a posteridade, para fixar uma memória e integrar um relato escrito. Trata-se de transformar a estranheza do aspecto do homem, o seu caráter insólito, na marca de uma escolha divina com recurso às profecias do Antigo Testamento sobre o advento do Messias.

Segundo estas descrições, as três testemunhas que, por razões de idade e por terem tido algum contacto com o rei português, estavam em melhor posição para fazer o reconhecimento físico não o fizeram de forma imediata. A lentidão do exame é sublinhada no relato de João de Castro. Um tempo de desconcerto, provocado pelo espanto ou pela dúvida, parece instalar-se entre a perceção física e a certificação, tempo que a reescrita da "cena" do reconhecimento vai alisar. O espanto transforma-se em etapa em direção a uma verdade mais profunda, que escapa ao primeiro olhar.

Sendo o reconhecimento físico problemático, ele não impede o reconhecimento por outras vias. Diferentes operadores de prova vão ser mobilizados, quer no texto de João de Castro, quer no de Pantaleão Pessoa: a lista de sinais, a memória revelada pelo rei e também aquilo que pode ser designado como uma aura de majestade. Entretanto, há que assinalar as diferenças entre os dois textos: a carta-testemunho de Pantaleão Pessoa é mais prolixa nos detalhes destinados a demonstrar. Descreve os diferentes sinais particulares do rei, enumera nomes e episódios para certificar que a memória é convincente. O seu autor é uma testemunha discreta, atribuindo crédito aos que têm mais autoridade — Pessoa era um moço quando foi como pajem na comitiva da expedição de 1578. Pelo contrário, João de Castro coloca-se a si mesmo no centro da cena. O "reconhecimento" começa e acaba nele.

O VALOR TÁTICO DA LISTA DE SINAIS PARTICULARES

A lista de sinais do "rei" — que já tinha revelado o seu valor tático antes da libertação — desempenha aqui um papel central, mesmo para João de Castro, cujo texto, como referi, fustiga a atuação de frei Estêvão. É, claramente, essa lista que está na origem da exibição "espontânea" por parte do recém-libertado dos seus sinais particulares: a ferida na cabeça (prova tangível da sobrevivência da batalha); o dente queixal a menos; a assimetria dos membros inferiores demonstrada pelo recurso a um chinelo colocado debaixo de um joelho; a assimetria entre a parte direita e a parte esquerda do corpo, o pé pequeno com o peito muito alto, a grande verruga no dedo mínimo do pé direito; entre outros sinais que completam o rol. A carta de Pantaleão Pessoa é concordante com Castro no que toca à descrição dos sinais exibidos, fazendo-a porém preceder de um detalhe importante: o "rei" teria feito menção de se despir, para mostrar "as marcas secretas" do seu corpo, algo que as testemunhas presentes recusaram, porque "dom João de Castro o tinha já reconhecido principalmente pela sua voz".[14] Note-se de novo o desencontro entre comportamentos e expetativas, com o despudor do "rei" a contrastar com o pudor das testemunhas que, como João de Castro, tinham por modelo alguém de tanta "honestidade, sendo moço e mancebo, [que] se lhe não via um pé descoberto".[15] Quanto ao reconhecimento pela voz, ele não corresponde à memória da voz singular de dom Sebastião. Trata-se de uma entoação, uma prosódia supostamente natural ao conjunto dos portugueses: "Quando começou a falar, falou baixo e com uma palavra forte, e depois continuando elevou a voz como se faz em Portugal".[16]

A relação entre os sinais particulares do rei e um destino providencial foi sublinhada por Lucette Valensi.[17] O exame presencial, com o olhar e o tocar, das marcas particulares e da ferida faz pensar nos relatos evangélicos sobre Cristo ressuscitado exibindo os seus estigmas ao ceticismo dos apóstolos. O paralelismo entre dom Sebastião e Cristo é estabelecido por João de Castro nos seus diferentes textos, referindo-se às sucessivas humilhações sofridas pelo preso no seu caminho de cruz. E os sinais particulares valem tanto como provas de uma identidade régia quanto como testemunhos de uma escolha providencial, marcado à nascença ou, no caso da ferida da batalha, como estigma de um martírio. Esta lição foi bem aprendida por Catizone, tal como a do valor tático da lista. Segundo Castro, ele disse durante o encontro com os portugueses que "não era de bronze para se fundir e fazer uns ossos e umas partes do seu corpo maiores que outras como ele tinha".[18] Ao ser libertado, quis exibir ele próprio os sinais que sabia de antemão que iriam ser examinados e integrou no seu discurso a dimensão providencial que a lista significava. E se é certo que Catizone não era feito de bronze, há indícios, como vimos antes, que se tenha prestado a sofrer sevícias na prisão para conformar o seu corpo à lista de sinais.

O CORPO ESOTÉRICO DO "REI"

Na presença do "rei", mas incluindo uma lista autenticada de sinais físicos, o testemunho muda aqui sensivelmente de estatuto. Trata-se de um testemunho presencial, e por isso em lugar cimeiro numa hierarquia de certificação, mas o que parece mais contar é o que o visível revela relativamente ao que está escondido. O reconhecimento por indícios é legitimado, e permite aos sebastianistas desvalorizarem o reconhecimento direto quando este — pelas mudanças físicas constatadas ou pelas falhas de memória do "rei" — parece mostrar-se desfavorável.

A comparação entre um corpo visível e um repertório escrito de sinais, de indícios, torna-se mais importante do que uma comparação entre esse mesmo corpo e uma imagem sintética do rei alojada na memória ou num eventual retrato. E, no confronto com a lista, o corpo torna-se, ele próprio, indiciário, também ele uma lista de sinais. O corpo deve ser analisado, decomposto em partes, interpretado, lido, como um texto. Trata-se de um corpo a decifrar, encerrando um significado escondido, misterioso. Um corpo esotérico, de certa maneira, que apenas os iniciados conseguem reconhecer.[19]

Voltemos ao excerto do *Discurso da vida do [...] rey dom Sebastiam* citado antes, que descreve a entrada do "rei" na pousada. Depois de se ter certificado de que estava em presença do seu "rei", lançou-se-lhe aos pés "como testemunha *então* de vista". Sublinho aqui o advérbio "então". Testemunha "então" de vista quer dizer que, mesmo antes do encontro, João de Castro *já era* uma testemunha. O testemunho ocular constitui para ele um ponto de chegada de uma certeza que já tinha obtido previamente por outras vias. De facto, na reconstituição sebastianista da vida (e do corpo) do rei, a testemunha não é quem viu fisicamente — ou não simplesmente — mas alguém que viu por revelações, por visões do espírito. Trata-se de um profeta. No *Discurso da vida do [...] rey dom Sebastiam*, esse profeta é o próprio autor, criando--se uma identificação entre o destino providencial do rei e o seu. No final da obra, João de Castro entrega-se a uma teorização do reconhecimento de um rei escolhido e marcado por Deus. Por trás desta ideia está a teoria teológica, derivada de Santo Agostinho, de um olhar físico e de um olhar espiritual: todos os homens são dotados de dois olhos, um, humano, "ao qual os homens atribuem todo o crédito nesta vida"; e o outro, divino, "do qual frequentemente cegam por falta de fé".[20] É este último, o olho divino, que está presente ao lado do humano no reconhecimento tal como o entendem os sebastianistas.

MAIS "PROVAS"

No relato de Pantaleão Pessoa são contados detalhes persuasores da solidez da memória do "rei", ponto crítico da argumentação sebastianista que era indispensável demonstrar. O "rei" — mais uma lição aprendida na prisão — faz perguntas que servem para provar, suficientemente precisas para "arrebatar a admiração" dos presentes: nomes de pessoas bem conhecidas da corte e de seus familiares, homens e mulheres da nobreza, nomes de palácios régios, referência ao culto lisboeta a São Sebastião. A distinção entre o que o "rei" diz e o que a testemunha que escreve acrescenta parece aqui apagar-se, de tal forma a demonstração permanece interna ao texto, autorreferencial. Mas o "rei" é capaz de personalizar as perguntas que faz, dirigindo-as por exemplo ao filho do prior do Crato para obter notícias do irmão deste (a quem se destinava a carta de Pessoa). Ou a João de Castro, a quem pergunta pela família.[21]

Pessoa descreve também uma certa graça régia, uma presença de espírito exibida em língua portuguesa, apresentada como indício muito consolador. Como quando o "rei" assinala que os portugueses estão vestidos de "diferentes maneiras e cores", uns à francesa, outros à holandesa ou à italiana, além de alguém com aparência de peregrino — "Pôs-se então a dizer, rindo, *Tanto traje*". A capacidade para fazer as perguntas adequadas, para dar a réplica devida e até para gracejar revelam uma ligação entre o momento presente e o passado. Um desses gracejos dirige-se a Cristóvão de Portugal: o "rei" nota a parecença física entre este e o pai, comentando: "Parecei-vos muito com dom António vosso pai, queira Deus que nas ações sejais mais parecido com o vosso antepassado dom Luís Duque de Bega [sic]". Se se enganava ao assim pronunciar o título nobre do avô de dom Cristóvão — Bega em vez de Beja —, fazia-o no interior de um discurso que mostrava ser capaz de notar as semelhanças físicas entre filho presente e pai ausente, e ao mesmo tempo de fazer um dito de espírito do qual dom António não saía muito bem tratado. Estes erros de pronúncia em português não são escondidos e aparecem justificados no texto, explicados pelo próprio "rei", como por exemplo quando se lhe nota que disse "Franca" em vez de "França". Confrontado com o erro, responde: "Como? [...] E não dizemos nós em português VilaFranca, Paramanca, Salamanca, etc.?". A objeção é devolvida a quem a fez, com o argumento de que também os portugueses davam erros após tantos anos em França, misturando português com francês. Parece de novo ser a arte do "charlatão" a exprimir-se aqui, capaz de reagir em situações embaraçosas.

CAPÍTULO 8
NAS PRISÕES DO GRÃO-DUQUE DA TOSCANA

No início de janeiro de 1601, frei José Teixeira encontrava-se em Lyon, no reino de França, para assistir às festas de casamento de Henrique IV com Maria de Médici. Foi de lá que escreveu uma carta a um "bispo seu amigo" anunciando-lhe que a chegada de dom Sebastião àquela cidade estava iminente. Sabia-o por cartas de Veneza, recebidas a 7 de janeiro, que anunciavam a libertação do prisioneiro, que este tinha já saído de Veneza e que iria embarcar em Livorno para Marselha, de onde chegaria a Lyon. A espera messiânica de Teixeira adquire aqui um tom muito concreto e iminente:

> [com a nova da libertação] A alegria e o regozijo foram tão grandes entre os Príncipes e em toda a Corte, entre as Princesas, Senhoras e Donzelas, grandes e pequenos, nobres e plebeus, Eclesiásticos e regulares, que não há maneiras de a exprimir [...]. Príncipes, Senhores, Fidalgos, Soldados, que digo eu?, Padres, Frades, Mercadores, lavradores, pilotos, marinheiros [...] Todos os dias nos dão aqui rebates falsos. Basta que se avistem quatro ou cinco cavaleiros a chegar, e é logo o Rei dom Sebastião.[1]

Dos textos dos primeiros sebastianistas estão ausentes as manifestações de igualitarismo social próprias do milenarismo que foram analisadas de forma sugestiva por Norman Cohn.[2] Neste sentido, o primeiro sebastianismo não é milenarista. Mas encontramos nesta citação a utopia de um advento que teria como efeito anular as distinções sociais. O rei português viria reinstalar a concórdia entre os príncipes cristãos, pôr fim às misérias e às divisões religiosas. Até os súbditos do rei de França, de acordo com Teixeira, pareciam quase querer ser mais leais ao rei de Portugal, considerado santo, do que ao de França.

Já vimos antes, no fim do capítulo 2, como Teixeira demorou a enveredar pelo sebastianismo. Só no final de 1600, e após insistência dos homens que estavam em Veneza, é que começou a escrever os seus primeiros textos a favor da tese de um regresso messiânico de dom Sebastião. Nela se empenharia nos anos seguintes, publicando vários opúsculos apologéticos, sempre em francês, viajando para obter apoios, recolhendo testemunhos em Itália junto de quem tinha estado com o "rei", em Verona, Pádua e Veneza. Mas antes deste périplo italiano, o padre Teixeira encontrava-se em Lyon.

Quem também estava em Lyon nessa mesma altura era um outro antigo antoniano bem conhecido de Teixeira: Ciprião de Figueiredo e Vasconcelos, o antigo defensor da ilha Terceira em 1582, que seguiu o prior do Crato no exílio e foi, junto a Diogo Botelho, seu testamenteiro. Perante a insistência com que as cartas de Veneza asseguravam estar dom Sebastião ali preso, os dois homens deciram passar à ação, com o objetivo de persuadir o rei de França a escrever oficialmente à Senhoria de Veneza. Uma primeira missão tivera lugar quando Henrique IV se encontrava em Montmélian, durante o cerco desta praça no contexto do conflito entre França e Saboia. Terminado este, empreendeu segunda viagem até Lyon, por ocasião do casamento.

No fundo de correspondência de dom António, no arquivo da Torre do Tombo, em Lisboa, há uma carta muito interessante de Ciprião de Figueiredo para Diogo Botelho, relatando a sua atividade diplomática junto da corte em Lyon, com detalhes sobre a estratégia para chegar até Henrique IV. Por um lado, transmitiu ao secretário de Estado francês, Nicolas de Neufville, senhor de Villeroy, documentos para dar crédito à petição. Enquanto este lhe pedia um relatório escrito sobre o caso, Ciprião Figueiredo achou por bem transmitir-lhe duas cartas de um veneziano, "porque me pareceu que a elas haveriam de dar mais crédito do que a vinte dos nossos portugueses, porque entre outras coisas [...] afirma com juramento por Deus e os seus santos que aquele prisioneiro é o nosso Rei".[3] A isto juntou a tradução em francês de outras cinco cartas-testemunho enviadas de Veneza (de João de Castro, Rodrigo Marques, entre outros), trabalho que o manteve ocupado um dia inteiro, com a colaboração de duas outras pessoas: um ditava as cartas em português, outro traduzia em voz alta para francês e um terceiro escrevia. Mas o secretário de Estado só se interessou pelo documento que tinha pedido. Uma vez mais, parece estar aqui presente a ideia de que a obstinação dos portugueses pela sua causa jogava contra eles, sendo preferíveis testemunhos de terceiros, menos afetados pela parcialidade.

Poucos dias depois de fazer chegar estes documentos ao secretário de Estado, Ciprião de Figueiredo foi abordar o próprio rei à saída da missa. Fez-se valer de validos do rei — além do secretário de Estado, o toscano Zameto, cortesão favorecido por Henrique IV —, acrescentando às suas palavras o testemunho por carta de Diogo Botelho, bem conhecido do monarca:

> Cheguei-me a El Rei e beijei-lhe em baixo as pernas e el Rei me lançou o braço sobre o pescoço e [eu] lhe disse como já fora a momelhoa [Montmélian] ter com sua Majestade sobre o negócio del Rei dom Sebastião e que agora vindo tantas novas e com tanta certeza lhe vinha a pedir como a Rei poderosíssimo e cristianíssimo seu favor para que socorresse com suas cartas a uma injustiça tão grande [e] lhe disse o que se passava: a que me ajudaram os dois, Zameto e Villaroy. E o Rei disse, "oh valha-me Deus que grande crueldade" e chamou Villaroy e falou um pouco com ele vindo caminhando. Então beijei a carta de V.[ossa] S.[enhoria, Diogo Botelho] e lha dei dizendo: "Senhor esta carta é de Mons. Botelho".

A carta revela de novo a forte conflitualidade interna que reinava no anterior grupo antoniano. Ciprião de Figueiredo relata os seus encontros com frei José Teixeira em Lyon, marcados pela desconfiança mútua sobre a entrega das cartas vindas de Veneza, endereçadas num só pacote a vários destinatários. Enquanto Teixeira fazia declarações conciliatórias — "que fossem passadas todas as coisas e que era tempo de todos nos amarmos" —, Ciprião de Figueiredo mostrava-se sem ilusões sobre a personagem: "Deixo coisas de frei Teixeira que não servem de nada". De um lado havia o grupo de Teixeira (que era também o de João de Castro), do outro o de Botelho e de Ciprião de Figueiredo, cuja superioridade moral e de estatuto, tal como expressa na carta, era clara. Num tom bem distante do regozijo universal da carta ao bispo que Teixeira destinava à estampa, afinal a "alegria e regozijo" não eram suficientes para unir estes antonianos desavindos.

A "SEGUNDA PERDIÇÃO DE ÁFRICA"

Algumas semanas depois, as notícias que chegaram de Veneza e de outras partes eram muito más para os sebastianistas. Depois da libertação de 15 de dezembro e do "reconhecimento", tudo lhes correu da pior maneira possível. Entre a inabilidade na condução do "rei" para fora de Veneza e os maus cálculos políticos, o resultado foi a detenção em Florença e a entrega do homem a breve trecho ao vice-rei de Nápoles — aquilo a que João de Castro chamaria de "segunda perdição de África". Uma derrota que não cessaria de se confirmar nos anos seguintes, mau grado todas as tentativas para a desmentir. Nenhum dos portugueses que estavam em Veneza na noite de 15 de dezembro de 1600 — com exceção do irredutível frei Estêvão — voltaria a ver o "rei". Catizone passaria de masmorra em masmorra, da masmorra às galeras e de novo na prisão, até acabar no cadafalso.

Cruzando os relatos disponíveis entre si, ficamos a saber que o pretenso dom Sebastião foi levado ao fim da noite de 15 de dezembro para o convento dominicano de Veneza e que o pequeno grupo dos seus partidários decidiu, na manhã seguinte, que o mais seguro era que partisse o quanto antes para tomar a direção de Florença e depois de Livorno, onde embarcaria para Marselha, daí seguindo para Paris por terra. Decidiram também que iria disfarçado de religioso, acompanhado por um frade italiano para maior discrição, dada a notoriedade dos seus partidários portugueses. No entanto, ao cair do dia 16, acabou por ser apenas frei Crisóstomo a partir com o "rei", numa gôndola que transportava correio, até Chioggia, 25 milhas a sul de Veneza, de onde deveriam seguir por via terrestre para Ferrara. Mas em Chioggia, havia já uma embarcação armada com soldados ao serviço do embaixador de Castela que inquiriam do paradeiro de dois religiosos em fuga. Decidiram arrepiar caminho para interior, em direção a Pádua, de onde o frade português escreveu para os que tinham ficado em Veneza, informando da mudança de itinerário e assinando duas cartas como "escrivão secreto dos segredos de Sua Majestade", as quais marcou com o "sinete pequeno Do Rei".[4] Em nome do grupo, e transportando uma carta com ordem para tirar o "rei" da companhia do frade, Pantaleão Pessoa pôs-se a caminho de Pádua no encalço dos dois homens, sem os encontrar, pelo que prosseguiu até Florença, por Ferrara e Bolonha. Quando, a 1 de janeiro, chegou ao mosteiro de Cestello, em Florença, pertencente à ordem de frei Crisóstomo, já só encontrou este último, que o informou de que o "rei" tinha sido preso por ordem do grão-duque da Toscana. A 4 de janeiro chegava a restante comitiva oriunda de Veneza. Só a 29 de dezembro é que Cristóvão de Portugal tinha conseguido reunir uma soma de dinheiro para financiar a viagem do grupo. À chegada a Florença, o caso apresentava-se-lhes de muito má feição.

O relato destes acontecimentos é atravessado pelas divisões que minavam o grupo. João de Castro instrui o processo de frei Estêvão e frei Crisóstomo, que considera terem traído pura e simplesmente o resto do grupo e o "rei". Para Castro, os dois religiosos deitaram tudo a perder de forma deliberada, fingindo aceitar o plano de fuga votado à unanimidade com juras de secretismo, mas conspirando às escondidas por sua conta e resolvendo entre ambos que seria frei Crisóstomo o acompanhante. Frei Estêvão, no dia seguinte, terá alegado em sua defesa que o italiano que ele tinha escolhido para levar o "rei" se tinha acobardado no último momento, e que fora preciso encontrar rapidamente uma solução de recurso, tendo em conta o escasso tempo disponível para o termo da ordem de expulsão dada pela Senhoria. Quer Pantaleão Pessoa quer João de Castro sublinham a inquietação que a escolha de frei Crisóstomo logo suscitou no grupo: aos problemas de falta de vista do frade Bernardo, associados ao facto de ser pessoa muito conhecida em Itália, somavam-se o seu excesso de peso e a sua falta de "entendimento" e de discrição para a missão.

As diferentes fontes político-diplomáticas mostram que teria sido em qualquer caso muito difícil aos dois homens escaparem. Os seus passos até Florença devem ter sido seguidos e, sobretudo, foram tomadas as providências necessárias para garantir que não iriam mais longe do que os domínios do grão-duque da Toscana, Fernando I. Antes mesmo de o calabrês ser solto, o embaixador Francisco de Vera contactou o residente em Veneza do grão-duque, Asdrubale de Montauto, para lhe fazer compreender o significado político que teria, para o Rei Católico, a detenção do impostor se ele passasse, como se pensava que iria passar, pelos seus domínios.

Por outro lado, a temida falta de prudência dos dois fugitivos confirmou-se. Numa carta para frei Crisóstomo escrita na primavera de 1602, frei Estêvão escreveu que era "comum voz [...] que a língua [de frei Crisóstomo] causou todo [o] mal"; pedia-lhe por isso esclarecimentos a propósito, acrescentando que seria a maior alegria se recebesse a notícia de terem sido espiões os responsáveis pela detenção.[5] Mas era verdade o que dizia a "voz comum": foi o religioso da Ordem de Cister quem disse ao abade do seu mosteiro de Florença que consigo vinha o rei de Portugal.[6]

A notícia chegou rapidamente ao grão-duque. Segundo o relato do secretário Francesco Boninsegni, as autoridade policiais deslocaram-se ao convento durante a noite, provocando agitação entre os monges pela intrusão, considerada abusiva. O homem foi encontrado escondido no horto do convento por monges que visivelmente estavam a par de tudo, "com uma espada e punhal desembainhados na mão".[7] Ficou preso na fortaleza do Belvedere. Também detiveram e interrogaram frei Crisóstomo, mas libertaram-no rapidamente, graças às hesitações sobre a legalidade de reter assim um monge, ao qual se aplicaria a jurisdição eclesiástica, isto para não mencionar o facto de se tratar do representante de uma província religiosa em Roma. Receava-se ainda que os frades, ao corrente da captura, espalhassem por toda a cidade a notícia de que as autoridades laicas tinham ido prender ao seu convento durante a noite o homem que dizia ser dom Sebastião. Em tais circunstâncias, a diferenciação de tratamento entre os dois homens, libertando o frade e guardando o falso rei, era, do ponto de vista das autoridades do grão-ducado, a melhor coisa a fazer.

A UTILIZAÇÃO POLÍTICA DA IMPOSTURA

O cálculo feito pelos sebastianistas revelou-se errado: contavam com que a aliança entre os Médici e o rei de França garantisse ao "rei" uma passagem segura pelos domínios do grão-duque, aliança que o casamento de Henrique IV com Maria de Médici parecia reforçar. Só que o grão-duque viu no lance uma ocasião para contentar o rei de Espanha. Tal como a República de Veneza, o principado dos Médici não precisava de assumir uma posição sobre a impostura: podia usá-la politicamente em seu favor. Mas, ao contrário de Veneza, o grão-duque agiu rapidamente: prendeu o homem e, ao mesmo tempo que começava a interrogá-lo, pô-lo à disposição de dom Filipe II (III). Após várias semanas de idas e vindas de cartas sobre a forma e o local, o prisioneiro foi entregue a uma guarnição napolitana no fim de abril. Esse desígnio estava presente desde o início na correspondência política do grão-duque.

NAS PRISÕES DO GRÃO-DUQUE DA TOSCANA

Fernando de Médici tinha uma boa razão a apresentar ao rei de França, no momento em que este lhe pedisse contas — como o fez — por tal prisão e entrega ao vice-rei de Nápoles. Não se tratava de uma simples desculpa: a legitimidade da jovem monarquia vinha de uma bula imperial de Carlos V. A partir de 1557, o duque da Toscana (mais tarde grão-duque) ficou a dever vassalagem, por via do Estado de Siena, ao Rei Católico. Nas décadas seguintes, o alinhamento dos Médici com o Império Romano-Germânico e, sobretudo, com a Espanha dos Áustrias manteve-se. No entanto, durante o governo de Fernando I, a aliança com França apareceu como alternativa ao poder, considerado por ele excessivo, dos Habsburgos em Itália: sem contar com as possessões hereditárias dos Reis Católicos na península, ela materializava-se no controlo militar de diversos presídios na costa da Toscana, como Orbetello e Porto Ercole. O casamento entre Henrique IV e Maria de Médici, no final de 1600, consolidou esta linha pró-francesa — traduzida em financiamentos para as guerras contra a Saboia — mas teve como custo a degradação das relações com a potência a que os Médici deviam formalmente o seu poder. Os Reis Católicos usaram o enfeudamento de Siena a Florença — concedido por Filipe II a Cósimo I em 1557 — como forma de pressão contra Fernando, ao não o reconhecerem na sua pessoa. Estimularam as pretensões de rivais sobre o grão-duque e fizeram pressão militar sobre ele a partir dos presídios que detinham na Toscana. No entretanto, a aliança com França rapidamente se revelou precária, o que levou o grão-duque a realinhar-se com os Habsburgos de Espanha.[8]

A detenção do pretendente a dom Sebastião, com a perspectiva da sua entrega às autoridades espanholas, vinha mesmo a calhar para concretizar essa reaproximação. Era uma forma de compensação diplomática feita pelo grão-duque, no preciso momento em que a sua aliança francesa ganhava maior peso simbólico (logo, político), por via do casamento entre Henrique IV e a sobrinha do grão-duque. Podemos imaginar melhor a importância de "presentes" como este se pensarmos na pressão que se teria abatido sobre o grão-duque caso este, estando a par da presença nos seus domínios do homem que publicamente reclamava para si uma coroa que pertencia ao Rei Católico, o deixasse seguir o seu caminho e embarcar em Livorno para o reino de França. Ela seria certamente bem mais difícil de aguentar do que aquela que Henrique IV poderia exercer. Florença não tinha a margem política de Veneza para fazer jogo duplo ou temporizar. Pelo contrário, o grão-duque transformou os pedidos espanhóis em ordem. Pôs rapidamente o preso à disposição do vice-rei de Nápoles, sob cuja jurisdição, soube-se em março, iria ser instruída a causa, dada a origem calabresa presumida do homem. Fernando I foi mais longe, transmitindo ao embaixador espanhol em Veneza informação política sobre o que os portugueses vindos de Veneza iam publicando (como o folheto latino, impresso em Veneza, contendo o "juramento de Afonso Henriques" e outras profecias) e, ao vice-rei de Nápoles, detalhes sobre o comportamento do falso rei no cárcere. Os registos de consultas da Secretaria de Estado em Castela autorizam plenamente esta leitura do comportamento do grão-duque. Logo ali se discutiu a possibilidade de oferecer a investidura de Siena como forma de retribuição. No entanto, a decisão foi adiar este reconhecimento: o trunfo ficou guardado na manga para outra ocasião.[9] Ela só chegaria em 1605.

O descontentamento de Henrique IV manifestou-se expressamente em meados de fevereiro numa audiência com o residente da Toscana na corte francesa, o cónego Baccio Giovannini. Segundo este, o rei de França abordou o tema após alguns reparos da parte de Giovannini sobre a forma como o ministro francês encarregado das finanças tinha tratado o grão-duque. O pano de fundo era o rápido azedar das relações entre os dois príncipes, logo após o casamento real, com recriminações mútuas. Eis o que o enviado toscano transmitiu para Florença, com o seu talento para nos pôr à frente dos olhos a "quase incandescência do rei de França", graças a uma transcrição em discurso direto:

> E com grande veemência e quase incandescência [o rei] começou a dizer-me: "Na verdade, não sei o que o vosso príncipe quis fazer com a retenção daquele pobre Príncipe Sebastião, e cairá sobre ele a cólera de Deus; e a França, [...], os Países Baixos, Portugal e a Inglaterra lhe guardam e guardarão grande rancor. O Grão-duque sabia que ele vinha ter comigo e creio que se me não escreveu sobre isto é porque sabia que não estava a proceder bem; e não duvideis de que estou a par de que um correio passou por Lyon com cartas para Espanha, sob o nome de Capponi, mas a verdade é que as cartas levavam a notícia da retenção de dom Sebastião; e haveis querido evitar-me; e se o grão-duque pensa que com tal ação acalmará a má

NAS PRISÕES DO GRÃO-DUQUE DA TOSCANA

vontade dos Espanhóis, está muito enganado; pelo contrário, perderá com todos. Escreva-lhe, escreva-lhe que o liberte". Pode Vossa Alteza por aqui ver que propósitos eram estes.[10]

A indignação diplomática do rei de França pode dividir-se em dois planos: em primeiro lugar, e sem dúvida mais importante, um ressentimento por aquilo que sentia como uma traição da parte do grão-duque, ao preferir satisfazer o Rei Católico em vez de a ele mesmo, seu novo sobrinho por afinidade. O grão-duque sabia perfeitamente que o destino do homem era o reino de França. Não só não avisou Henrique IV da prisão como encontrou maneira de transmitir a notícia para Espanha, por um correio sob o nome encoberto de uma família florentina bem conhecida. Ao mostrar a Giovannini que conhecia os bastidores destas diligências, o rei de França significava sem margem para dúvidas que não tencionava, digamos assim, ser tomado por parvo nesta questão.

O segundo plano da indignação, toda calculada, do rei de França, tinha a ver com a análise política do caso e com o uso que o grão-duque poderia fazer dele, deixando crescer a "inveja nos peitos do rei de Espanha", e mantendo-o em suspenso para melhor ocasião, um pouco como tinha feito Veneza. Era esta a utilização que Henrique IV tencionava fazer do preso caso este acabasse por chegar a França, coisa que o monarca francês certamente já tinha percebido que não ia acontecer, apesar do enfático apelo que fez a Giovannini para que o seu senhor o libertasse: "Escreva-lhe, escreva-lhe que o solte". Mesmo que o pretendente fosse "ou negro ou falso", disse na mesma ocasião o rei de França, o grão-duque deveria ter deixado passar a pessoa, e o rumor que ela encarnava. Era este rumor que interessava explorar politicamente.

A indignação e as reivindicações de Henrique IV sobre o prisioneiro subordinavam-se claramente a este princípio eminentemente realista. Em despacho anterior, escrito de Lyon por outro secretário toscano, Belisario Vinta, este conta que perguntou ao rei "se tinha por fábula ou por história esta coisa de dom Sebastião. E Sua Majestade respondeu: vem muito afirmada como história".[11] O que Henrique IV estava a dizer com aquela fórmula é que, do ponto de vista político, não lhe interessava descartar o episódio como mera fábula, interessava-lhe antes valorizar os que a tinham por "história", isto é, por verdadeira.

A questão da sinceridade, ou da sinceridade da dúvida, do rei de França permanece inacessível. Importante é analisar a matéria política, e o que os atores históricos fizeram com ela. Pôr a questão da sinceridade a uma certa distância permite pensar — e agir — politicamente. Encontra-se aqui um dos nós mais interessantes desta intriga política — e sem dúvida um dos que melhor explicam a sua duração relativamente longa. Assim como os sebastianistas usaram, de forma mais ou menos sincera, um homem que era um rumor, também os diferentes príncipes e repúblicas o fizeram. Fê-lo Veneza, com o seu secretismo e particular cronologia de prisão e libertação; fê-lo Florença, com a sua escolha de presentear o Rei Católico; tê-lo-ia feito o rei de França, se Florença não se tivesse interposto. Houve cogitações inglesas e neerlandesas no mesmo sentido. A Espanha fez igualmente um cálculo político sobre como usar o prisioneiro, tendo em linha de conta o impacto político que uma eventual condenação à morte poderia ter em Portugal. Para todos, a questão da verdade e da sinceridade do preso, objeto dos interrogatórios de tribunais e juízes, permaneceu quase sempre secundária perante a importância do uso político do rumor.

Este uso podia ser feito em múltiplas ocasiões, declinado em conversas, favores, pedidos ou difusão de notícias e textos, mesmo quando não se lhes dava grande crédito. Para além da pressão que podia exercer diretamente sobre os representantes do grão-duque, o rei de França sabia que o que dissesse seria conhecido e citado. Quando entregaram o falso Sebastião ao vice-rei de Nápoles, foram mais uma vez as críticas de Henrique IV que ecoaram no círculo dos apoiantes da causa. Dizia-se que o rei de França teria dito, ao saber da transferência, "que em Florença se negociava com todo o tipo de mercadorias", uma maneira de rebaixar o grão-duque, seu credor, ao estatuto de mercador, para mais pessoas.

Último exemplo de uma lógica política na utilização da impostura, tirado de um despacho do embaixador francês em Roma, Philippe de Béthune, em junho de 1602. Após a sentença contra Marco Tullio Catizone em Nápoles, com condenação às galés perpétuas e humilhação em público como impostor, chegou às mãos de Béthune uma carta anónima oriunda de Veneza "cheia de injúrias contra os Espanhóis pelo mau tratamento que tinham usado contra o pretenso Rei de Portugal" e apelando à intervenção do papa Clemente VIII. O embaixador, apesar de escrever para Paris que não levava a sério o conteúdo da carta, decidiu matar dois coelhos de uma cajadada, transmitindo ao papa em audiência a carta anónima em penhor da sua confiança e aproveitando a entrevista para saber o que o pontífice pensava do caso. E o que este pensava é que o grão-duque tinha feito mal em entregar o preso aos espanhóis, mesmo se se tratasse de um "velhaco".[12] Também o papa, pelo menos de acordo com a versão do embaixador, sublinhava o valor instrumental do suposto rei.

ÚLTIMO ATO DOS "PORTUGUESES DE VENEZA"

Nos primeiros dias de 1601, os "portugueses de Veneza" chegaram a Florença e logo entraram em conciliábulos para escolher a melhor tática que convertesse para a sua causa — tal como acontecera em Veneza — as autoridades de um Estado que conheciam mal, no qual não tinham apoios e para cuja persuasão não dispunham de autoridade — não representavam nenhum senhor ou poder reconhecidos. De resto, foram de imediato aconselhados a não o fazer por recado vindo da corte do grão-duque. Mas tal não os dissuadiu. Segundo o relato de João de Castro, tentaram primeiro convencer Cristóvão de Portugal, o seu melhor trunfo porque filho de príncipe, a pedir audiência ao grão-duque; mas ele recusou. Decidiram então usar de um ardil, enviando um mensageiro disfarçado de "francês" (isto é, vestindo à francesa, falando francês, fazendo-se passar por um fidalgo francês). O escolhido foi Diogo Manuel, residente em Paris de longa data, que era portador de duas cartas assinadas pelos sete portugueses que tinham vindo de Veneza até Florença, uma para o grão-duque, outra para Carlo Antonio del Pozzo, arcebispo de Pisa, seu principal conselheiro político. Cristóvão não assinou. Parece claro que o filho de dom António não quis mais ver o seu nome associado às tomadas de posição do grupo.

Diogo Manuel foi ter com o grão-duque ao palácio da Ambrogiana, fora de Florença, e conseguiu abordá-lo no regresso da caça. Acabou pelo arcebispo de Pisa, a quem se "descobriu" como português. O arcebispo não apenas "lhe perguntou logo [...] se ia pelo negócio d'el Rei de Portugal?" como o tratou secamente, dizendo que o grão-duque faria justiça mas que não esperasse por resposta. Da mesma forma foram tratados os dois emissários seguintes, fazendo-se-lhes perceber a inutilidade de insistirem. Mais uma vez, o grupo

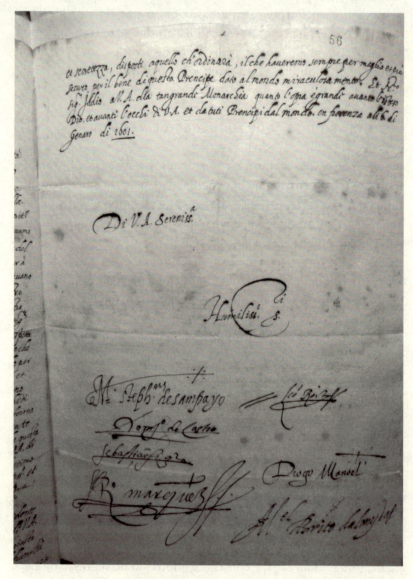

Assinaturas dos "portugueses de Veneza"
ASF, MEDICEO DEL PRINCIPATO, FILZA 5053, F. 56

de portugueses tinha de lidar com a má fama que o precedia, resultante de um comportamento que era avaliado nos despachos diplomáticos sob a forma de estereótipo — uma obstinação para lá do razoável em defender um "rei". É isso que explica o recurso à dissimulação da identidade de Diogo Manuel, disfarçado de francês para melhor ser escutado. De resto, segundo a carta que este entregou ao arcebispo de Pisa, todos no grupo estavam disfarçados "à francesa" e com os seus nomes alterados. O resultado paradoxal era o recurso à impostura para defender alguém que, precisamente, era acusado de ser impostor.

Numa causa tão ingrata, com tanta tinta gasta, tantas léguas percorridas, canseiras por um "rei" tão fugazmente reconquistado, estas sete assinaturas bem legíveis, apostas às duas cartas — a de frei Estêvão com a sua declinação latina de sábio ("Magister Stephanus"), a partícula nobre de "dom João de Castro" bem em evidência —, transmitem-me um intenso efeito de presença, próximo da empatia. Se defini, no início da segunda parte deste livro, o episódio do falso dom Sebastião "de Veneza" como o último estertor do grupo antoniano, as duas cartas que reúnem as assinaturas das duas microfações em conflito constituem uma certidão de óbito involuntária do mesmo.

Perante a falta de resposta, o grupo decide separar-se. Repartem-se entre os membros as tarefas a executar em seguida de continuar a persuadir príncipes e senhores, em viagens à Holanda, Palatinado e Lorena, França e Roma. Redigem-se cópias conformes do aparelho de prova, com o atestado do reconhecimento do rei em Veneza, feito a partir dos sinais recolhidos em Portugal por frei Estêvão.[13] Mas a partir daqui deixa de haver coordenação comum. Cada microgrupo agirá por sua conta. Em março do ano seguinte, a publicação do livro de João de Castro, responsabilizando os dois monges pela segunda detenção do "rei" e difamando o estatuto e a herança política de dom António, põe fim a qualquer hipótese de conciliação.

PROCESSO, INTERROGATÓRIOS

Segundo Marco Ottoboni, residente veneziano em Florença, houve um processo judicial instruído ao homem que dizia ser dom Sebastião, feito pelo tribunal dos *Otto di Guardia*, a mais importante magistratura em matérias criminais do grão-ducado. Não consegui encontrar, nos fundos relativos a sentenças e deliberações, documentação relativa a um eventual processo ou a uma sentença. Tal como em Veneza e em Nápoles, a instrução penal do tribunal do grão-ducado parece ter desaparecido. Os despachos de Marco Ottoboni dizem que no início de fevereiro o prisioneiro foi transferido da sua prisão inicial e torturado, mantendo sempre a sua história.[14]

Foi Francesco Boninsegni, secretário do grão-duque, quem se encarregou dos primeiros interrogatórios. Como noutros momentos, Catizone encheu o seu relato com uma acumulação de detalhes sobre o seu itinerário, destinados a convencer o funcionário do grão-duque. Preservando-se de conclusões apressadas, este reportou que era difícil acreditar em muitas coisas que o homem dizia, que o seu discurso parecia pleno de contradições. Por outro lado, tinha uma barba escura que contrastava com a cor ruiva que se atribuía a dom Sebastião. E, sobretudo, não tinha "nem semblante nem garbo, nem propósito nem de Rei, nem de Senhor".[15] Eis uma impressão que deve ter estado presente no espírito de vários dos que foram interrogando Catizone: este não tinha "ar" (em italiano, *cera*) de rei ou de nobre. Faltava-lhe qualquer coisa indefinível, uma majestade, um garbo senhoril que se traduziria num saber estar, falar e andar codificados a que o secretário, como todo o cortesão, seria sensível e que, visivelmente, não se notavam naquele homem.

UM EXAME DE TRADUÇÃO

Pouco antes da entrega do preso ao vice-rei de Nápoles, o grão-duque pediu a outro oficial seu, chamado Valerio Berignosa (ler *Berinhosa*), mais um parecer sobre a sua identidade. Da sua leitura percebe-se que Berignosa era português. Estava ao serviço do grão-duque da Toscana havia 28 anos. Tinha avistado dom Sebastião em Portugal quando este viajara pelo sul do reino, em 1573. Vira-o por exemplo em Serpa a 2 de fevereiro desse ano, por ocasião de festas e corridas de touro em honra do rei. O relatório que Berignosa escreveu, depois de ter visto o pretendente, era sem apelo: fisicamente e pelo modo de falar e de pronunciar era impossível que aquele homem fosse dom Sebastião. Além da comparação entre o fenótipo do prisioneiro e a sua própria recordação do aspecto do rei,

NAS PRISÕES DO GRÃO-DUQUE DA TOSCANA

Berignosa procedeu a um interrogatório circunstanciado para averiguar da memória do preso relativamente a nomes de pessoas conhecidas do reinado de dom Sebastião. Todas as respostas do preso se revelaram insatisfatórias, nomeadamente quando subestimou a idade do secretário das mercês, Manuel Quaresma, em trinta ou quarenta anos.[16] De tudo isto Berignosa concluiu que o preso tinha estudado bem a sua lição para fugir aos erros, decorando uma série de nomes próprios e topónimos, mas que tropeçava em tudo o que fugisse ao que tinha decorado. Era também por isso que respondia em italiano quando Berignosa se lhe dirigia em português. Quanto ao domínio específico da língua portuguesa, Berignosa constatou que o preso pronunciava mal, fazendo acentuações que "nós [i.e., "nós, portugueses"] não fazemos de modo nenhum". Não se podia dizer que fosse esquecimento, pois o homem "lembrava-se" de nomes próprios e vocábulos que dizia de sua própria iniciativa; não seria portanto lógico que se tivesse esquecido de outros aspectos fundamentais da memória linguística. Para Berignosa, o pretendente falava português como um bergamasco (habitante de Bérgamo, com a sua própria língua) quando queria falar toscano ou um espanhol quando queria falar florentino. Não era *habitado* pela língua portuguesa. Não só não podia ser dom Sebastião como não podia sequer ser português.

Berignosa esmerou-se para provar as insuficiências de memória e linguísticas do preso: fê-lo escrever nomes de pessoas e lugares em português para poder mostrar ao grão-duque os erros de pronúncia e de ortografia do preso. Por exemplo, este escreveu "Alenteisna" em vez de Alentejo — e disse que esta província portuguesa se situava no litoral. Perguntou-lhe como se chamava a rainha que foi avó de dom Sebastião, viúva de dom João III. O preso começou por responder que não a tinha conhecido. Berignosa pediu-lhe então que escrevesse isso mesmo, para que ficasse registado. Mas ele,

> começando a escrever, endireitou-se, tendo pensado um pouco, e
> disse: "Oh, isto teria sido um grande erro, e repetiu-o duas ou três
> vezes, e então disse que se chamava Catarina", e eu respondi, "segu-
> ramente que teria sido um grande erro, mas de qualquer forma faça-
> -me o favor de escrever alguma coisa"; então escreveu um excerto
> que V. A. [Vossa Alteza] aí verá, com palavras impróprias, e que um
> homem nascido em Portugal não diria.

No fim deste relatório encontramos um documento raro: não o excerto com o nome da rainha dona Catarina, mas outro texto que Berignosa fez redigir ao calabrês. Obrigou-o a traduzir uma carta do grão-duque da Toscana, datada de 9 de fevereiro de 1601. A carta, endereçada a um destinatário não identificado, agradece um presente e refere a nomeação, ocorrida nessa altura, do novo embaixador do grão-duque junto do Rei Católico, Rodrigo Alidosi. Numa língua híbrida, misturando palavras portuguesas e italianismos, a carta é por si só um resumo eloquente da situação em que o calabrês se encontrava.

VISITA DO MÉDICO, RUMORES

Do relatório de Berignosa transparece que este tinha ordens para interrogar o prisioneiro com "boas palavras" e para "não o contradizer em nada daquilo que dizia para que não levantasse suspeita". Estas instruções tinham provavelmente origem no receio que o grão-duque revelou, a partir de certo momento, de que o homem adoecesse, ou, pior, se suicidasse na prisão ou no navio em que o embarcassem para Nápoles. Os documentos de Florença relativos aos meses de março e abril de 1601 referem um preso agitado, com vários problemas digestivos e noites passadas em branco, requerendo a visita de um médico. Este fez um relatório para Boninsegni:

Hoje à tarde, tendo acabado a purga, fiz a última visita [ao prisioneiro] e por graça de Deus muito felizmente sobreveio a cura, com grande proveito; e colocaria nisto grande esperança se não houvesse dois impedimentos de enorme importância: o primeiro é o regime de vida tão estranho, e totalmente contrário às suas necessidades, pois a partir de domingo e de quinta-feira não quer comer nem carne nem ovos, nem ovos à sexta e ao sábado, nutrindo-se de alimentos excrementosos e difíceis de digerir, na sua maioria ervas; dorme pouquíssimo, pois fica acordado todas as noites até nove e dez horas, impedindo totalmente a digestão, e gerando continuamente novos fleumas; o outro impedimento é que predomina nele muito a melancolia da qual está continuamente aflito, sem se alegrar nada com a sua manifesta melhoria, pelo contrário: como desesperado da saúde, diz que não quer mais comer nem beber, e assim como vê

NAS PRISÕES DO GRÃO-DUQUE DA TOSCANA

a sua prisão durar tanto implorou-me com agitação que eu obtivesse
[...] [da Vossa Excelência] que se possa confessar, e parecendo-me
coisa justa e razoável faço esse pedido.[17]

Além dos receios envolvendo a saúde do preso, havia duas dificuldades adicionais: por um lado, corriam já rumores insistentes, por via de
Roma, de que o grão-duque tinha deixado passar o preso, ou seja,
de que no final de contas o entregava ao rei de França.[18] Por outro,
estes boatos vieram alimentar a desconfiança, da parte do vice-rei de
Nápoles, relativamente a um eventual jogo duplo do grão-duque na
negociação para a entrega do preso. Esta desconfiança, na verdade,
parece ter radicado numa degradação mais geral das relações político-
-diplomáticas, na configuração que anteriormente esbocei. Enquanto
as autoridades espanholas denunciavam a aliança dos Médici com
França, o grão-duque queixava-se da insistente violência verbal dos
ministros espanhóis na Lombardia, com visos de guerra. E aí estava a
iminente entrega do falso pretendente como prova da sua lealdade.[19]
Apesar dos desmentidos formais do grão-duque, as suspeitas continuaram a correr, com desconfianças de parte a parte. Num despacho para a sua corte de 22 de março, o vice-rei de Nápoles referia a
fragilidade física do falso rei, o qual, segundo o grão-duque, se teria
tentado suicidar na prisão; mas o vice-rei acrescentava que, "se por
acaso o grão-duque dissesse que morreu", exigiria o corpo como
prova.[20] Segundo o residente da Veneza em Nápoles, Scaramelli,
o vice-rei temia que o grão-duque o retivesse ou o eliminasse. Entre
boatos, desconfiança diplomática e crises do prisioneiro, a situação
começou a tornar-se incómoda para Fernando I, levando-o a alterar
o local previsto para entrega do preso. O grão-duque tinha inicialmente desejado que ela fosse feita em Livorno, o porto mais próximo de Florença e domínio seu, contrariando nisso as pretensões
do vice-rei de Nápoles, que preferia uma entrega feita diretamente
no presídio espanhol de Orbetello, mais a sul. Mas acabou por ser
esta a solução escolhida, para evitar mais rumores. De acordo com
Scaramelli, tratou-se de um estratagema da parte do grão-duque
para impedir o suicídio com que o prisioneiro ameaçava caso fosse
entregue aos espanhóis: transportou-o por terra para lhe fazer pensar que o entregava ao papa.[21]
O preso foi retirado em liteira ao início da noite, na segunda-feira
de Páscoa, 23 de abril, e levado até Siena. De Siena foi transportado

com uma importante escolta armada, chegando a Orbetello a 26, onde foi entregue à guarda do capitão Antonio Sanchez de Luna, que o transportou depois para Nápoles em duas grandes fragatas com 24 arcabuzeiros. Na entrega do preso afloraram divergências sobre formas de tratamento, pois a carta do vice-rei que o capitão Sanchez de Luna devia entregar às autoridades toscanas tratava o grão-duque por "excelência" (em vez de "alteza", tratamento que implicava o estatuto de príncipe). A delegação toscana entregou o prisioneiro mas, para não perder a face, foi-se embora sem formalmente tomar conhecimento da missiva. Na verdade, o grão-duque fora previamente alertado para o facto pelo seu enviado em Nápoles, Turamini, que acrescentava que aparentemente a ordem vinha de Espanha.[22] Este rebaixamento do estatuto do grão-duque parece prolongar, em termos simbólicos, o não reconhecimento do enfeudamento de Siena e do próprio grão-ducado. Ao fazê-lo, o Rei Católico estaria a mostrar que era ele quem podia dar ou tirar o estatuto de monarquia dinástica aos Médici. Tendo recebido notícia disso, Turamini alertou o grão--duque para que este reagisse em conformidade, sem mostrar que tinha recebido aviso prévio da sua parte. Ao mesmo tempo que deu ordens ao comandante do destacamento para não receber a carta, o grão-duque obsequiou o capitão Sanchez de Luna com um relógio e uma caixa de óleos medicinais, o que parece ter sido uma forma de melhor esquivar o conflito. O episódio é interessante para ilustrar como os frequentes conflitos diplomáticos em torno da questão das formas de tratamento durante o Antigo Regime não são meras frivolidades características de uma política "barroca". Eles exprimem, ou ameaçam exprimir, tensões políticas que os precedem.

CAPÍTULO 9
NAS PRISÕES DO VICE-REI DE NÁPOLES

Foi o historiador italiano Michele Olivari quem chamou a atenção para a coincidência da presença, ao mesmo tempo e na mesma prisão napolitana, de dois calabreses que, de maneira muitíssimo distinta, protagonizaram formas de dissidência contra a monarquia do Rei Católico: Marco Tullio Catizone e Tommaso Campanella.[1] Quando o primeiro chegou à prisão de Castel Nuovo, provavelmente no início de maio de 1601, já o segundo ali estava havia quase ano e meio, acusado de fomentar graves crimes de rebelião e heresia na Calábria. É tentador imaginar que os dois se tenham cruzado e comunicado na prisão, mas não há indícios concretos de que isso tenha acontecido.

Na verdade, há testemunhos contraditórios sobre o itinerário de Catizone nas prisões napolitanas. Enquanto frei José Teixeira escreveu que primeiro esteve em Castel Nuovo e depois em Castel dell'Ovo, João de Castro refere o inverso: num primeiro momento teria estado nesta última prisão, sendo depois transferido para Castel Nuovo no final do ano de 1601. Com uma possível confusão sobre os nomes das duas prisões, o mais provável é que só tenha estado nesta última. É o que se deduz de um despacho do residente Scaramelli de 3 de maio, segundo o qual o prisioneiro recém-chegado, depois de um primeiro interrogatório feito pelo vice-rei, o conde de Lemos, fora conduzido para Castel Nuovo.[2] Num texto escrito na prisão do castelo de Sanlúcar, em março de 1603, Catizone disse que passou treze meses em Castel Nuovo, o que corresponde, com um mês apenas de diferença, ao total do tempo que passou em Nápoles. Ali parece ter passado a maior parte do tempo sozinho, "numa torre pequena com uma câmara espaçosa, na qual o encerraram com um carcereiro particular"; tinha permissão para sair da sua cela para assistir à missa numa das capelas da prisão, e parece ter sido relativamente bem tratado, sem interrogatórios nem torturas. Quanto a Campanella, estava detido em condições muito duras, com outros religiosos acusados dos mesmos crimes, possivelmente num torreão do lado oposto ao de Catizone.

Em todo o caso, a comparação entre os dois prisioneiros pode ser interessante. Oriundo de uma região (Catanzaro), que foi base de recrutamento para a conjura calabresa de 1599, Catizone saiu dela para se estabelecer na Sicília. A este desenraizamento seguiu-se um segundo, com o abandono da mulher e migração para a península itálica. A via por ele escolhida — se a podemos caracterizar assim — foi a de uma procura individual de ascensão social, pelos tortuosos caminhos que temos estado a percorrer. Parece distante tanto do milenarismo do movimento de Campanella como do messianismo dinástico e anticastelhano dos exilados portugueses. O envolvimento de Catizone não corresponde a uma escolha ideológica, mas a uma adesão de certo modo oportunista às opções dos seus partidários, e às quais alude sempre brevemente nos seus textos.

De perfil sociológico e ideológico totalmente diferente era Campanella, frade dominicano de forte vocação intelectual, que pregava sobre as mudanças políticas a partir de uma reflexão muito elaborada sobre a relação entre as manifestações prodigiosas verificadas na natureza e a vontade divina. Com toda a sua heterodoxia e complexidade, estava bem mais próximo de homens como Estêvão de Sampaio e José Teixeira, membros da sua ordem, ou do doutrinário João de Castro. Outra divergência profunda entre estes dois calabreses diz respeito à estratégia de defesa que usaram. Enquanto Catizone parece não ter tido uma capacidade de recuo em relação à sua ficção, voltando a ela — pelo menos para nós — de modo imprevisível e no fim de contas suicidária, Campanella, pelo contrário, utilizou a simulação como forma de sobrevivência. Fingiu-se de louco durante o seu julgamento e foi a credibilidade desse fingimento que lhe permitiu escapar à condenação à morte.

O enviado toscano Turamini referiu-se a este momento decisivo num dos seus despachos, com data do dia em que o "padre Campanella, heresiarca e subversor da Calábria", ia ser submetido à última tortura do sono, a instâncias do Santo Ofício, para ver se "é verdadeiramente louco ou se está a fingir, rendendo-se, pois se não fingir muito bem em pouco espaço de tempo se saberá tudo".[3] Trinta e seis horas de tortura mais tarde, Campanella tinha atingido o seu objetivo. Foi condenado a cárcere perpétuo, escapando assim ao patíbulo. Depois de vários meses de doença em consequência das torturas, recuperou e compôs o texto da *Cidade do Sol*, a sua obra mais famosa. Frei Campanella ficaria na prisão de Castel Nuovo ao longo de quase 27 anos, saindo em liberdade apenas em maio de 1626 — para logo voltar a ser preso e transferido para Roma.

PRIMEIRA CONFISSÃO DE CATIZONE

Também para o homem que politicamente teve de lidar com ambos os processos, Fernando Ruiz de Castro, 6º conde de Lemos, as diferenças entre os dois casos saltavam à vista. A conjura calabresa a que Campanella estava associado era de muito maior complexidade e dimensão subversiva, tendo sido o primeiro grande dossiê com que se iniciou o seu triénio de vice-rei. A extravagante pretensão daquele que dizia ser rei de Portugal deve ter-lhe parecido incomparavelmente mais simples de resolver. E, de facto, ao entrar nos domínios do Rei Católico, a impostura conheceu uma viragem: o prisioneiro rapidamente confessou a sua verdadeira identidade, sem recurso a tortura. A partir deste momento, e apesar dos rumores que continuariam a circular em sentido contrário, o nome de Marco Tullio Catizone entrou nas redes de informação diplomática e em todos os circuitos de comunicação, escrita ou oral, que comentavam o caso.

O conde de Lemos tinha estado em Portugal e conhecido o rei dom Sebastião. Tencionava interrogar o preso sobre essas conversas. Conhecia os precedentes de anteriores imposturas, tendo assistido à execução de outro impostor, presumivelmente o "pasteleiro de Madrigal". Já tratava o preso por "charlatão calabrês" na sua correspondência ainda antes de o ter visto, e tinha informações precisas sobre aonde ir buscar testemunhos na Calábria — os lugares de Taverna e Rosano. Na primeira carta que escreveu ao rei a dar as primeiras informações sobre o homem que tinha chegado a Nápoles, manifestou a sua surpresa por algum "homem de entendimento" poder imaginar que o preso era quem dizia ser:

Não vi na minha vida homem mais diferente do rei dom Sebastião em rosto, em corpo, em barba e em cabelo, e fiz tirar [lhe] o retrato, que envio a Vossa Majestade pelo qual se verá a diferença que há de um a outro, depois que lhe falei vi que é um insensato sem entendimento nenhum, a não ser que meteu na cabeça que é o Rei dom Sebastião, e sabe algumas coisas gerais das coisas de Portugal, que lhe disseram mas sabe-as sem fundamento, fala mal e atabalhoadamente, e quando se descuida fala palavras calabresas. Fiz-lhe algumas perguntas do tempo, em que fui visitá-lo [a dom Sebastião], por mandado do Rei Nosso Senhor [dom Filipe I] que está no céu, e não me soube responder a não ser que não se lembrava por ter passado tanto tempo pelo meio, perguntei-lhe quem era embaixador de Castela quando se embarcou em Lisboa para a Jornada de África, disse que não se lembrava, que o tinham sido Francisco de Aldana, a quem deu um colar de ouro, e o Duque de Medinaceli, e dom Cristóval de Mora, mas que este e o duque não foram na Jornada.[4]

Eis aqui o conjunto dos operadores de prova que são já nossos conhecidos: dissemelhança física, com testemunho do próprio vice-rei e envio para o rei de um retrato — o autor foi o conhecido pintor napolitano Fabrizio Santafede —,[5] incompatibilidades linguísticas e de memória.

A verificação da identidade neste caso não parecia particularmente complicada, até por comparação com outros. Um exemplo que uma coincidência logo pôs à frente do vice-rei: cinco dias somente após a chegada do falso dom Sebastião a Nápoles, outro homem foi trazido à presença daquele. Dizia chamar-se António Jorge da Cruz e ser "arménio".[6] Apresentou-se também como "correio a pé", vindo de Goa com uma carta do vice-rei da Índia, Matias de Albuquerque, para o rei de Portugal, dom Filipe I (II). Como a carta datava de 1593 e o destinatário tinha morrido em 1598, e como o conde de Lemos considerou o relato do viajante pouco consistente, prendeu-o por suspeitas de ser um espião ao serviço do "Turco". Entretanto, António Jorge da Cruz cruzou-se com o homem que dizia ser dom Sebastião "e começou a rir muito pois dizia que tinha conhecido o rei dom Sebastião em Lisboa".[7] O episódio é revelador da dificuldade dos administradores em distinguirem o verdadeiro e o falso, nos relatos e nos documentos que lhes chegavam. A ideia de uma possível dissimulação estava frequentemente presente.

A instrução do processo começou de imediato, confiada ao regente da chancelaria Gianfrancesco de Ponte, marquês de Morcone, que convocou testemunhas portuguesas que declaravam ter conhecido o rei e foram confrontadas com o preso. Este manteve-se na sua posição. Mas um dia depois, a 9 de maio, confessou. Um homem foi ter com o vice-rei dizendo que o conhecia, dando nome, lugar de nascimento e nome da mulher com quem ele se casara em Messina. Foram postos em presença um do outro e

> quando [Catizone] o viu, demudou-se todo; visto isto, em sua presença começámos a tomar-lhe a declaração; o outro [testemunha] começou a falar com ele, e a dizer [...] quem é que o havia enganado, vendo-o assim que titubeava, e [vendo eu, vice-rei] que o outro me tinha dito que [Catizone] não era tonto, como nos parecia, disse-lhe eu, pois bem Marco Tullio, faço-te graça da vida por isso confessa a verdade; logo, em dizendo isto, arrojou-se a meus pés pedindo misericórdia, e começou a fazer a sua declaração.[8]

Ao relato teatral do vice-rei — é uma cena de revelação — segue-se o da confissão, com os detalhes biográficos já nossos conhecidos, assim como o itinerário percorrido por Catizone desde que saiu de Messina até chegar a Veneza. Catizone acrescentou que nunca tinha estado em Portugal e que as coisas que dizia sobre o reino foram aprendidas num livro "que ali [em Veneza] lhe deram da Jornada de Portugal". Para "fulminar o processo", o vice-rei tratou de encontrar mais testemunhas que o conheciam, de mandar vir de Messina a família e de enviar um auditor a Magisano, o lugarejo de Taverna onde Catizone nasceu, para obter uma certidão de batismo.

O segundo ato da confissão decorreu cerca de dois meses mais tarde, com a vinda a Nápoles da mulher, da sogra e do cunhado,

> os quais vieram aqui, e o reconheceram, e ele a elas, e a sogra disse-lhe mil coisas, a qual me disse que um senhor que já morreu deste Reino [de Nápoles] indo a Messina a tinha enganado dizendo, que este [Catizone] era um cavaleiro muito principal, que tinha duzentos ducados de renda, e que assim fez com que ela lhe desse a sua filha, vamos descobrindo que é um grande velhaco embusteiro, e por outro lado se faz muito santo, não querendo comer carne, depressa se concluirá o processo.[9]

Nas acusações da sogra de Catizone reencontramos a sua predisposição prévia para a impostura. Outras testemunhas calabresas referiram que, em certo cantão da Calábria, o homem se tinha feito apelidar "dom Pea Neisio Camazano, primo da rainha de Inglaterra e sobrinho de um certo conde de Paduano, dizendo ser senhor de quatro castelos".[10] Entre as cópias de documentos então enviados para a Secretaria de Estado pelo vice-rei contam-se as duas cartas apresentadas no final do terceiro capítulo deste livro, enviadas de Veneza para Messina e datadas de 5 de setembro de 1598, e assinadas como "*Io el Rey Don Sebastian de Portogal*" — assinatura por si só capaz de desmentir quem o seu autor dizia ser, como o vice-rei também terá notado.

CONTINUAÇÃO DOS RUMORES

Enquanto a parte judicial parecia poder avançar rapidamente, juntando-se enfim numa mesma autoridade a vontade política de castigar o impostor com testemunhos e provas contra ele, mantinha-se o problema da circulação dos rumores em sentido contrário. Roma era o principal eixo de retransmissão das notícias que vinham de Nápoles, e foi de lá que saíram cartas segundo as quais o preso de Castel Nuovo não era o mesmo que tinha estado em Veneza. Como referi, este boato circulava já havia meses, antes da entrega do preso em Orbetello, ou mesmo desde a sua detenção em Florença, e instalou-se para durar. Os diferentes momentos de transferência física do prisioneiro foram propícios à circulação de versões alternativas à das autoridades espanholas, assentes na convicção de que tudo o que estas defendiam como verdadeiro era falso. Chega-se assim a mais um paradoxo típico do raciocínio conspirativo: há uma impostura no interior da "impostura". O verdadeiro rei teria sido substituído por outro, esse sim verdadeiramente falso. Eis o que permite desenvolver uma versão dos acontecimentos impermeável à refutação, eficaz porque empurra para o adversário o ónus da prova: é a ele que compete refutar esta nova versão dos factos.

Contra os rumores em sentido contrário — que as autoridades espanholas tinham compreendido havia muito ser o verdadeiro problema de toda esta história —, era necessário, segundo o vice-rei conde de Lemos, concluir rapidamente o processo, mas sem condenar o preso à morte. Na primavera de 1601, a sua intenção era condená-lo a servir perpetuamente nas galeras e, em seguida, publicar amplamente a impostura: levar o preso a todas as partes, inclusivamente a Portugal, e fazer imprimir o processo judicial. No entanto, a fraca compleição física do preso dificultaria esta sua exibição, com o receio, sempre presente, de que a sua morte servisse para se assacar a culpa às autoridades espanholas.

Havia também um combate concreto a fazer, no terreno, publicando pela via manuscrita os interrogatórios e a confissão do preso, com o seu nome e mais detalhes biográficos comprovativos. Foi o que fez o conde de Lemos, na carta dirigida a um "senhor romano". Na Biblioteca Nacional de França, existe uma tradução francesa desse documento. Nele, o conde de Lemos reproduz o que tinha escrito dias antes no seu despacho para a Secretaria de Estado. Segundo uma anotação acrescentada a esta carta pelo conhecido erudito da época Jacques Dupuy, o embaixador espanhol em Paris encarregou-se de publicar a carta por todos os meios. O objetivo era que a confissão do preso fosse conhecida amplamente. Mas, para finalizar, a cópia de Dupuy dava a última palavra a uma outra versão: muitos diziam que, em vez de ser "um verdadeiro impostor calabrês", o preso de Nápoles era "ele próprio um impostor que da parte do Rei de Espanha seu senhor fez escrever e adotar esta linguagem ao vice-rei de Nápoles para abafar a verdade desta história memorável e extraordinária".[11] Ao entrar em círculos próximos da monarquia francesa — Dupuy era historiógrafo de Henrique IV —, a versão oficial era acompanhada do seu desmentido. O que é "memorável e extraordinário" nesta história, acrescentaria eu, é a dinâmica imparável da difusão dos rumores, capazes de refutar a refutação.

O enviado toscano Turamini começou a pedir para Florença com insistência, da parte do vice-rei, certificados assinados pelo grão-duque atestando que o preso que tinha estado em Florença era o mesmo que tinha estado em Veneza (e que tinha sido entregue em Orbetello). O documento, que chegou em setembro de 1601, iria ser incorporado no processo. Segundo Turamini, o preso dizia "muitas mentiras e variações" relativamente ao que tinha inicialmente afirmado. De facto, Catizone tinha voltado a encarnar a personagem de dom Sebastião.

Entretanto, a linha de atuação das autoridades espanholas: exibir o prisioneiro e mostrar que era bem tratado. O grande receio continuava a ser a sua morte, cuja responsabilidade seria sempre assacada ao rei de Espanha. Era temida a eventualidade de que o ruído em Portugal se transformasse em revolta aberta. Pior que um rumor vivo, só mesmo um rumor de um "dom Sebastião" morto pelos castelhanos, este sim totalmente impossível de desmentir. Pouco tempo depois, o secretário do vice-rei de Nápoles aproveitou para pedir ao novo residente veneziano, Antonio Maria Vincenti, um favor: queria saber se ele tinha avistado o preso em Veneza e se "vendo-o aqui o reconheceria". Vincenti respondeu que o tinha visto, sim, mas apenas uma vez, e à noite, pelo que não o conseguiria reconhecer pela certa. O secretário insistiu, pedindo-lhe que aceitasse o envio de um retrato do preso. Mantendo a sua posição de reserva, Vincenti anuiu a receber o retrato no dia seguinte. Depois relatou para Veneza a entrevista, escrevendo que lhe parecia efetivamente tratar-se da mesma pessoa "por aquele pouco que me restou da sua efígie". Mas firmou-se na intenção de não deixar nada sobre isso por escrito às autoridades napolitanas sem ordem expressa da República. O representante de Veneza não iria colocar-se numa posição de testemunha oficial em favor da acusação espanhola. Por um lado, porque o papel que Veneza tinha representado nesta história estava terminado, e não seria um residente a tomar iniciativas próprias sobre a questão. Por outro, porque também no vice-reino de Nápoles a relação entre a República e a monarquia dos Habsburgos era marcada por uma tensão permanente, pontuada por conflitos em torno do transporte de cereais no Adriático, com um ativo corso antiveneziano fomentado a partir de Nápoles e da Sicília.

Os pedidos de certificação traem, em filigrana, os rumores que pressupunham uma substituição do prisioneiro. Note-se que estes boatos não foram difundidos pelos sebastianistas portugueses. A partir de 1602, frei José Teixeira e João de Castro iniciaram a sua atividade publicística em favor do "rei" e mantiveram sempre que o homem que estava preso em Nápoles era o mesmo que tinha estado preso em Florença e em Veneza, o mesmo que tinha sido reconhecido pelos portugueses como "rei" na noite de 15 de dezembro de 1600. Os seus textos denotam a preocupação de não deixar quebrar a continuidade de um testemunho. Têm isso em comum com o vice-rei de Nápoles. Mas enquanto este queria certificar essa continuidade num impostor chamado Marco Tullio Catizone, os sebastianistas portugueses asseguravam que ela vinha do único e providencial rei português, eliminando Catizone (desaparecido ou morto nas Espanhas) da sua história.

Na verdade, na primeira metade do ano de 1601, as diferentes versões sobre a identidade do preso de Nápoles podem ser arrumadas em três grupos: o daqueles que, de acordo com as autoridades napolitanas, defendiam que se tratava do verdadeiro impostor; os que, opostos a ela, defendiam que era dom Sebastião; e os que, acreditando nos boatos espalhados a partir de Roma, pensavam que se tratava de um impostor que tinha substituído o verdadeiro rei, agora a salvo em França (era o caso de Dupuy e, pelo menos durante um certo tempo, do arcebispo de Espálato). A estas poderíamos somar mais duas categorias ainda, pelo menos como hipótese: os que, acreditando nos boatos romanos, pensavam que um impostor tinha substituído o primeiro impostor; e os que, apanhados na vertigem das versões contraditórias, já não sabiam o que era verdade e o que era mentira.

Perante tanto nevoeiro noticioso, era fundamental firmar publicamente uma versão coerente dos acontecimentos. Era o que queria o conde de Lemos e foi o que fizeram também os dois principais publicistas portugueses da "maravilha do rei dom Sebastião". Num gesto em muito semelhante ao da refutação do reconhecimento do corpo morto do rei depois da batalha, os autores sebastianistas procederam à invalidação dos testemunhos obtidos pelo vice-rei: da família de Catizone aos conterrâneos calabreses, passando pelo próprio conde de Lemos, que no seu íntimo teria percebido a verdade, todos eles teriam mentido nas suas declarações, uns corrompidos, o último por razão de Estado inerente ao seu cargo. Na versão de Castro do primeiro encontro entre "el Rei" e o conde de Lemos, o preso inverte a relação de poder: é este quem imediatamente reconhece o conde, dirigindo-se a ele a partir de uma posição de superioridade — marcada pelo uso do pronome "vós" e pelo olhar. Revela uma memória detalhada do encontro havido entre os dois e coloca o vice-rei na defensiva, obrigado a reconhecer a verdade no seu íntimo.[12]

João de Castro não inventou do nada esta sua versão do primeiro interrogatório. Cruzando este seu relato com o que foi feito pelo residente veneziano, Scaramelli, encontramos ecos da mesma altivez majestática do prisioneiro diante do vice-rei, que se exprime pela forma de tratamento e pela demonstração em ato de uma memória, ainda que esta acabe por "descobrir" a sua fraude. Escreveu Scaramelli:

Aquele dom Sebastião de Portugal chegou hoje a Nápoles e, conduzido imediatamente ao senhor vice-rei, procedeu como se com efeito fosse rei, pois que tratando-o Sua Excelência por Vós [*Voi*], termo injurioso entre personagens espanhóis, ele respondeu não por Excelência nem por Senhoria, mas dizendo Vossa mercê, tendo nalguns particulares da casa real dado boa conta e noutros, sobre a sua pessoa, descoberto a fraude, pois não soube dizer como o verdadeiro rei, numa caça em que o senhor conde de Lemos estava presente, se feriu a si mesmo ligeiramente na cara e outras particularidades; e foi depois conduzido a Castelnovo, onde terá cárcere não severo.[13]

Apesar das incoerências, Scaramelli nota uma forma de emulação régia no comportamento do homem ("procedeu como se com efeito fosse rei"), o que lhe dá uma certa verosimilhança. João de Castro terá podido elaborar a sua versão deste encontro a partir de um relato deste tipo, pegando na parte que tornava credível uma postura régia e apagando as contradições.

João de Castro e o cónego Lourenço Rodrigues

Depois dos acontecimentos de Florença, João de Castro tinha regressado a Paris. O seu objetivo era ir clandestinamente a Portugal, coisa que fez, chegando a Lisboa por mar durante o verão de 1601. Para a viagem, contou com o apoio de um dos secretários de Estado do rei de França, o senhor de Gièvre, que lhe facultou passaporte e carta de favor para o embarque. Mas estes favores não significavam um compromisso reforçado do rei francês com a causa. Segundo Castro, o objetivo da sua viagem a Lisboa era persuadir membros da alta nobreza portuguesa a escreverem ao rei de França e a sensibilizarem-no para que, por sua vez, pressionasse o grão-duque da Toscana. Em Lisboa, João de Castro abordou o seu meio-irmão, Manuel de Castro — "cabeça então da casa de [seu] pai" —, tentando convertê-lo para a causa. Mas não teve sucesso, nem nas demais diligências que efetuou. O melhor que conseguiu foram duas cartas — uma para "dom Sebastião", outra para Henrique IV — de Henrique de Portugal, sobrinho do conde de Vimioso que tinha morrido comandando as tropas do prior do Crato. A viagem de regresso foi feita com o cónego Lourenço Rodrigues, que nessa mesma altura andara dando testemunho público pela cidade "da maravilha de Deus em El Rei dom Sebastião, sem haver medo de prisões nem do cutelo". A reconstituição do itinerário de João de Castro e do cónego Lourenço

Rodrigues permite-nos confirmar a identidade dos apoiantes portugueses — Tomé da Cruz, os Tavares e os Sousas —, em Lisboa e Aveiro. Nesta última localidade, foi de novo a família dos Sousas que negociou o embarque e apoiou com dinheiro o regresso dos dois sebastianistas a França.

O cónego continuou o seu caminho para Roma e depois, talvez no início de 1602, seguiu para Nápoles, para visitar o "rei". Já o tinham feito antes dele outros portugueses que tinham estado em Veneza. Uma das razões para essas viagens pode ter sido o quererem confirmar, face aos boatos em sentido contrário, se o prisioneiro era o mesmo que tinham avistado em Veneza. Segundo Castro, "tinham os Espanhóis tão franco o falarem-lhe [na prisão], que não ia Português por coitado que fosse na aparência, que o não visse, e lhe falasse muito devagar e só".[14] Como outros, Castro tinha percebido que dar acesso fácil ao prisioneiro, permitindo aos visitantes conversar longamente com ele, resultava de uma estratégia deliberada — decidida pelo "Conselho de Espanha" — de dar a ver e, por essa via, refutar a identidade régia. Mas a evidência que dali resultava, segundo Castro, era a contrária: quanto mais os espanhóis queriam mostrar que o rei era contrafeito, mais se via que se tratava do verdadeiro. Também por isso, era de lamentar que os "maiores Senhores do Reino, e os de sua [do rei] criação" não tivessem ido a Nápoles para ver com os seus próprios olhos.

Apercebendo-se de que o acesso ao prisioneiro não era difícil, viajou então o cónego até Nápoles, disfarçado de peregrino, tendo falado com ele por duas ou três vezes. Deu-lhe algum dinheiro e um "pedaço de corno de unicórnio" que serviria para o proteger de um eventual envenenamento — sinal de manutenção dos receios que já vinham de Veneza.[15] Segundo declaração do franciscano Boaventura de Santo António, incriminado no processo de Sanlúcar, o cónego partiu de Nápoles com uma carta escrita pelo "rei" à nobreza portuguesa, a qual foi mostrada em Lisboa como prova da identidade do preso de Nápoles. O cónego combinou também com o "rei" as modalidades de uma correspondência futura, e voltou para Roma, onde continuou a receber cartas provenientes de Castel Nuovo, tornando-se numa das fontes para a escrita do livro de João de Castro.

Também é provável que o cónego Lourenço Rodrigues tenha sido mandatado para falar ao prisioneiro de um plano de fuga, com apoio da rede sebastianista em Portugal. Tal plano teve apenas um esboço de execução, e um dos homens que fazia parte dele, ao longe, era frei Estêvão. Nos interrogatórios de Sanlúcar, este referiu nomes: um natural da ilha da Madeira chamado Soeiro, de cerca de 65 anos, foi o principal intermediário entre o preso e eventuais cúmplices na prisão, entre os quais um carcereiro a quem foi prometido dinheiro para facilitar a fuga. Além de ter ido a Nápoles, Soeiro foi a Portugal contactar o grupo de António Tavares e de Bernardino Sousa; e foi a Paris pedir dinheiro a Diogo Botelho e a Cristóvão de Portugal. Nas cartas de frei Estêvão a frei Crisóstomo, Soeiro é designado por "peregrino" ou "romeiro". Elas contêm referências mais ou menos veladas a estas viagens e a estes contactos. Sem nunca falarem explicitamente da libertação do preso, referem o resgate da "mercadoria" ou da "especiaria embargada".

Segundo frei Estêvão, o plano que Soeiro levou a Paris foi recebido com frieza. Diogo Botelho e Cristóvão de Portugal, assim como outro apoiante francês de longa data dos antonianos, o governador De Chastes, acharam que não se devia falar a ninguém do caso. O projeto que Soeiro tinha de ir até à Flandres, certamente para abordar o filho mais velho do prior do Crato, ficou por ali. As cartas de Diogo Botelho do mesmo período confirmam estes movimentos, dos quais estava a par mas que desincentivou. Em março de 1603 tinha perdido o contacto com os homens que, até um ano antes, lhe tinham trazido notícias do prisioneiro e evocado os planos para o libertar.

A SENTENÇA DE NÁPOLES

Nenhuma das medidas preconizadas pelo vice-rei de Nápoles — processo expedito, condenação às galés — se concretizou em vida deste. O resto do seu mandato foi marcado por longos períodos de doença e ausência do governo. Morreu a 19 de outubro de 1601, sucedendo-lhe no cargo o jovem filho, Francisco Ruiz de Castro, que já vinha substituindo o pai como vice-rei interino. Quer frei José Teixeira, quer João de Castro escreveram que as condições de vida do preso pioraram nesta altura, com um reforço da guarda. Em resposta, este terá aumentado as suas penitências, pontuadas por jejuns e quaresmas. As condições mais duras, a terem existido, não terão impedido o acesso dos visitantes estrangeiros. O processo do falso rei de Portugal arrastar-se-ia sem sentença até à primavera do ano seguinte. Sobre as razões que levaram a apressar a sentença e a pôr fim à estratégia de mostrar o prisioneiro aos visitantes, só é possível especular. O embaixador francês em Roma, sem estabelecer um nexo entre as duas coisas, evoca o medo de fuga do preso da parte das autoridades, considerando ao mesmo tempo que o mais lógico, para acabar com tal receio, teria sido condená-lo à morte.[16] Mas, se este temor era justificado, não parecem ter chegado às autoridades napolitanas ecos da conspiração de fuga. Outra hipótese é o receio dos efeitos da publicação das obras dos sebastianistas em Portugal, nomeadamente do livro de João de Castro. Este nexo entre a circulação do *Discurso da vida do [...] rey dom Sebastiam* e a condenação de Nápoles era feito no círculo de correspondentes de frei Crisóstomo.

Em meados de abril de 1602, o preso foi intimado a fazer as suas últimas declarações, tal como quando chegara a Nápoles, um ano antes. Perante a ausência de novidade da sua parte, foi-lhe dada sentença. Segundo os autores sebastianistas, o "rei" pensou que ia morrer e preparou-se para tal, fazendo uma última confissão (religiosa) geral. Mas não foi a morte que lhe anunciaram. A sentença foi a condenação perpétua às galés, com uma prévia humilhação pública, enquanto impostor, através das ruas de Nápoles. O processo de Nápoles parece ter sido uma pura formalidade: a decisão política sobre a sentença e sobre o envio do prisioneiro para Espanha com as galés tinha sido tomada, provavelmente desde o início, na corte de Valladolid. É o que se pode ler no ofício que o vice-rei enviou para Castela alguns dias depois da publicação da sentença: tendo o preso "confessado o seu embuste e velhacaria" e sido convencido por "pessoas que o conhecem", foi condenado a galés em vida "como Vossa Majestade o mandou ao Conde meu pai, e assim fica já nelas, para que nesta passagem o levem a Espanha, e o vejam em Portugal, e se possam desenganar do erro em que estiveram algumas pessoas".[17] Ao comandante da galé era ordenado especial cuidado com o homem no remar e na comida, sempre com o objetivo de que não morresse, algo que nos textos sebastianistas aparece como sinal de deferência para com "sua majestade".

Na manhã de 30 de abril, Marco Tullio Catizone foi colocado em cima de um burro, as mãos atadas e sem chapéu, exibido por toda a cidade, com trombeta e pregão anunciando a justiça que mandava fazer "El Rei Filipe [...] daquele homem por se fazer El-Rei dom Sebastião, sendo um Calabrês".[18] Para acentuar a ignomínia, segundo o embaixador francês em Roma, foi vestido de várias cores. Chegado à galé patrona, onde ia servir, puseram-lhe a roupa de forçado e colocaram-no na proa do barco para ser visto ao longo do dia. Durante mais três ou quatro dias, continuou a ser exibido, numa barquinha pequena junto da galé.

Os cronistas sebastianistas insistem, pelo contrário, na dignidade do seu comportamento. A descrição mais impressiva é a de frei José Teixeira, que nos apresenta um condenado que, apesar da humilhação, não deixa nenhum dos pregões sem resposta, como num contraponto musical: "Antes de o Arauto começar, as trombetas tocavam, e no fim do pregão faziam o mesmo. E quando era nomeado Rei, dizia em voz alta: É verdade que o sou. E quando se dizia, *Sendo um Calabrês*, respondia: É falso".[19]

Outros relatos circularam certamente na altura em Nápoles, orais e escritos, comentando a presença do falso rei de Portugal na prisão, a sua condenação e expiação pública. Mas novamente se constata a eficácia a posteriori dos relatos dos sebastianistas. Os relatos de João de Castro e de frei José Teixeira foram retomados em crónicas francesas como a *Chronologie septenaire...*, de Pierre Victor Palma-Cayet. Este historiógrafo transcreve abundantemente os textos publicados por Teixeira sem os citar, limitando-se a referir "os portugueses" como instância de enunciação. Do primeiro interrogatório feito pelo vice-rei ao preso, transmitiu uma versão não muito diferente da que deu João de Castro. Onde havia duas narrativas antagónicas em confronto — aquela que o conde de Lemos deliberadamente espalhou em cartas para Roma e a sobreposição sebastianista a essa narrativa para a desmentir —, apenas esta última ficou registada no livro francês.

Palma-Cayet, por sua vez, deve ter sido fonte para um cronista do reino de Nápoles que publicou no final do século XVII, Domenico A. Parrino. No segundo volume do seu *Teatro eroico e politico...*, este impressor, gazeteiro e ator narra brevemente o episódio da impostura, no capítulo dedicado ao vice-reinado de Fernando Ruiz de Castro. Encontramos na sua síntese, aliás repleta de erros factuais, uma identificação clara de Catizone como impostor. No entanto, a semelhança física com o rei português, as suas demonstrações de gravidade monárquica e de extraordinária memória dos tempos passados dão ao relato um aspecto híbrido. Por um lado, afirma a impostura, por outro apresenta um fundo de pequenos episódios ou anedotas de origem sebastianista.[20] É este fundo que dá um caráter insólito ao que aconteceu e que acaba por receber nesta obra uma explicação sobrenatural — o diabo teria sido responsável pelos sinais, idênticos aos do rei, que o impostor tinha inscritos no seu corpo. A mentira teria por isso aparecido como credível aos olhos dos contemporâneos.

Enfim, provavelmente no dia 14 de maio, Marco Tullio Catizone partiu na galé patrona de Nápoles para Espanha, com o vice-rei também a bordo — acompanhava a sua mãe, a condessa de Lemos, viúva, de regresso a Espanha. A comitiva fez várias escalas, passando por Gaeta, Civitavecchia, Barcelona e vários portos mediterrânicos a sul de Valência. Em Dénia, os forçados da galé patrona foram transferidos para a galé capitã e daí transportados até Sanlúcar de Barrameda, onde, segundo o padre Teixeira, chegaram no princípio de agosto de 1602. O seu percurso, e a razão — pouco habitual — de uma galé mediterrânica atravessar o estreito de Gibraltar e entrar no oceano, prestou-se a comentários. Especulava-se, nomeadamente, que a Inglaterra preparava um exército para atacar Portugal e que por isso o Rei Católico estaria a reforçar a sua capacidade defensiva. Segundo esta hipótese, uma galé espanhola dirigia-se para o golfo de Cádiz para defender Portugal de Inglaterra com "dom Sebastião" remando, *ma non troppo*.

CAPÍTULO 10
NAS GALÉS, EM PUERTO DE SANTA MARÍA

Frei Estêvão de Sampaio

Durante o ano em que Catizone esteve preso em Nápoles, frei Estêvão estabeleceu a sua base no convento dominicano de Marselha. A cidade permitia um bom acesso às notícias que vinham de Itália e de Paris, sendo ponto de passagem de viajantes em trânsito provenientes de Roma ou que para lá iam, que podiam transmitir e receber informação e recados. Se a base era Marselha, a mobilidade do monge dominicano, que tinha perto de sessenta anos, impressiona. As cartas que enviou nos primeiros meses de 1602 a frei Crisóstomo da Visitação, apreendidas quando este foi preso, em 1604, permitem reconstituir o seu itinerário, sempre marcado pela causa do "mártir", como se lhe refere nestes escritos. Por aviso — provavelmente posto a circular pelos agentes do grão-duque da Toscana — de que o preso ia ser levado para Roma, frei Estêvão voltou a fazer uma viagem ao grão-ducado toscano na Páscoa de 1601, onde rapidamente se apercebeu de que o arcebispo de Pisa tinha mandado procurar por ele em todos os mosteiros onde poderia estar, com a acusação de andar disfarçado de pessoa não eclesiástica, uma forma de apostasia à luz do direito canónico. De regresso a Marselha em julho, rumou a Paris em agosto-setembro para novas diligências, segundo escreve, junto do rei de França. Aí adoeceu "de morte, de uma pontada de frio", mas conseguiu melhorar o suficiente para regressar a Marselha antes de cair o inverno. Durante a quaresma seguinte, de novo em Marselha, escreveu ao seu confrade em Parma uma carta mais longa em que revisitou os acontecimentos recentes e a responsabilidade dos diferentes homens que neles tinham participado. Sem excluir a hipótese de partir de novo, no meio de uma retórica epistolar característica, evocou as agruras da idade e a morte já próxima: "Se me virdes, não me conheceríeis, branco, desdentado, e já de todo sem pés para andar".[1]

Estas cartas — e, em geral, muita da correspondência desta época — estão recheadas de recados e notícias sobre pessoas, datas e acontecimentos, e também de notícias sobre a credibilidade das próprias notícias, vitais para estabelecer a distinção entre o que era fiável e o que o não era. Numa causa cuja dimensão atravessava reinos e repúblicas, esta era a principal forma de prolongar, à distância, as relações interpessoais, com tudo o que elas implicavam de envolvimento moral e político. Além do risco elevado de extravio de correspondência, o aspecto subversivo da reivindicação sebastianista apresentava, para mais, o risco permanente de uma carta intercetada permitir a localização do remetente, do destinatário, das várias pessoas referidas. Daí o recurso a portadores de confiança, que levavam as cartas em mão, e por vezes a destinatários aparentes, que serviam de caixa intermédia de correio e faziam depois circular a carta para o verdadeiro destinatário final. Enquanto a correspondência diplomática dispunha de uma escrita formalmente cifrada, a correspondência feita no interior de comunidades de "amigos políticos" como era esta recorria, por vezes, à assinatura falsa e a uma linguagem alusiva ou figurada. O prisioneiro era o "mártir", "Cristo" ou o "amigo". No interior das redes de correspondentes, circularam listas com nomes em código para usar nas cartas. Numa delas, a que frei Boaventura de Santo António teve acesso em Lisboa, o Rei Católico era chamado "Fernan Perez", o rei de França, "Vale Gracioso", Inglaterra, "Castel Forte", Nápoles, "Belveder" e a Dinamarca, "Castel Roquedo".[2]

As assinaturas falsas usadas nas cartas por frei Estêvão também são significativas: é "António de Pádua" numa delas; noutra, assina-se como sobrinho do destinatário, com o nome de "Bastião Pardo". Este pseudónimo, que aparece noutra correspondência a frei Crisóstomo, parece mostrar um uso assumido da frequente objeção que foi feita aos sebastianistas relativa à cor da pele do preso. Ao transportarem para um pseudónimo a mudança fenotípica que se teria operado no seu "rei", criavam os correspondentes uma cumplicidade no interior da dissimulação epistolar. Por trás dela aparecia uma verdade para iniciados.

Um dos nomes que também aparecem dissimuladamente nas cartas de frei Estêvão é o de João de Castro. Mas aqui a intenção, mais do que esconder, parece ser a de não nomear quem então já se execrava: nas cartas, João de Castro é o "cobra de capelo" [i.e., cascavel], mas também o "mosquinha morta" ou ainda "dom Merda mosca morta". Ao chamar-lhe cascavel, frei Estêvão queria significar o veneno que Castro teria na língua. As invetivas contra um homem dominado pela hipocrisia e soberba resvalam para a mácula na linhagem, a bastardia. A linguagem crua das cartas de frei Estêvão dá-nos o nível de hostilidade a que a relação entre os dois tinha chegado após a expulsão do preso de Veneza, com a questão da responsabilidade sobre a segunda detenção do "rei". A animosidade estendia-se ao cónego Lourenço Rodrigues, que teria traído a confiança de frei Estêvão para se aliar a Castro. Cónego que por sua vez devolvia as acusações, chamando ladrão e traidor ao frade.

A publicação, no começo da primavera de 1602, do *Discurso da vida do [...] rey dom Sebastiam* agravou ainda mais a situação. Aí, frei Estêvão pôde ler em letra de imprensa o que Castro dizia sobre ele. Era acusado explicitamente, num capítulo todo dedicado a si e a frei Crisóstomo, de entregar "El Rei dom Sebastião a seus inimigos".[3] É retratado como alguém sem sentido tático e ignorante das questões de Estado. Mas tudo culmina na sua ambição, desmesurada. Foi movido por sonhos de ascensão social que, segundo Castro, o plebeu frei Estêvão Caveira adotou o nome e as armas nobres dos Sampaios, ao chegar a França. É a ambição de poder que explica a sua sede de controlar a comunicação escrita e os recados para a prisão de Veneza — como o fez ao não transmitir a carta para o "rei" da parte de Manuel de Portugal, trazida por Sebastião Figueira da Holanda. Frei Estêvão pediu comendas ao "rei", para si e para outros, escreveu para câmaras portuguesas, como a de Guimarães (de onde era natural), dizendo que o "rei" a tinha feito cidade e bispado. Os dois frades, sempre nas palavras de Castro, tinham dividido entre ambos a "monarquia do Paço". Assim que se encontrou sozinho com o "rei" em Pádua, frei Crisóstomo, definido noutra passagem como "homem bordalengo [i.e., grosseiro, estúpido] para o mundo", assinou cartas com um título de chancelaria inexistente em Portugal, revelando a sua ignorância do verdadeiro nome do cargo — escrivão da puridade. Estala no texto o profundo fosso sociocultural que Castro concebia entre si, homem de letras de alta estirpe, e a gente comum que os frades representavam. Há algo de "fastiento", adjetivo usado pelo próprio João de Castro no final do seu capítulo de acusação aos frades, em descrever este intenso lavar de roupa suja. Mas a conflitualidade — uma luta por expetativa de poder — é constitutiva das relações entre antonianossebastianistas.

Frei Boaventura de Santo António

No início de verão de 1602 frei Estêvão fez o que tinha sugerido que faria nas cartas a frei Crisóstomo, e partiu de Marselha, mas não sozinho. Ia acompanhado pelo monge franciscano Boaventura de Santo António. O perfil deste assemelha-se ao dos outros frades portugueses que se envolveram na causa sebastianista, frades "rebeldes" como frei Estêvão, ou que saíram do seu convento e do reino e entraram em conflito com a autoridade de que dependiam, como frei Crisóstomo, com quem também se correspondia. Frei Boaventura declarou nos interrogatórios de Sanlúcar ter saído do reino por desentendimento com o provincial da sua ordem, que lhe seria contrário e não o teria nomeado para guardião de convento; partiu sem autorização, indo para Roma apelar ao geral dos franciscanos, sem sucesso. Ao saber dos rumores de Veneza, ali se dirigiu após a passagem por Roma. Procurou por frei Estêvão e inseriu-se no grupo que se estava a formar. Nos meses e anos seguintes continuou a movimentar-se entre Itália, França e Portugal, Roma, Paris e Lisboa, procurando, tal como frei Estêvão, servir de agente — angariando créditos, transmitindo notícias — entre os diferentes elementos da rede. Em aliança e talvez alimentando entre si alguma forma de rivalidade, foram estes os dois frades menores que, rompendo com os seus superiores eclesiásticos e políticos, apostaram tudo na reivindicação de Catizone, morrendo após ele.

Frei Boaventura vinha de Portugal e dirigia-se a Itália para procurar o "rei", quando se encontrou com frei Estêvão em Marselha, em junho de 1602. Este, por sua vez, estava de partida para embarcar para Narbona, pois tinha recebido as novas da passagem da galé patrona de Nápoles com destino à península Ibérica. Frei Boaventura desistiu então de continuar caminho em direção a Itália para em vez disso acompanhar frei Estêvão. Na dúvida sobre o destino final da galé — ainda que Lisboa fosse o mais provável — os dois monges coordenaram-se. Separar-se-iam em Narbona, para que um (frei Estêvão) seguisse por terra para a costa atlântica e outro (frei Boaventura) fosse para sul atrás das galés, ao longo da costa mediterrânica.

Antes de partirem de Marselha, frei Boaventura escreveu a frei Crisóstomo, enviando com a carta um exemplar do *Discurso da vida do [...] rey dom Sebastiam*, que tinha previsto entregar ao "rei" em Nápoles.[4] Referiu-se — ironicamente — a esta obra como o "livro das virtudes" e transmitiu ao monge alcobacense conselhos para defesa da sua reputação relativamente ao que o livro dizia.

Antes de ir cada um para seu lado, em Narbona frei Estêvão mostrou a frei Boaventura cartas e papéis do "rei" que tinha consigo, tal como o desenho para fazer um selo com as armas de Portugal. Forjou licenças eclesiásticas falsas para frei Boaventura, em nome de um guardião de convento franciscano francês, seladas com uma "moeda antiga".[5] Agiu como se fosse um seu superior: pagou-lhe o albergue, deu-lhe dinheiro para a viagem, instruções precisas sobre o que fazer e quem contactar no percurso, além de uma carta fechada, destinada ao "rei nosso senhor". Frei Boaventura decidiu abri-la, uma vez sozinho. Nela frei Estêvão apresentava-o ao "rei" — era uma carta credencial — mas não sem o rebaixar: sendo bom português, de confiança para transmissão de cartas e recados, não era fidalgo nem cavaleiro. Frei Boaventura rasgou a carta.

Frei Estêvão de Sampaio

Frei Estêvão ficou alguns meses na costa do golfo da Gasconha, num convento dominicano, como era seu hábito, à espera de perceber qual era o destino exato das galés. Enfim, dirigiu-se para Portugal a pé, passando por Valladolid, que era sede da corte desde o ano anterior, e ali ficou uma noite, alojado e ajudado por um mercador português que tinha conhecido anos antes em Bordéus. O documento que o menciona é uma ordem de prisão contra o mercador, enviada cerca de um ano depois, pelo juiz Mandojana, encarregado do processo final de Sanlúcar, a poucos dias de ser anunciada a sentença contra os implicados na conjura. Traz detalhes sobre a forma como frei Estêvão se disfarçava com roupa secular, as formas de remuneração de favores entre membros da comunidade portuguesa e ainda as trocas de bens que tinham ocorrido entre a prisão de Veneza e o exterior. Frei Estêvão apareceu em casa de Manuel Rodrigues já quase de noite, com o seu hábito de dominicano, mas sem capa e com as faldas recolhidas, como se fosse um peregrino.[6] No dia seguinte, pediu ao seu anfitrião que lhe comprasse roupa para lhe encobrir o hábito:

um ferragoulo (espécie de capa) e uma roupilha, ambos de pano pardo, a que juntou um chapéu que tinha consigo. Deixou em penhor a Rodrigues outra roupa que trazia consigo — ferragoulo, calção e roupilha de seda lavrada à italiana — e que tinha pertencido ao preso de São Marcos. Este tinha-a enviado do cárcere a ele e a frei Crisóstomo, "com um bilhete em que lhe dizia que o guardassem para mantê-lo no seu guarda-roupa de Lisboa", em memória de ter sido preso em [...] com aquelas vestes. O seu anfitrião prometeu-lhe deixar a roupa com outro mercador português de Valladolid, junto do qual poderia recuperá-la, pagando-a, no regresso. Frei Estêvão, como se vê, não tratava a roupa como relíquia, mas como moeda de troca. Aliás, talvez com a mesma função, transportava consigo outras vestes que tinham pertencido ao "rei".

Em Portugal, frei Estêvão voltou a encontrar-se com os apoiantes que já o tinham ajudado anteriormente. Em Lisboa avistou-se com o escrivão da legacia, Tomé da Cruz. Mas desta vez o seu interlocutor principal foi António Tavares, o cónego da Catedral de Lisboa da família dos Sousas de Aveiro, que lhe deu dinheiro e instruções precisas para ir à costa da Andaluzia para saber do paradeiro do preso. O financiamento do necessário para a evasão seria garantido por uma letra de crédito no montante de dois mil cruzados. Uma caravela estaria à disposição no momento da fuga. O plano seguia mais ou menos o modelo esboçado para a fuga de Nápoles: tratava-se de pôr o preso ao corrente, comprar cumplicidades entre os guardas e tentar encontrar a melhor ocasião para a execução. A concretização da fuga do preso dependeria sempre das circunstâncias precisas que os potenciais executores encontrassem. Instruções que eram verdadeiras num momento deixavam de o ser com a receção de novas cartas ou notícias trazidas por um mensageiro. Entretanto, frei Boaventura continuava o seu caminho em direção ao reino de Valência, para ter notícias dos movimentos da frota de Nápoles. Aí foi preso por soldados napolitanos, por fazer declarações em como o forçado que ia nas galés era dom Sebastião. Confinado a um convento da sua ordem, foi condenado a cem açoites de castigo e a desterro perpétuo de Portugal; mas não parou de falar no assunto aos seus confrades, pelo que fugiu do convento com medo de novas represálias, quebrando a ordem de desterro. Regressou a Lisboa, onde voltou a contactar com Tomé da Cruz e — já estamos em janeiro de 1603 — dirigiu-se para a Andaluzia em roupa de secular.

Pelo seu lado, frei Estêvão tinha chegado a Sevilha, onde, no final de dezembro e quando já se preparava para partir para Cartagena seguindo o que se especulava, soube que as galés afinal vinham de regresso à Andaluzia para invernar.

Os dois frades não parecem ter-se encontrado nem comunicado em Sevilha ou em Puerto de Santa María, onde as galés acabaram por ficar. Na documentação de Simancas, nenhum dos implicados refere tal encontro. A negação de uma conivência entre ambos pode ter constituído uma forma de defesa da parte de frei Boaventura, ele que, no final das suas confissões, deitaria toda a responsabilidade para cima de frei Estêvão e do seu grupo. Mas os indícios de uma desconfiança mútua, que atrás assinalei, podem explicar uma separação efetiva entre os dois monges, conspirando cada um para seu lado.

Também a Sevilha, em conivência com frei Estêvão, foi ter Salvador Moreira, "correio-mor" de Aveiro. Era ele o destinatário da letra de câmbio de dois mil cruzados, negociada por António Tavares com um mercador de Lisboa com ligações a Sevilha. Segundo a primeira confissão de frei Estêvão ao duque de Medina Sidónia, Salvador Moreira tinha entrado nesta missão "muito contra a sua vontade" e "para obedecer a Bernardino de Sousa por [este] ser irmão de Henrique de Sousa que foi amo do dito Salvador Moreira".[7]

A viagem de Salvador Moreira deveria ser rápida: ir a Sevilha angariar o crédito para frei Estêvão e trazer de volta para Lisboa e Aveiro as cartas assinadas pelo "rei". Enquanto ele esperaria em Sevilha, frei Estêvão entraria em comunicação com o forçado, por escrito e deslocando-se a Puerto de Santa María. No entanto, tudo demorou mais do que o previsto. A conversão da letra em dinheiro fracassou num primeiro momento, pois Salvador Moreira apresentou-se em Sevilha com o nome falso de Tomé Rodrigues Fróis, e não havia testemunhas que o reconhecessem por tal nome para avalizar o crédito. Uma segunda letra, de metade do valor da primeira, chegaria em meados de janeiro, tendo sido efetivamente creditada. A justificação dada foi que o dinheiro servia para comprar livros para o cónego Tavares, o que, segundo as confissões de frei Estêvão, não deixou de levantar alguma estranheza da parte do credor em Sevilha, por se tratar de valor muito elevado para gastar apenas em livros.[8]

Nos dias em que esteve em Puerto de Santa María, frei Estêvão foi alojado por um tintureiro português chamado António Mendes, que não conhecia previamente e a quem não revelou que era um frade dominicano nem os objetivos concretos das suas incursões à galé. A sua versão, pelo menos de início, era que procurava nas galés o seu próprio filho, chamado José. No entanto, confiou-lhe depois que ali nas galés estava o rei dom Sebastião. Mediante pagamento, António Mendes deu-lhe pousada, assim como depois a frei Boaventura, e colocou o seu filho — um rapaz de treze ou catorze anos chamado Juan (ou, com diminutivo, Juanillo) — a fazer de moço de recados do "rei". Este serviço também era remunerado. Com a colaboração desta família, frei Estêvão, que em Puerto de Santa María usou um pseudónimo que lhe permitia passar por membro dela ("Vicente Mendes"), pôde limitar as suas idas às galés ao mínimo indispensável, para correr menos riscos de ser descoberto, e deslocar-se entre Sevilha e Puerto de Santa María. O filho do tintureiro assegurou a comunicação corrente com o preso, deslocando-se pelo menos uma vez a Sevilha, onde viu os aposentos em que frei Estêvão estava alojado com Salvador Moreira, aliás "Rodrigues Fróis". Por via do rapaz, ou por frei Estêvão diretamente, o forçado "rei" recebeu dinheiro, cartas, roupa, alimentos e pelo menos três livros impressos: a crónica de dom João II de Garcia de Resende e "dois livros novos de poetas portugueses".[9]

Entre as dezenas de documentos que depois foram apreendidos a frei Estêvão, a Catizone e a frei Boaventura contavam-se: correspondência com notícias e instruções; listas de nomes ou acontecimentos, servindo de pró-memória para a redação de cartas e documentos "oficiais" pelo prisioneiro; minutas e cartas de despachos e provisões, assinadas em nome do rei dom Sebastião. Para a redação destes documentos, Catizone teve a assistência de companheiros de banco, forçados como ele. Segundo o inquérito judicial, os principais foram um outro calabrês, Annibale Balsamo, e um napolitano, Fabio Craveta. O primeiro serviu-lhe de secretário, tendo nomeadamente redigido um "caderno de nove folhas referindo muitas coisas que dizia que lhe tinham acontecido". Este caderno foi apreendido a frei Boaventura, tendo, segundo a confissão de Balsamo, sido principalmente composto pelo religioso franciscano e por Catizone.[10] Quanto a Craveta, era uma espécie de tesoureiro do "rei", tendo-lhe sido confiada a guarda do dinheiro e de todos os papéis numa pequena caixa. Além destes, mais nove forçados e *buenaboyas* — ex-forçados que, em troca de salário, se mantinham na galé a remar depois de cumprida a pena — foram acusados de cumplicidade com o impostor, de lhe darem assistência de várias formas e de o tratarem por rei de Portugal. A fama do preso e do que se passava em torno dele chegou a outras galés: por exemplo, Juan Perez, um forçado da galé patrona de Espanha, escreveu-lhe várias cartas em que o tratava como dom Sebastião e enviou-lhe uma "relação do sucedido na batalha de África".[11]

Catizone utilizou o dinheiro que frei Estêvão lhe deu, não para corromper guardas, mas para o distribuir à sua volta, criando um pequeno grupo de clientes. Quando Balsamo e Craveta foram interrogados pelo juiz, admitiram que sabiam qual tinha sido a condenação do seu companheiro de banco em Nápoles, mas negaram tê-lo reconhecido como rei de Portugal. Disseram que lhe tinham dado assistência porque ele em troca lhes dava de beber e de comer. Outros acusados declararam que tinham escrito ou feito escrever "memoriais", tratando-o como rei, para "sacar dele algum dinheiro e haver entendido que ele vendia alguns [desses memoriais]".

Para além dos dois contactos principais em Aveiro e Lisboa, entre os destinatários das cartas que o "rei" deveria escrever para Portugal contavam-se representantes da primeira nobreza do reino: o duque de Aveiro e a duquesa de Bragança. A estes juntava-se a cidade de Lisboa, como cabeça do reino. Frei Boaventura levaria consigo também várias cartas para senhores principais: o conde de Redondo, Fernando de Meneses, senhor do Louriçal, o bispo de Coimbra, os irmãos do falecido conde de Vimioso. O facto de os destinatários das cartas levadas por frei Boaventura não coincidirem com as que levou frei Estêvão milita em favor de uma articulação entre ambos. A escolha dos destinatários parece ter sido decidida em Portugal, resultando num elenco de membros de casas nobres vistos como possíveis beneficiários de uma mudança da situação política, ou como notoriamente anticastelhanos.

AS CARTAS DE FREI ESTÊVÃO PARA O "REI"

As cartas que frei Estêvão enviou a Catizone, apreendidas quando a conjura foi descoberta, incluíam justificações sobre a escolha destes destinatários e minutas para a redação das cartas. Através delas obtém-se um apanhado da ideologia de frei Estêvão, com sugestões de reformas políticas, preceitos morais e referências às profecias que legitimavam as suas recomendações. Uma das cartas — talvez escrita a 20 de janeiro, dia de anos de dom Sebastião — contém um retrato da situação política e moral em Lisboa, marcada pela desordem e pelo mau governo:

> Lá em Lisboa há muitos bandos entre o povo e os fidalgos mas nenhum se fia um de outros, uns desejam novidades, outros não, não há justiça nem há vergonha, nem há lei nem rei nem honra. Dom Cristóvão de Moura vive nos palácios da Ribeira com autoridade de vice-rei, sem corte e sem fidalgos, a não ser os seus parentes. Os ingleses vêm tomar as naus da Índia e do Brasil, as portas da cidade têm-nas os cristãos-novos, o trato da gente e o trajo todo é castelhano e as mulheres são putas, as religiões estão por terra, a bula da cruzada cada ano levam [sic] a devoção e bolsas das almas com [...] pretexto de que é para conservar os lugares de África, os fidalgos leais fizeram-se ermitães indo viver nas suas quintas e tratar na lavrança, os traidores fizeram-se ladrões públicos, os condes novos, que são quinze, estão sem vergonha e sem honra, riem-se de tudo, o povo leal geme e chora pelo seu Rei.[12]

No fim desta carta, frei Estêvão propõe algumas soluções de governo, alternando entre medidas bem concretas — a apreensão do livro de João de Castro, para começar — e outras de ordem mais geral: reincorporação na Coroa de direitos, reforma de mosteiros e ordens religiosas para diminuir o seu número, diminuição de despesas com as dispensas papais, venda dos escravos para fora do reino e repressão acrescida contra os cristãos-novos.

A hostilidade assumida perante a casa de Bragança, a quem deviam ser retirados privilégios e rendas, revela os desígnios políticos do dominicano. O seu contraponto seria a ascensão da casa de Aveiro. O terceiro duque desta casa — Álvaro de Lencastre — é referido por frei Estêvão como "bom português" e apontado como facilitador, por meio do juiz da vila, do seu embarque no regresso a Veneza. A casa de Aveiro era vista pelo frade como alternativa sucessória em caso de extinção dinástica — e aqui frei Estêvão demarcava-se mais uma vez de João de Castro, que atribuía este papel à casa de Bragança. A *Crónica de dom João II*, de Garcia de Resende, servia precisamente para legitimar essa ideia. Quando a ofereceu ao rei, frei Estêvão remeteu explicitamente para o capítulo da obra que referia a parte do testamento de dom João II, em que o filho "natural" deste rei, dom Jorge, duque de Coimbra de cuja descendência nasceu o título de Aveiro, era declarado herdeiro legítimo da Coroa. Assim, e após a instauração de uma lei sálica nas regras de sucessão da Coroa portuguesa que invalidaria a sucessão nos Áustrias, seria para a casa de Aveiro — em detrimento da de Bragança — que reverteria a Coroa. Além de todos estes "ses", havia aqui uma forma de suspensão da crença messiânica, com o pressuposto de que "dom Sebastião" poderia morrer sem descendência. E, até certo ponto, havia também suspensão da crença na versão, contada desde o início pelo "rei", da sobrevivência do segundo duque de Aveiro em Alcácer Quibir.

As cartas transmitem também uma série de instruções práticas, relativas à forma de preparar a fuga e de angariar cúmplices para ela na galé, recorrendo à corrupção discreta de guardas e do capitão da embarcação. Por detrás delas estão princípios de "realismo" moral, como o de que o dinheiro move as vontades — ilustrado pela fórmula latina *"pecuniae obediunt omnia"* ["ao dinheiro todos obedecem"]. A dissimulação exterior — em que frei Estêvão tinha, como já vimos, alguma experiência — seria uma das chaves do sucesso. E aqui o frade tentava contrariar certa tendência ostentatória do prisioneiro, que lhe pedia com insistência capas, chapéus e outra roupa, para si e os seus companheiros de banco. Ora, pelo contrário, o "rei" devia dissimular a aparência de riqueza e majestade, guardando-as para o foro interior, pois "quem não sabe dissimular não sabe reinar" (*qui nescit dissimulare nescit regnare*). Rei por dentro,

> e de fora como os seus inimigos querem que seja; por dentro, bem vestido, boas camisas e roupa, por fora pano de burel, pobreza e abatimento, porque mostras exteriores dão sinal de que vossa majestade não sente o estado em que o pôs o Judas de Florença, e agora o faraó de Castelhanos.

A posição em que frei Estêvão se coloca é, à vez, a de conselheiro político, confessor e chanceler. Em qualquer dos casos, um lugar privilegiado no controlo da decisão e do despacho. A esta posição de poder correspondia, em boa lógica retributiva dos serviços por ele prestados, o controlo da mercê régia. Era o que já tinha feito em Veneza e foi o que fez de novo naquele momento, pedindo provisões para António Tavares e Salvador Moreira. Voltou a solicitar a elevação de Guimarães a cidade e bispado. Uma das provisões assinadas pelo "rei" na galé de Puerto de Santa María foi precisamente essa, pela qual transformava a Igreja de Nossa Senhora da Oliveira de Guimarães em catedral, fazendo do novo bispo marquês de Vila do Conde, anexando para este as rendas desta vila, que pertenciam à casa de Bragança, dando ao futuro herdeiro da Coroa o título de duque ou arquiduque de Guimarães, entre outros privilégios. Por trás dos protestos de desprezo do mundo que aparecem nas suas cartas, dizendo que nada queria para si, eis as espetaculares doações que pediu para a sua terra, às quais só faltava o nome — mas facilmente se adivinha — do futuro bispo e marquês.[13]

Tal como o tinha feito em Veneza, frei Estêvão transmitiu ao "rei" textos que faziam parte da sua bagagem de documentos: versos proféticos atribuídos a Isidoro de Sevilha, como os que referiam que o Encoberto chegaria a Espanha por mar e depois iria até Lisboa ("Por mar virá a santa quadrilha/ em cavalo, não de sela mas de quilha");[14] versos das trovas de Bandarra — sem que o autor seja nomeado —, citados por frei Estêvão no momento de justificar a concessão de fidalguia e comendas para o seu companheiro de Sevilha, Salvador Moreira: o "rei" profetizado haveria de "levantar os baixos e abaixar os altos". Mais tarde, na prisão de Sanlúcar, ainda se encontrariam mais papéis dados por frei Estêvão a Catizone, contendo versos com profecias de Isidoro de Sevilha e de Bandarra. Apesar de não ser possível fazer uma identificação rigorosa da autoria a partir destes textos, nota-se neles o dedo forjador do dominicano. Há versos que fazem referência à Senhora da Oliveira de Guimarães, ao culto do túmulo de Afonso Henriques em Coimbra, às armas reais inspiradas no calvário cristão. Estes versos, que só podem ter sido feitos no contexto específico do caso "de Veneza", têm a marca dos símbolos escolhidos pelo dominicano.

UMA LISTA DE PERGUNTAS

Depois do atraso inicial com o crédito a obter em Sevilha, houve várias semanas de espera e correspondência com o "rei" forçado, com impaciência de ambas as partes, incompreensão, insistência da parte de frei Estêvão. Enquanto o "rei" retardava o despacho e lhe pedia que comprasse roupas para si e para os seus companheiros de banco, o dominicano solicitava-lhe cartas para enviar para Portugal por Salvador Moreira. Outra coisa que também fazia tardar as coisas era ainda e sempre o problema das incoerências que o "rei" revelava nos seus escritos, obrigando o monge a corrigir detalhes e a fazer admoestações.

No início de fevereiro, Salvador Moreira pôde finalmente regressar a Lisboa, levando cartas para vários senhores assinadas em nome de dom Sebastião. Frei Estêvão tinha entretanto feito abrir em Sevilha um selo com as armas de Portugal, segundo o modelo desenhado em Veneza, com o qual as cartas foram fechadas. Mas estas nunca foram entregues aos destinatários. Em carta intercetada datada de 15 de fevereiro, António Tavares explicava a frei Estêvão que não havia maneira de fazer avançar o "negócio".

A mensagem global da missiva é clara: sem o envio de informações mais credíveis não se podia avançar com a fuga. Tavares exprime dúvidas sobre a semelhança física, mas sobretudo indica a falta de sinais particulares, probatórios, sobre a memória. As respostas a questões concretas continham erros flagrantes sobre acontecimentos e pessoas.[15] Como refere noutra parte da carta, os protocolos de linguagem escrita — fórmulas de cortesia, letra, assinatura, linguagem — também não se pareciam com os de dom Sebastião. Estas dúvidas já tinham sido expressas numa mensagem anterior, em que Tavares solicitava o envio de uma carta que especificamente contivesse os sinais particulares reveladores da memória do rei, para ser mostrada às pessoas que em Portugal a pudessem verificar.

Foi para responder a estas dúvidas que o monge redigiu uma extensa lista de perguntas, cujas respostas seriam prova detalhada da memória do tempo anterior à batalha. A lista foi apanhada, junto com a carta de António Tavares, entre os papéis de frei Estêvão — o dominicano foi capturado antes de a entregar ao prisioneiro. Pelo articulado desse documento, o "rei" deveria responder a cada uma das perguntas na própria folha, de modo a que o conjunto, perguntas e respostas, fosse enviado a Portugal. Já Miguel Dantas tinha chamado a atenção para este documento extraordinário, revelador da situação altamente paradoxal de uma fuga arriscadíssima que estava a ser planeada, ao mesmo tempo em que se procuravam ainda provas conclusivas sobre a identidade do preso. Apresento-a aqui na íntegra, restituída, na medida do possível, ao português em que foi originalmente escrita:

V. Mag.de [Vossa Majestade] deve-se lembrar bem [que], de quatro anos a esta parte, quando em seu serviço, atravessando tantos reinos com tantos trabalhos e perigos da vida até hoje, não lhe tenho pedido mercê nenhuma nem para mim nem para pessoa da minha obrigação; e se deus enviar o outro tempo desejado nele verá V. Magde. as poucas pretensões que tenho, mas em tudo o que [até aqui] tenho feito e faço, faço-o ordenado ao seu maior serviço e pela sua liberdade; mas agora sou forçado a pedir a V. Mag.de uma grande mercê, a qual importa à sua liberdade e à confirmação do meu crédito e conhecimento que dele tenho e ao consolo e esperança dos leais portugueses que isto pedem e desejam. A qual mercê é que V. Mag.de me responda ao que lhe perguntarei neste papel, muito pontualmente, ao lado das mesmas perguntas, e advirta V. Mag.de muito na resposta que dá e não se escuse com dizer que não se lembra, mas satisfaça à pergunta; porque como V. Mag.de tem na memória tantas coisas passadas pareceria impossível não se recordar de muitas do tempo das suas mocidades, e dos lugares onde esteve em Portugal, e das pessoas particulares com quem falou ou teve negócios, assim como V. Mag.de me contou o que aconteceu com o senhor dom Duarte indo à caça em Almeirim e outras coisas; e lembre-se V. Mag.de que nosso senhor Jesus Cristo depois de ressuscitado deu muitos sinais e fez muitos milagres diante dos seus discípulos para assegurá-los de que não duvidassem dele, [de] quem dizia ser, e contudo andaram duvidosos até à vinda do espírito santo. E o caso que sucedeu a V. Mag.de é tão raro no mundo que ninguém pode acabar de crê-lo; as cartas que V. Mag.de escreve para o reino e para fora dele não servirão para nada e nem se fará caso nenhum delas se não forem precedidas de muitos sinais e indícios por onde se presuma que V. Mag.de é o verdadeiro rei dom Sebastião. E mais efeito terá um sinal ou indício e uma relação particular de alguma coisa que V. Mag.de passasse com aquele a quem escreve que quantas resmas de papel escrever sem isto; pelo que peço a V. Mag.de pelo amor da paixão e chagas de nosso senhor Jesus Cristo que me responda pontualmente para satisfação geral dos portugueses, e se de muito se recordar muito escreva, e faça-me esta mercê que será para mim a maior de todas as que me pode fazer nesta vida.

Primeiramente pergunto se V. Mag.de se lembra da rainha sua avó e de algum fidalgo e dama da sua casa e de alguma coisa notável que fizesse ou dissesse naquele tempo pelo qual se possa entender e crer que V. Mag.de viu o que diz.

A segunda pergunta é se se lembra da senhora infanta dona Maria sua tia, irmã do rei dom João seu avô e do cardeal dom Henrique, porque a dita senhora tinha casa, criados e damas e morreu sem casar e V. Mag.de a visitava.

A terceira pergunta é se V. Mag.de se recorda dos palácios de Lisboa aonde vivia, quantos são e em que sítio da cidade estão, e se lhe aconteceu neles alguma coisa notável de dito ou feito, e o mesmo pergunto dos palácios de Almeirim aonde V. Mag.de ia muitas vezes à caça de veados, e se lhe aconteceu ali alguma coisa de que V. Mag. de se lembre.

A quarta pergunta é se V. Mag.de se recorda de ter feito abrir alguma sepultura ou sepulcro de algum dos reis seus antecessores e se viu algum corpo deles e em que lugar estão enterrados.

A quinta pergunta, se V. Mag.de se recorda dos palácios de Sintra, e dos mosteiros de Pena e de Penha Longa, e de onde estão situados, e que coisas têm notáveis ou de assinalar e se lhe aconteceu alguma coisa que se possa contar para convencer os incrédulos e que saibam que V. Mag.de esteve nos ditos mosteiros.

A sexta pergunta é se no mosteiro de Penha Longa conversava V. Mag.de com algum frade ou se confessava com ele e se dali ia a alguma quinta a folgar ou se ali lhe sucedeu alguma coisa notável com o seu alferes-mor, familiar, amigo e privado de V. Mag.de.

A sétima pergunta é se se recorda dos quatro familiares da sua câmara e de alguns fidalgos da sua idade e conversações e de como se chamavam, e se tinha algum bobo e se conheceu João de Sá, o Panasco, e que nomes eram.

A oitava pergunta é: os fidalgos com quem V. Mag.de andou correndo o mundo, se são todos vivos e quem são, e por que nenhum deles acode a V. Mag.de vendo-o em tão extrema necessidade, ou publicamente ou em segredo e onde se pode achar sinal, ou rastro deles, ou das suas armas, ou indícios claros dos lugares onde estiveram com V. Mag.de depois de escaparem da batalha de Alcácer, e onde se livrou das feridas que nela teve, e onde deixou as suas armas.

A nona pergunta, se V. Mag.de se recorda de ter estado na cidade de Évora e em que parte, e se nela se correram touros, e se se recorda de alguma coisa notável daquele tempo que possa convencer os vivos daquele tempo que esteve V. Mag.de no mosteiro de Espinheiro.

A décima pergunta, se se recorda de ter ido a Coimbra e dos doutores que nela viu e coisas particulares; e faça V. Mag.de conta que nestas perguntas faço o ofício de São João Batista que depois de mostrar a Cristo nosso senhor com o dedo lhe perguntou se era o messias; e nosso senhor não somente não se escandalizou com a pergunta mas deu resposta a ela com milagres e profecias com que provava ser o messias.

Responda V. Mag.de, e não se enfade pois que, se deus o fez o espetáculo do mundo, está obrigado a satisfazer a todos.

Ultimamente se pergunta se V. Mag.de se recorda de Martim Gonçalves da Câmara, escrivão da puridade que vivo está em Lisboa novamente, escolhido pelo rei de Castela, com o qual a V. Mag.de aconteceram tantas coisas e negócios públicos e secretos em muitos anos, porque apenas os sinais e demonstrações que aconteceram a V. Mag.de no cabo de S. Vicente podem fazer grande abono em todo Portugal; e como não veem lá V. Mag.de é necessário enviar sinais claros e evidentes; e pois que V. Mag.de deu tantos [sinais] aos venezianos e em Nápoles e em Florença e em Sanlúcar sem ter--se aproveitado de nada, maior obrigação tem de dar aos seus portugueses pois neles farão mais efeito e impressão como em filhos, porque são vivos muitos fidalgos e damas de palácio e capelães da sua capela e outros criados e criadas que se recordam de tudo, como eu o recordei a V. Mag.de, em Santarém, Coimbra e Almeirim; pelo que suplico a V. Mag.de venha a isto, e com breve resposta e carta poderá satisfazer ao reino e mostrará com os seus sinais mais que com o poder de França e Inglaterra juntos, para pô-lo pacificamente em seu estado. E assine V. Mag.de no fim das cartas que enviar em respostas a estas perguntas para que façam fé onde forem lidas no Reino, onde determino levá-las e fazer tudo aquilo que por V. Mag.de me for mandado.[16]

Sublinho apenas o que me parece mais relevante: frei Estêvão reconhece aqui que a memória é o mais decisivo dos operadores de prova. Mais do que a famosa lista dos sinais que tanto trabalho deu a recolher, mais do que todas as cartas e "resmas de papel" contendo profecias, relatos, prodígios, mais do que a influência dos Estados poderosos (Inglaterra, França), é a memória do pretendente que pode persuadir de forma cabal. Há aqui uma aceitação, num contexto de comunicação que se quer discreto, de que as principais objeções dos antissebastianistas tinham fundamento. Essa memória, que segundo frei Estêvão o "rei" já mostrara em diferentes ocasiões, estava ainda por se revelar inteiramente aos portugueses, e deveria sê-lo por escrito. Daí este documento, que teria vocação a tornar-se público e prova definitiva, permitindo desencadear a fuga.

Por outro lado, e ao mesmo tempo que entra no jogo da ficção messiânica — o "rei" no lugar de Cristo, ele próprio no lugar de João Batista —, convidando o seu destinatário à revelação final, frei Estêvão não deixa de sugerir as respostas, ou parte das respostas na própria formulação das perguntas (com nomes de lugares, pessoas, circunstâncias). As perguntas são como motes lançados ao "rei", ou indícios para respostas que, espicaçado, ele enfim encontraria na sua memória falível. Penso que elas traem, de certa forma, a dúvida persistente que o frade transportava em si havia anos, desde o seu envolvimento nesta história.

Frei Boaventura de Santo António

Enquanto em Sevilha Salvador Moreira se preparava para partir para Lisboa com as cartas, frei Boaventura chegava a Puerto de Santa María. A sua presença ali foi bastante curta. Alojado em casa do tintureiro, esteve três dias à volta da galé, conversando com o "rei" forçado, dando-lhe textos e pedindo-lhe, tal como frei Estêvão, uma série de cartas para pessoas em Portugal que deviam servir para as convencer. Era a primeira vez que via Catizone. Aos juízes dos processos, declarou que tinha conhecido o rei dom Sebastião. Sobre a sua reação ao encontro com o homem da galé, oscilou entre as várias versões possíveis: primeiro, reconhecimento, depois dúvida e estranheza, por fim negação.

Contrariamente a frei Estêvão, frei Boaventura precisava de ser ele próprio credenciado junto do "rei". Levava consigo um recado escrito por Tomé da Cruz que o apresentava como mensageiro de confiança. A esse bilhete tinha adicionado uma carta sua, sob o nome falso de Cristóvão de Araújo, mas deixando a entender que o seu verdadeiro nome era o que constava no recado de Tomé da Cruz. Na segunda vez que foi à galé, levou-lhe uma autoapresentação mais extensa, contando-lhe o seu percurso pela causa, alegando que tinha estado em casa de Battista Zara, o alfaiate de Verona, com um companheiro de prisão do "rei" em Veneza, com frei Cristóvão, entre outros; em suma, deu-lhe "sinais particulares" para que confiasse nele e lhe desse o que queria, que eram cartas para Portugal, as quais deviam elas próprias ter sinais particulares que "tirassem dúvidas a incrédulos e desconfiados".[17]

Desta sobreposição de textos com função credencial resultaram novos escritos redigidos por Catizone com assistência de Annibale Balsamo durante a última noite de presença do franciscano em Puerto de Santa María. Um deles era uma — mais uma — "carta de crença" aberta, que continha uma lista de 28 "nobres e principais portugueses" a que devia ser mostrada. Se não houve erro da parte do copista do manuscrito, Catizone e o seu secretário enganaram-se no nome que colocaram no sobrescrito: "ao nosso sempre amado e fiel, frei Boaventura de Araújo", lapso que, a ter existido, resume bem a precariedade do crédito que envolvia estes textos.[18]

Tendo partido a 2 de fevereiro de Puerto de Santa María, frei Boaventura de Santo António entrou no reino de Portugal pelo Alentejo, com destino mais uma vez a Lisboa. Foi apanhado a 10 de fevereiro, com todos os seus papéis, em Viana do Alentejo (então Viana do Alvito), bem perto de Alcáçovas, de onde era natural. Era a sua primeira etapa para entregar uma das cartas do "rei" a uma "irmã de leite" de dom Sebastião. Só que o marido desta, depois de ouvir o que o frade lhe contou, encontrou maneira de o entreter e mandar chamar o juiz da terra, que o prendeu, e imediatamente deu conta de tudo para Lisboa. Mas quando as notícias da prisão de frei Boaventura chegaram a Sanlúcar já a conspiração tinha abortado pela pena faladora do "charlatão".

CAPÍTULO 11
OS PROCESSOS DE SANLÚCAR

No dia 19 de fevereiro de 1603, Marco Tullio Catizone enviou da galé uma carta sob o nome de dom Sebastião à duquesa de Medina Sidónia, Ana Gómez de Silva, lamentando-se dos seus muitos trabalhos e necessidades e pedindo-lhe dinheiro. Referiu-se a ela como a "tão estreita parente" — a duquesa era filha do príncipe de Eboli, Rui Gomes da Silva, português de nascença mas sobretudo nobre com a dignidade de grande de Espanha, concedida por Filipe II. Queixou-se da crueldade dos castelhanos, isto como se a duquesa não fosse nada e criada em Castela, possuidora de títulos castelhanos por via paterna e materna. Tal como na carta que enviou para a família siciliana em 1598, é difícil encontrar uma justificação para esta iniciativa — e aqui menos ainda, pois esta última carta enviava o "rei" forçado, já em situação difícil, para a boca do lobo. Confirmando a autonomia da atuação do calabrês, o envio da carta mostra até que ponto este não ligava às instruções dadas por frei Estêvão para o projeto de fuga.

SOBRE UM RELATO MANUSCRITO DOS PROCESSOS

A carta para a duquesa vem transcrita no manuscrito da Biblioteca Nacional de Madri intitulado *Berdadera y suçinta notiçia...*, que já citei várias vezes e me serve de guia para este último capítulo. Faço aqui um parêntesis na narração para falar um pouco mais detalhadamente dele e ao mesmo tempo sublinhar a importância de compreender criticamente as fontes. Estas não testemunham apenas de eventos ou pessoas a que se referem explicitamente. Contam também outras coisas, como por exemplo a utilização que foi feita da própria fonte na época.

Já o referi no "Entremeio" sobre bibliografia e fontes: a *Berdadera y suçinta notiçia...* complementa a documentação do arquivo de Simancas sobre o processo de Sanlúcar. E isto por duas razões. A primeira é que nela se transcrevem vários documentos originais do processo que não se encontram em Simancas, nomeadamente as provisões e cartas apreendidas, além dos textos escritos na prisão pelos acusados. A segunda é que nos dá um relato da instrução dos processos desde a prisão de Catizone até à sua execução. Onde, nos maços do arquivo dos Habsburgos, encontramos uma recolha de ofícios e documentos avulsos — cuja articulação interna tem de ser reconstruída pelos investigadores —, o manuscrito da Biblioteca de Madri é um texto narrativo: os acontecimentos relatados são-no por ordem cronológica, existe uma divisão em capítulos, aparecem peripécias ocorridas nos processos, tudo coroado com uma interpretação que não é neutra, mas feita pelo prisma da acusação. O autor do texto nunca é identificado, mas o leitor compreende por pequenos indícios que se trata de alguém que esteve presente em praticamente todos os passos da instrução. Na verdade, o mais provável é que o autor tenha sido o próprio produtor de parte dos escritos que foram depositados em Simancas, isto é, o redator das atas e sínteses enviadas para o rei pelo juiz da Coroa e pelo duque de Medina Sidónia. Uma figura se destaca, com efeito, citada regularmente no texto, presente nos diferentes interrogatórios, anotando as palavras e as reações dos intervenientes: trata-se do escrivão do processo (*"el escrivano de la causa, el secretario de esta causa"*).[1] A sua "assinatura" encontra-se, discreta, em várias passagens. Quanto ao nome, é possível encontrá-lo nos documentos simanquinos. Tratase de Cristóbal de Bilbao, que trabalhou como secretário da instrução do processo, junto do duque de Medina Sidónia primeiro, depois do juiz do rei, Francisco de Mandojana.[2] Foi ele quem notificou a sentença final aos três prisioneiros mais importantes, os dois frades portugueses e Catizone, transcrevendo, quase em diálogo, as suas palavras — ou melhor, o que reteve delas e entendeu transmitir-nos. A sua presença implícita no texto, como testemunha presencial, acrescenta crédito ao que se lê, tal como os detalhes que dá sobre as circunstâncias das diligências, dos interrogatórios, das conversas.

Eis uma distinção importante entre duas fontes fundamentais para a investigação deste caso, resultante de duas atividades de tipo distinto, provavelmente feitas ou coordenadas pela mesma pessoa:

às ordens do duque e do juiz, Bilbao participa na criação e certificação de documentos sobre o processo judicial, permitindo o acompanhamento político do mesmo a partir do poder central. Ao mesmo tempo, ou a partir de dado momento, cria um relato com o objetivo de o fazer circular, em forma manuscrita, em meios letrados exteriores ao processo. O uso literário do processo judicial começa logo que este acaba.

Fim do parêntesis sobre as fontes. O mensageiro que Catizone encontrou para transportar a sua carta para a duquesa foi frei Francisco Ansaldo, capuchinho genovês. Segundo a confissão feita por este, o forçado teria ouvido dizer que o capuchinho tinha obtido do duque de Medina Sidónia uma graça poupando um soldado ao enforcamento. Tendo visto o monge passar diante da galé, Catizone saudou-o tirando o chapéu e disse-lhe: "Padre capuchinho, chegue-se e sente-se". E "tratou-lhe [falou-lhe] de coisas espirituais, da paciência". No dia seguinte, mandou-o chamar por um rapaz — provavelmente, Juan Mendes — e pediu ao capuchinho que levasse a carta, fechada e selada, para a duquesa, "pedindo-lhe esmola e que de palavra [o frade] lhe dissesse que padecia aquela necessidade e o socorresse". Deu-lhe dinheiro para a cavalgadura até Sanlúcar e para que lhe trouxesse de volta coisas para comer, e o frade, "movido de caridade", foi e entregou a carta — mas não em mão própria, porque tal não lhe foi permitido, e sim a um criado da duquesa.

A partir daqui as coisas evoluíram muito rapidamente: a duquesa deu de imediato conhecimento da carta ao duque, o qual enviou um despacho para o capitão da galé em que Catizone estava, dando-lhe ordem para que discretamente fizesse uma visita ao forçado e visse que cartas e papéis tinha e com quem se correspondia. A descoberta do conteúdo da caixinha de documentos e dinheiro levou até à família de António Mendes e, sobretudo, até frei Estêvão, que foi capturado no dia 25 em Sevilha, numa pousada ou numa taberna do bairro de Triana, graças a Juan Mendes, que sabia onde ele podia ser encontrado. Reconhecido pelo moço, frei Estêvão tentou fazer valer a sua condição de religioso, para alegar imunidade face à justiça secular. Foi levado, com os seus pertences, incluindo o sinete com as armas da Coroa e os vários papéis, para ser interrogado pelo duque de Medina Sidónia. No momento de embarcar para Sanlúcar, ainda tentou fazer desaparecer — engolindo-as — cartas que tinha escondidas debaixo da roupa.[3]

O DUQUE DE MEDINA SIDÓNIA

No verão de 1602, quando as galés de Nápoles passaram uma primeira vez pelas terras do 7º duque de Medina Sidónia, Alonso Pérez de Guzmán, tinha circulado mais um boato sebastianista. Segundo este, o duque e a duquesa de Medina Sidónia teriam ido ver e falar ao "rei" forçado. O prisioneiro teria dado nessa entrevista provas imbatíveis, identificando uma espada de dom Sebastião que este deu ao duque antes da partida para Marrocos, e reconhecendo uma serviçal negra da companhia da duquesa que antes teria estado ao serviço do rei português. Tal como no relato sobre a reação do conde de Lemos em Nápoles um ano antes, procede-se aqui a uma inversão: o duque teria implicitamente confessado a identidade do preso, como que "chorando de compaixão". O boato da espada e da criada circulou nas correspondências e integrou, como outros, os livros de Castro e do padre Teixeira. Também no arquivo ducal de Medina Sidónia se encontra uma cópia manuscrita de um destes relatos: isso significa que alguém o fez chegar ao duque e que, portanto, este estava a par da circulação destas falsas notícias que punham em causa a sua reputação.[4]

Talvez haja aqui um mecanismo mais geral de difusão de rumores pela escrita. Os relatos que difundem o boato da espada baseiam-se num evento verificável — a passagem efetiva da frota de dom Sebastião em 1578 por Cádiz, onde o rei português se encontrou com o duque de Medina Sidónia. Eis o que cria uma verosimilhança. A isto se junta a parte inverificável da anedota, que é a que se refere ao "reconhecimento". Este assenta numa situação reportada indiretamente e atestada por testemunhas distantes de quem lê. Ora, tal "reconhecimento" não poderia ser mais incompatível com o que foi a atuação do duque quando descobriu o conteúdo da carta enviada por Catizone e as ramificações que a impostura estava de novo a ganhar, a partir de Puerto de Santa María. Mas o leitor do relato que não tem acesso à versão do duque e que esteja predisposto a acreditar na versão messiânica é convidado a fazer uma amálgama entre a parte verificável e a inverificável.

Com as provas de um crime de lesa-majestade vindo bater diretamente à sua porta, o duque tinha ali uma ocasião dourada para servir o rei. A ética do serviço ao monarca, seu "dono", aparece de maneira enfática nas primeiras cartas do duque após a descoberta do caso. Em apoio desta obrigação moral, invoca o exemplo do seu antepassado homónimo, Alonso Pérez de Guzmán, "o bom", que esteve na origem do engrandecimento da sua casa, capaz de sacrificar o seu próprio filho em defesa de Tarifa e do rei de Castela no século XIII.[5] Mas, mais do que feitos heroicos passados, aqui, era questão de impostura e velhacaria, segundo as palavras do duque, feita por gente de baixa condição e tresloucada, apesar de perigosa pela sua obstinação.

De modo geral, os interesses desta grande casa senhorial tinham-se tornado indissociáveis dos da monarquia.[6] A morte de dom Sebastião e a sua consequência, a agregação de Portugal às possessões dos Áustrias, criou uma conjuntura favorável a um incremento dessa associação, até pela posição estratégica dos domínios dos Medina Sidónia na Andaluzia, próximos do Algarve e das possessões do rei de Portugal em Marrocos. O duque agarrou de imediato a oportunidade suscitada pelo desastre de 1578, posicionando-se como polo avançado do poder do Rei Católico, fornecendo-lhe informações sobre a jornada, mobilizando recursos para vigiar o mar e o estreito de Gibraltar. Esta atuação reforçou-se após a união das Coroas, com uma participação ativa do duque na adesão do Algarve e das praças africanas à causa de Filipe. O palácio de Sanlúcar acolheu alguns dos mais importantes nobres portugueses no regresso do cativeiro marroquino, que foram ali alojados antes de regressarem a Portugal — com cálculo político sobre o momento mais adequado para tal, por razões ligadas à questão sucessória. Em 1582, na continuidade desta série de gestos, o duque esteve pessoalmente envolvido na operação de resgate dos restos mortais de dom Sebastião, tendo sido encarregado por Filipe II de ir pessoalmente a Ceuta buscá-los e entregá-los em Faro, ao bispo do Algarve.

A ação logística e militar ao serviço da Coroa de Alonso Pérez de Guzmán traduziu-se na obtenção de altos cargos de comando. Em 1588, com a morte inesperada do marquês de Santa Cruz, foi nomeado para o comando da famosa "Invencível Armada", tornando-se capitão geral do Mar Oceano. Acumulou esta posição com a capitania da costa andaluza, ficando os dois cargos associados à casa ducal. Enfim, último ponto importante, após a morte de dom Filipe I (II), o duque ganhou a confiança do novo valido, o duque de Lerma. Integrou o renovado Conselho de Estado e desenvolveu uma estratégia de aliança familiar com o favorito, casando, em 1599, o seu filho mais velho com uma filha de Lerma.

O duque assumiu a vertente política do processo ao nível local, fazendo detenções e os primeiros interrogatórios; correspondeu-se com o poder central (o secretário de Estado Pedro Franquesa e, por trás deste, o duque de Lerma) e com o vice-rei em Lisboa (Cristóvão de Moura); deu sugestões de natureza processual e sobre a nomeação dos juízes; transmitiu instruções a estes últimos, vindas do centro político; enfim, avançou com parte substancial das despesas inerentes ao processo, que teve lugar "em sua casa". Não foi apenas intermediário ou conselheiro. Tomou decisões enquanto braço avançado do rei, nomeadamente sobre os momentos do recurso à tortura e da execução das sentenças.

Do ponto de vista do duque, uma das primeiras coisas a fazer era descobrir o mais discretamente possível a dimensão da rede de implicados. Com esse objetivo — apanhar cúmplices em Portugal e cortar pela raiz "matéria tão perigosa" —, o duque levou frei Estêvão de Sampaio para Sanlúcar de Barrameda. Cruzando os primeiros interrogatórios que fez ao dominicano com os documentos que lhe foram apreendidos e a Catizone, chegou aos nomes dos principais cúmplices portugueses: Bernardino de Sousa, António Tavares, Salvador Moreira. Nesses primeiros interrogatórios, o frade dominicano foi confrontado com as cartas e os documentos que lhe foram encontrados, reconheceu-os e confirmou detalhadamente a história da sua atuação em favor do prisioneiro desde Veneza — o qual continuava a identificar com dom Sebastião. A confissão "completa" de frei Estêvão contrastou com a atitude de Catizone. Trazido também ele para a prisão do castelo de Sanlúcar, e sem saber que o frade português ali estava detido, o calabrês começou por rejeitar as acusações que o duque lhe fazia, negando conhecer frei Estêvão de Sampaio, não respondendo quando se lhe dirigiam com o nome de Marco Tullio, declarando ser dom Sebastião. Também manteve a versão que trazia de trás quando o duque lhe disse que

> deus o tinha feito um pobre homem e não rei; e que o rei dom Sebastião havia muito tempo que estava morto e que ele [duque] tinha trazido os seus ossos de África e outras razões que convenciam; Marco Tullio disse, pondo a mão no peito, "este corpo é o próprio rei dom Sebastião e esse que Vx.a trouxe não o é"; e disse que tinha escapado da batalha de África com o duque de Aveiro e outros dois barões portugueses, que alguns eram vivos do seu exército e que ele tinha escapado embarcando-se no rio Mazagão e navegando [até] à Pérsia numa nau, e havia peregrinado pelo mundo e andado encoberto por

vontade de deus até que [este] foi servido que se descobrisse em Veneza; e outros embustes disse Marco Tullio no espaço de uma hora.

O ponto de vista, colado à acusação, da *Berdadera y suçinta notiçia...* aparece claramente neste excerto. Se Marco Tullio põe a mão no peito para fazer uma declaração solene, este juramento é desmentido pelos seus variados "embustes" — cujo desenvolvimento é poupado ao leitor. E pela presença do duque de Medina Sidónia, com o seu testemunho autorizado e argumentos convincentes. A transcrição das palavras do impostor, acompanhada da referência ao seu gesto solene, transmitem ao leitor um efeito de real, misturado com o aspecto patético das declarações. O diálogo foi observado às escondidas pelo escrivão do processo e outras testemunhas. Estavam numa divisão contígua, separada da sala onde o duque interrogava o preso por um dossel, de maneira que o interrogado pensasse que estava sozinho e confessasse com maior liberdade. Escondido na sala (e no texto), o autor não deixa de aparecer implicitamente no relato como testemunha do que conta.

Catizone também não reconheceu, pelo menos de início, as cartas que lhe foram achadas na galé, apenas o dinheiro, dizendo que o tinha recebido de esmola. Só após uma primeira acareação com frei Estêvão começou a reconhecer os contactos com os monges portugueses e as cartas que com eles trocou, mas mantendo a ficção régia.

Para a Secretaria de Estado, as boas notícias transmitidas de Sanlúcar pelo duque juntaram-se às boas notícias vindas de Lisboa sobre a prisão de frei Boaventura. No espaço de dois dias, tinham conhecimento das duas vias da conspiração para libertar o calabrês das galés e da continuação da sua impostura por meio de cartas destinadas a dezenas de membros de famílias portuguesas influentes. No essencial, todos os elementos batiam certo uns com os outros, comprovados por uma profusão de documentos que se foram recebendo, copiados ou resumidos, com as confissões e as cartas apreendidas. Iam poder transformar-se em prova judicial. Por trás deste trabalho de cópia e relatório, concretizava-se o princípio, não apenas retórico, de que a decisão final relativamente a cada passo importante do processo seria referendada pelo rei, o verdadeiro, isto é, por quem tinha o poder de legitimamente se nomear e fazer reconhecer como tal. Podia então começar a instrução dos diferentes processos-crime, de resto distintos segundo o foro que se aplicava aos diferentes acusados, secular ou eclesiástico. Em paralelo com os de Sanlúcar, decorreriam processos em Portugal para inquirir sobre a culpa dos capturados naquele reino.

A INSTRUÇÃO DOS PROCESSOS

Para instruir o processo da justiça régia, foi nomeado o juiz Francisco de Mandojana y Zárate, um dos principais magistrados da audiência de Sevilha. Para o julgamento dos religiosos, foi escolhido, por comissão do representante do papa (o arcebispo de Manfredónia), o juiz Luciano de Negrón, arcediago de Sevilha. A escolha de destacados juízes indicava a importância política conferida ao processo e à condenação dos culpados, que devia ser exemplar, definitiva e "conforme ao direito". A estratégia seguida em Nápoles, de poupar o preso a uma pena proporcional à gravidade do delito, para impedir os presumíveis estragos políticos provocados pela sua condenação à morte, tinha mostrado os seus limites.

Os estudos sobre a justiça penal em Castela insistem sobre o seu aspecto inquisitório nesta época. Destacam o papel ativo e não imparcial do juiz na face de acusação. A inferioridade processual do acusado e a busca ativa da sua culpabilidade — com interesse material de vários agentes no confisco de bens e na obtenção de uma condenação — eram constitutivos da prática judicial. A obtenção de prova através da confissão, com recurso, legitimado pelo direito, à tortura era o objetivo principal da acusação. No caso concreto dos crimes de que foram acusados Catizone e seus cúmplices, tratava-se de lesa-majestade, cume da traição dirigida contra o poder supremo e a pessoa do rei. A ela juntava-se a traição contra a verdade, o "crime de falso", com usurpação de identidade e falsificação de assinatura e insígnias régias.

No entanto, entre a vontade punitiva da lei e a realidade havia quase sempre um hiato importante, igualmente constitutivo do sistema penal. No caso concreto, a instrução dos processos foi rápida, mas a sua execução, dependente de numerosas diligências à distância, foi marcada pelas demoras. Para começar, logo falharam as diligências para prender os principais implicados em Portugal. As notícias da captura dos frades chegaram mais depressa do que o braço dos oficiais de justiça, tendo Bernardino de Sousa e Salvador Moreira conseguido fugir de Aveiro num barco francês para Nantes no final do mês de março.

O destino seria Paris, para perto de Diogo Botelho e seus próximos. Tomé da Cruz conseguiu esconder-se. António Tavares também logrou escapar do reino, embora depois, em fim de agosto, tenha sido detido em Roma, sendo mais tarde enviado para a prisão de Sanlúcar, onde ficou longos anos, antes de regressar a Portugal, a tempo de ser remunerado com novas mercês por dom Filipe III (IV) e, depois da aclamação dos Braganças em 1640, de ser nomeado bispo.

Marco Tullio Catizone

Ao cabo de dois meses, a instrução do processo do braço secular estava praticamente acabada. Catizone e demais acusados (António Mendes e família, além de uma dezena de galeotes) foram interrogados, formalmente acusados e a acusação foi dada como provada. Antes do final de abril, o juiz Mandojana tinha uma sentença pronta para enviar para consulta pelo rei. Catizone era dado como culpado de assinar diversos escritos em que se publicava como dom Sebastião, desde Veneza, e de se ter feito chamar por tal, por palavra e por escrito; de ter sido já condenado em Nápoles por este mesmo delito; de ter conspirado com os dois frades portugueses para uma fuga das galés com o intuito de ser reconhecido como rei em Portugal, tendo recebido dinheiro para esse efeito. Tudo isto tinha sido feito com malícia, isto é, com plena consciência da gravidade do crime, sendo notória a morte do dito rei em Marrocos, provada por testemunhas na época e confirmada pela passagem de 24 anos sem notícias de dom Sebastião. Sem que a documentação de Simancas indique os seus nomes, foram arroladas três testemunhas oculares da morte do rei no campo de batalha; com recurso às mesmas testemunhas, foi posta em evidência a dissemelhança física entre Catizone e dom Sebastião, sublinhando-se que não apenas eram diferentes, mas que em tudo eram contrários em feições e sinais particulares. O rei português era robusto, loiro e de olhos claros, enquanto o calabrês era de "diminuída pessoa", moreno e com cabelo e barba negras.[7] A insistência numa oposição física tinha por trás a ideia de que era impossível, numa perceção que fosse de boa-fé, tomar Catizone pelo rei. A malícia da impostura ficava patente. A tudo isto se juntava o não domínio da língua portuguesa da parte do acusado e a pública fama de ser calabrês.

Ao ser interrogado, Catizone persistiu em negar o seu nome, declarando não responder às perguntas se lhe chamassem Marco Tullio.

Ao ser-lhe deduzida a acusação, com nomeação de um advogado e procurador para a sua defesa, pediu papel e tinta para redigir a sua própria defesa enquanto rei dom Sebastião, uma vez que os oficiais nomeados não o queriam fazer. Refugiando-se uma vez mais na escrita, redigiu "em português, ainda que não com a perfeição de língua que se requeria", uma alegação em que mantinha a sua versão da história e devolvia a acusação de falso testemunho, nomeadamente sobre o processo de Nápoles, alegando terem sido compradas as testemunhas ali apresentadas — a sua esposa e o seu conterrâneo de Taverna — que o reconheceram como Marco Tullio Catizone. O Rei Católico era acusado de fazer justiça em causa própria: "E se não eu não fosse assim como sou o rei dom Sebastião, não se faria o Rei Católico juiz de sua própria causa, e todo o mundo o diz".[8] A referência ao que "todo o mundo diz" não é fortuita: o texto consiste num apanhado dos rumores que correram entre os sebastianistas para refutar o processo de Nápoles.

O juiz fez o acusado reconhecer mais aquele documento para juntar à acusação de falso testemunho e lesa-majestade, e ameaçou Catizone com a tortura caso este persistisse em negar a verdade sobre a impostura e a sua origem, e em não denunciar outros cúmplices. Foi-lhe enfim, dias depois, aplicado o procedimento de tortura habitual, chamada do "potro", em que o acusado, nu, era atado pelos braços a um cavalete e a um mecanismo de torno ao qual se iam dando voltas que apertavam os músculos, num garrote cada vez mais doloroso. Segundo carta do duque de Medina Sidónia de 22 de abril, "a poucas voltas [das cordas] e como pessoa tão perdida e tão baixa como é", o calabrês confessou. Disse seu nome e o dos pais, a terra de origem, e contou de forma relativamente detalhada a história da sua impostura.[9] Depois do "tormento", o preso ficou indisposto e febril. Mandaram vir um médico, que declarou que o seu mal vinha de "melancolia". O receio de uma morte prematura, rapidamente dissipado, manifestou-se por uma última vez.

A confissão de Catizone era coerente e coincidia com o que já tinha declarado em Nápoles. Também por isso, a possibilidade de ser alegada loucura ou possessão demoníaca não foi seriamente considerada — e muito dificilmente teria sido, desde o início, contemplada. Essa também não foi a estratégia de defesa do preso, que preferiu refugiar-se na sua ficção até ao momento da tortura. Ao contrário de muitos processos em que os juízes se dividiram e debateram em torno daquelas possibilidades, a prova era considerada aqui como irrefutável. Tratava-se de um caso de "loucura mundanal", para recorrer a um verso escrito por Catizone em mais um poema de prisão, já depois da confissão sob tortura. Em dez oitavas, exprimiu um lamento para entregar ao juiz, agora já não como dom Sebastião, mas numa posição de desengano, de alguém que espera, "sem mudar de cor/ em meu deus e meu senhor". Apesar de tudo, deixava ainda um apelo à misericórdia da justiça espanhola, prometendo passar o resto dos seus dias como eremita numa cova solitária e estreita, "como formoso e limpo de loucura/ loucura mundanal sem formosura".[10] Independentemente desta afirmação de sinceridade e humildade, porém, a voz que fala no poema parece ser a de antes, a de alguém que já não se apresenta como rei, mas que continua a exprimir os mesmos temas por meio de versos. Como na "elegia", declara-se nestas oitavas como abandonado e renegado por todos. Reaparece também a comparação com a paixão de Cristo e a enumeração dos símbolos do martírio, motivos das armas modificadas da Coroa.

Frei Estêvão de Sampaio

Em março e abril, a causa dos clérigos avançou paralelamente, com interrogatórios, acareações e recolha de testemunhos. A distinção entre jurisdições não impedia a circulação, entre um processo e outro, de testemunhas e documentos. No dia 22 de março, frei Estêvão foi interrogado pela primeira vez pelo juiz Negrón. Fez uma larga confissão, repleta de nomes e detalhes, sem esconder o seu empenhamento continuado em favor do prior do Crato ao longo da década de 1580 e a sua atuação em favor do preso a partir de 1598, com as suas várias viagens entre o reino de França, Veneza e Portugal. Tal como já tinha feito com o duque de Medina Sidónia, reconheceu as cartas, os nomes falsos na correspondência, o tratamento de majestade dado ao homem que dizia ser rei, a abertura do selo de prata em Sevilha, feita por ele mesmo. Confessou também ter conhecido dom Sebastião enquanto rei em Portugal e tê-lo visto e falado várias vezes com ele. O juiz confrontou-o então com um retrato do monarca, instando-o a que o observasse e comparasse com a sua memória. Depois de frei Estêvão confirmar que o retrato se parecia muito em quase tudo com o rei, o juiz mandou chamar Catizone e pô-lo em presença do dominicano e do retrato, pedindo-lhe que fizesse as mesmas comparações. Segundo a síntese feita a partir da sua confissão, frei Estêvão respondeu que não entendia que o retrato e sinais tivessem

> tanta diferença que o tempo não pudesse mudá-las, como é a cor do rosto morena e as barbas e cabelo que o tempo muda, e a fraqueza que tem; e que [n]a fisionomia do rosto e talhe de corpo, mãos e pés, segundo Deus e a sua consciência é o mesmo Rei dom Sebastião porque uma só coisa que lhe achasse a menos das que se sabe que tinha o Rei [...] o levaria a duvidar de todas.[11]

Quando confrontado diretamente com Catizone, mais do que sobre a questão da parecença física, foi sobre a questão da memória que frei Estêvão admitiu a existência de contradições em "algumas coisas muito assinadas e notáveis". Por exemplo, "a vila de Almeirim que disse que era cidade e uns palácios de Lisboa que são os de Xabregas de que o preso não dá razão". Trata-se, como vemos, de nomes de lugares presentes na lista de perguntas por ele elaboradas em Sevilha. Como já o fizera com a lista, negou perante o juiz que tivesse avisado previamente e com má-fé o suposto rei sobre os enganos deste.

Não se trata de tomar este relato feito perante o juiz como espelho de uma suposta sinceridade do frade. Mas foi claramente a estratégia da sinceridade a escolhida pelo religioso perante o juiz na primeira confissão. O frade teria agido com boa-fé, convicto de que o homem que dizia ser dom Sebastião o era verdadeiramente. Em seu juízo e consciência o fizera, sem pretender perturbar a paz na Cristandade e entendendo que "a Majestade Real del Rei dom Filipe" se alegraria de que dom Sebastião fosse vivo e lhe daria de boa vontade o reino que lhe pertence. Para terminar, e dadas as contradições constatadas, frei Estêvão declarou que lhe permanecia "um escrúpulo" sobre se não se teria enganado no seu juízo ou por alguma paixão e que se conformaria com o que dissessem teólogos, ainda que fosse contra a sua própria opinião.

Na confissão seguinte, a 3 de abril, frei Estêvão inverteu o sentido da primeira confissão, entrando pela brecha que tinha deixado no fim dela, a dos seus "escrúpulos". Num gesto comum em circunstâncias como estas, marcadas pela coação brutal, recuou totalmente face ao que tinha afirmado antes, declarando que as suas confissões até então tinham sido temerárias e apaixonadas. Tudo aquilo que tinha afirmado como verdadeiro o dava agora por falso, conformando-se com o parecer das autoridades religiosas que para isso tinham sido convocadas, o subprior (nomeado seu confessor) e o prior do convento de São Domingos de Sanlúcar. Esta mudança não era movida por "temor da morte corporal mas pelo bem da sua alma e descargo da sua consciência", fórmula piedosa que parece traduzir esse trabalho de conformação. Também em resultado desta conformação do frade a uma coação moral e jurídica, seguiram-se novas declarações, a 23 de abril, em que mencionou as idas clandestinas de João de Castro a Portugal e as manobras dos filhos do prior do Crato, em conjugação com as potências inimigas de Espanha. Nova reação característica dos acusados em causa crime: o aumento progressivo das denúncias à medida que se aproximava a sentença.

A duplicidade das novas declarações do frade pôde ser medida pelo juiz alguns dias mais tarde: um guarda, ao ir dar-lhe de comer na sua cela, encontrou cosido numa boina uma meia folha de papel dobrado muitas vezes. Nela tinha escrito frei Estêvão a retratação da sua retratação. Datada do dia seguinte à confissão de 3 de abril, era uma declaração formal, em português, "diante de Deus e da corte celestial e de toda a cristandade", de como o seu depoimento de negação da véspera tinha sido "forçado", coagido pelos superiores dominicanos, que lhe tinham recusado a absolvição caso não se desdissesse. Impedido de confessar-se a estes e por estes, e importunado por diversas pessoas havia um mês "continuamente, a modo de tormento", frei Estêvão declarava ter sido obrigado a "depor e renunciar ao seu próprio juízo e entendimento (como em matéria de fé)". Por este novo escrito, o frade voltava a declarar como verdadeiro tudo o que dissera antes:

> E revogo a satisfação forçada que dei diante do juiz eclesiástico, e assim todas as que adiante fizer. E tomo a Deus por testemunha que assim entendo a meu parecer que ele é verdadeiro Rei como o aqui escrevo e desencarrego minha alma, deixando a Deus o descobrir esta verdade, como pai das verdades. Este assino hoje, sexta-feira, quatro de abril [de] mil seiscentos e três, no castelo de Sanlúcar de Barrameda, frei Estêvão de Sampaio.

O escrito tinha uma adenda feita alguns dias depois, com nova assinatura: "E tornei a reconfirmar [esta declaração] aos doze de abril com sete adições". O que seriam as sete adições, não sabemos, tal como desconhecemos o conteúdo de uns versos (uma copla) em favor do "rei" que também foi encontrada ao frade. Outra fonte cita um poema, mas não corresponde a esta descrição: são cinco versos, escritos no breviário de frei Estêvão, em que este se compara a Jacques Clément, o dominicano que matou o rei de França Henrique III.[12]

A 29 de abril, o juiz Negrón voltou a chamar frei Estêvão para o interrogar sobre estes escritos. Este respondeu que os tinha feito para serem conhecidos após a sua morte, por descargo de consciência e para que se soubesse que tinha revogado as suas declarações anteriores. E perguntado por que o tinha feito respondeu que tinha voltado a "cair no seu primeiro erro e engano" ao ver a perseverança com que aquele homem continuava a dizer ser o rei dom Sebastião. Acrescentou que, após a sua retratação de 3 de abril, aquele lhe tinha dito que com aquela negação o frade condenava a sua alma. Ter-lhe-á depois citado as palavras do Evangelho de Mateus: *"sanguis meus, super vos"* ["o meu sangue cairá sobre vós"].[13] Não era a primeira vez que Catizone usava uma citação dos Evangelhos para se colocar na posição do messias e apostar no efeito que essas palavras podiam produzir. Continuando a justificar-se perante o juiz, o monge disse que foram estas palavras e a persistência de Catizone que o conduziram de volta aos argumentos e indícios em que tanto laborara antes. Mas soube então da confissão daquele após a tortura, e descobriu — nas palavras enfáticas da ata das suas declarações — "o seu embuste e invenção e hipocrisia e manhas".[14]

Num vaivém de declarações que era também habitual nestas situações extremas, eis o ponto em que o juiz encontrou frei Estêvão: a desdizer-se relativamente ao desdizer-se anterior. O homem era afinal um enganador que o tinha levado, a si e a outros muitos portugueses e venezianos, com as suas histórias que apanhava de uns e contava a outros. O dominicano puxou então pelo fio das suas objeções racionais à identidade régia de Catizone e começou a desenrolá-lo, apresentando os sinais em sentido contrário ao do convencimento, aqueles que o tinham feito duvidar da história nos seus princípios: as más companhias de "bargantes italianos", incluindo um "Alexandre" [De Bonis], de quem se dizia ter artes mágicas e contactos com o demónio ("espírito familiar"); ou os cabelos pintados de louro, para os quais o senador Querini tinha alertado.

Mais tarde, pediu papel e tinta e redigiu mais um documento, a que chamou "Declaração testamental", no qual desenvolveu ainda mais os indícios da falsidade do homem: erros persistentes na memória do tempo antigo, assinatura régia incoerente, contradições nos interrogatórios em Veneza, companheiros fugidos que deviam chegar e não chegaram, entre outros. Se não os levou a sério foi por cegueira, dele e coletiva dos que estavam à sua volta, que se autoconvenceram e se convenceram uns aos outros, rebatendo contradições, movidos pela antiga crença da sobrevivência de dom Sebastião. Para além de uma cegueira coletiva, havia a responsabilidade individual: João de Castro, com as suas profecias do aparecimento de dom Sebastião no ano de 1598, coincidentes com as novas que depois chegaram de Veneza, e mais tarde com o seu livro; Nuno da Costa e a sua mulher; frei Crisóstomo da Visitação, venezianos senadores e religiosos. Em apoio da crença havia também as profecias:

> uma infinidade de falsas profecias, falsas revelações, falsos contos a meu juízo e histórias que aqui o viram, acolá o encontraram, de que o Reino de Portugal está todo cheio [...]; e papéis intitulados de Santo Isidro, Sibilas, Bandarra, Nostradamus e outros infinitos abusos de predições de um Rei Encoberto.[15]

Às profecias antigas juntava-se o "juramento de Afonso Henriques", que parecia confirmar as notícias que vinham de Veneza, isto além da reputação de vida santa na prisão, dos sinais corporais que pareciam coincidir com os do rei, e do segredo guardado pela Senhoria que aumentou as suspeitas do mundo, e ainda da capacidade que aquele homem teve para enganar não apenas os ausentes mas também os presentes. A cegueira de frei Estêvão — o não ver coisas que "um asno e bruto animal se as visse com olhos abertos não se deixaria enganar" — vinha do desejo de que tudo o que aquele homem dizia fosse verdade. Cegueira sua e do grupo de portugueses e outros de "diferentes nações":

> E nós tão cegos que isto nos parecia um evangelho encoberto e eu mais que todos *peccavi, peccavi, peccavi* [pequei] [...] porque, se errei, a mim fiz mais mal que a qualquer [outro], com quatro anos perdidos em enganos alheios, deixando a minha quietude e exercícios religiosos em que vivi tantos anos, inclusive entre hereges de França; e [agora] no cabo da vida, fiando-me de homens por meus pecados permitiu Deus que caísse no fundo de toda a calamidade e não entendesse o meu erro se não em tempo que não o posso emendar.

Confesso-me agora também eu convencido pela "lucidez" da "Declaração testamental" de frei Estêvão, ao denunciar a sua própria "cegueira" anterior. Vejo-a como um ponto de chegada particularmente útil para compreender o episódio sobre o qual trabalhei aqui. Para lá das contradições em que caiu, e do vaivém das confissões, ela é coerente com um percurso em que o frade primeiro duvidou e refutou, depois acreditou, continuou a acreditar duvidando ou atirando as dúvidas para trás da mente, e caiu, enfim, no desengano final — um desengano brutal, retoricamente reforçado perante o juiz, tendo em vista uma eventual misericórdia no fim.

Mas, para ser justo e combater a ilusão dada pela escrita do (meu) texto, esta "lucidez" final do dominicano foi para mim bem mais ponto de partida do que de chegada: foi a partir deste documento e de outras confissões do frade feitas em Sanlúcar, dando crédito ao seu testemunho, que reconstruí uma história em que o seu ponto de vista assumiu importância central. Daí a ênfase que fui colocando na questão da crença e da dúvida ao longo do meu relato, tentando mostrar, sobretudo a partir do exemplo de frei Estêvão, como elas não se opuseram, antes fizeram parte de uma mesma e humana trajetória. Onde um juiz ao serviço do seu rei viu um crime de lesa-majestade sem atenuantes, penso que é necessário compreender os matizes que não interessaram a acusação mas que servem para interpretar historicamente um processo — em vez de o instruir. Dito isto, é também preciso salientar os pontos "cegos" da argumentação final do frade, aqueles que não aparecem no seu texto-testamento: a ambição, a vontade de poder, a aposta numa ascensão social vertiginosa graças ao protagonismo na conspiração messiânica; e o trabalho de falsificação de documentos e de profecias, a forja de um selo com as armas da Coroa. A este propósito, e colocando-me na posição imaginária de interrogador sem ser juiz, eis uma pergunta que se poderia fazer a frei Estêvão, com implicações éticas: como é possível acreditar e querer provar a autenticidade de uma reivindicação falsificando para isso documentos? A criação do falso — de documentos que sabemos falsos — é compatível com a reivindicação de uma verdade documental? Uma coisa não tem consequências sobre outra?

Para um início de resposta a este paradoxo, é possível recorrer à noção de *pia fraus*, de fraude ou mentira piedosa, usada por historiadores medievalistas: a forja de documentos é feita com a "intenção de produzir a prova que falta a um facto considerado verídico".[16]

A fraude, neste raciocínio, como a dissimulação em geral, são um mal menor comparado com a causa que se defende e o inimigo que se combate. Vimos atrás como frei Estêvão tentou convencer o "rei" da importância de saber dissimular. Como a fraude, esta podia ser moralmente legítima se fosse feita em nome de um desígnio considerado superior. Na cópia da "elegia" feita pelo dominicano, este aponta — com um dedo de uma mão desenhado na margem — para um verso que estabelece a distinção entre fingir e mentir. Junta-lhe uma citação evangélica: *"fingit se longius ire"* ["simulou que ia mais adiante", Lucas 24,28]. Trata-se do episódio em que Cristo ressuscitado encontra os dois discípulos no caminho para Emaús, que inicialmente não o reconheceram. A citação permitia, em teologia moral, salvar do pecado da mentira uma forma de fingimento legítimo.

A mesma ideia de uma mentira piedosa pode talvez aplicar-se a mecanismos mentais que afastam evidentes problemas de coerência interna num raciocínio para preservar a crença num projeto. Como uma fraude piedosa feita a si mesmo. Um exemplo possível é aquele que o duque de Medina Sidónia apresentou ao frade logo nos primeiros interrogatórios, quando o confrontou com as cartas apreendidas a Catizone. Uma dessas missivas que frei Estêvão enviou ao preso, reconhecida pelo frade como sendo da sua própria letra, era em língua italiana. Como é que o podia ter feito, se considerava o preso "natural português"? Frei Estêvão respondeu alegando com duas estadias do "rei" em Itália durante a sua longa peregrinação pelo mundo.[17] Este exemplo, que poderia figurar na "Declaração testamental" como mais um da sua cegueira, parece corresponder a uma dessas incoerências postas à distância em benefício de um bem maior, e às quais frei Estêvão deixou de poder responder depois da confissão de Catizone de 22 de abril. Neste sentido, é possível arriscar que, de alguma maneira, nos momentos de maior dúvida, frei Estêvão sabia que tinha à sua frente um impostor, mas terá feito por escondê-lo de si mesmo.

É claro que não foi de modo nenhum a estas especulações que se dedicaram o juiz Mandojana, nem o duque de Medina Sidónia, nem o Conselho de Estado de Castela quando se pronunciaram sobre a sentença. Muito pelo contrário: depois da confissão de Catizone, que reforçava o papel central do frade dominicano na conjura desde Veneza, depois dos avanços e recuos das declarações deste último, materializados na descoberta do papelinho escondido com a sua retratação, a convicção daqueles diferentes agentes sobre frei Estêvão apontava para o seu caráter dissimulado e dissidente, apaixonado, pertinaz, incorrigível. O crime era patente; as provas documentais e as que resultavam dos interrogatórios e acareações também. Uma traição de lesa-majestade continuada, com apelo à intervenção de potências estrangeiras, recurso ao falso testemunho feito com conhecimento de causa, transmissão de instruções sobre como fazer a assinatura régia ou escrever cartas, forja de documentos e insígnias. Documentos como a lista de perguntas a fazer ao preso, que atrás interpretei como reveladora das próprias dúvidas de frei Estêvão, ou a carta em italiano, constituíam, para o juiz e para o duque de Medina Sidónia, exatamente o contrário: eram prova evidente da sua má-fé.

Apesar de isso não ser referido nas alegações acusatórias ou na sentença, o frade acumulava, aos olhos da acusação, as culpas de toda a impostura, estando presente desde o início até ao fim dela. Se não esteve na origem direta do caso, conhecia certamente os responsáveis e estava ligado a eles. A acusação pressupunha uma conspiração portuguesa e anticastelhana. A hipótese de uma origem fortuita, ou imprevista, não portuguesa, da "ficção" sebastianista não fez parte do seu campo de possibilidades. De certo modo, pela sua obstinação, frei Estêvão representava todos os ausentes que a justiça régia não tinha conseguido apanhar. A isso se juntava o seu passado de notório "rebelde" antoniano, ilustrado nomeadamente pela sua participação, em 1589, ao lado do prior do Crato, no ataque inglês de Francis Drake a Lisboa. Numa alegação escrita para resolver uma dúvida sobre se os dois frades portugueses deviam ser condenados apenas a cárcere perpétuo ou despojados da sua ordem e relaxados ao braço secular para serem entregues à justiça régia e por ela executados, o juiz Negrón optou pela segunda, argumentando que a traição dos frades era a continuação da rebelião antoniana. Pelo caráter político e continuado no tempo da sua atividade subversiva, os dois frades, e especialmente frei Estêvão, eram ainda mais culpados do que Catizone.

Frei Boaventura de Santo António

A 25 de março, três dias após o início dos interrogatórios a frei Estêvão, frei Boaventura chegou ao castelo de Sanlúcar, enviado de Lisboa, para ser também ele interrogado e acusado. Do ponto de vista da acusação, o caso de frei Boaventura não apresenta propriamente singularidade relativamente ao de frei Estêvão. Acusado das mesmas culpas que o dominicano, embora pudesse ser considerado "homem mais fácil, [e] não de tanto entendimento e capacidade",[18] foi também ele indiciado de crime de lesa-majestade sem margem para atenuantes. Segundo o redator da *Berdadera y suçinta notiçia...*, a sua detenção e declarações permitiram averiguar melhor vários detalhes que frei Estêvão depois confirmaria. Tal como frei Estêvão, o frade franciscano começou por reconhecer os documentos e o essencial da sua movimentação em prol do prisioneiro, isto para além do abandono das vestes religiosas. De um interrogatório para outro começou também ele a conformar-se com o que possivelmente pensava serem as expetativas do juiz, primeiro desdizendo-se e declarando que o homem da galé não era o rei, e depois entrando em novos detalhes e denúncias: contra frei Estêvão (falsificador de licenças eclesiásticas), contra os cúmplices de Lisboa (mas num primeiro momento sem dar os seus nomes); contra Diogo Botelho e seus correspondentes em Portugal. Enfim, frei Boaventura acabou também ele a defender-se por escrito. Neste texto, recuou ainda mais: afastou qualquer responsabilidade consciente no seu envolvimento na causa sebastianista e atirou todas as responsabilidades para cima de frei Estêvão e o seu grupo (referido como os "da sua sinagoga", expressão que trai um forte antijudaísmo, algo que se encontra também nas declarações do dominicano ao referir-se aos judeus de Veneza); e também para cima de Tomé da Cruz. Todas as ações que empreendeu teriam sido feitas por persuasão e engano destes, assim como de Catizone. Contradizendo as confissões anteriores, jurou ter sido sempre fiel aos Reis Católicos e negou alguma vez ter acreditado que o preso fosse o rei e tê-lo afirmado publicamente.

Tal como aconteceu com o processo dos acusados leigos, o processo dos religiosos avançou rapidamente na parte instrutória. Na sua carta de 22 de abril, o duque de Medina Sidónia aponta para a entrega dos frades ao juiz Mandojana, sinónimo de degradação ao estado secular e de provável condenação à morte. Para justificar decisão tão grave era preciso alegar com o caráter incorrigível dos monges, o que ficou consignado com clareza na sentença final. Mas havia também questões processuais complexas, definidas pelo concílio de Trento, que passavam pela obtenção de certificados em Portugal, mediante o depoimento de testemunhas, das ordens sacras de cada um dos frades. Também eram necessárias licenças específicas para se poder torturar, o que era considerado indispensável para ampliar o leque de denúncias dos implicados em Portugal. Tudo isso tinha de ser feito por correspondência, entre Lisboa (onde se reuniam as atestações e testemunhos) e Sanlúcar. Na gestão política do processo vivia-se a contradição entre a lentidão das formalidades, com resistência pressentida por autoridades eclesiásticas portuguesas, e a pressa em despachar a causa e executar a sentença. Se, por um lado, existia uma pressão para acabar de uma vez por todas com a impostura, por outro a condenação à morte dos acusados significava o fim da possibilidade de obter confissões e, potencialmente, novas denúncias. Enfim, o atraso no juízo eclesiástico implicava o atraso no juízo secular, pois só após a entrega dos ex-frades ao juiz Mandojana este podia ultimar, com as últimas confissões e acareações, as sentenças. Por sua vez, estas tinham de ir a consulta do Conselho de Estado antes de serem promulgadas.

Cristóvão de Moura

Por trás das trocas de ofícios entre Sanlúcar e Lisboa havia outras questões. É possível detetar uma forma de tensão entre os dois homens encarregados da coordenação política dos processos: de Sanlúcar para a Secretaria de Estado, o duque de Medina Sidónia critica a lentidão dos procedimentos em Portugal; pelo seu lado, Cristóvão de Moura justifica tal lentidão e serve de intermediário das exigências de certidões da parte dos juízes portugueses. De acordo com as cartas de Moura, o duque e os juízes de Sanlúcar não estavam isentos de culpa nos atrasos (erro na transcrição do nome dos acusados, atestados incorretos).

De maneira mais geral, Cristóvão de Moura vivia os últimos tempos de um mandato de vice-rei marcado pelo que considerava uma ingratidão do rei a seu respeito. Em diversas cartas a dom Filipe II (III) dá conta das desatenções constantes aos seus pedidos e avisos políticos, incluindo no caso do calabrês — Moura considerava que este deveria ter sido bem antes transferido para Lisboa, para ali ser condenado à morte. Esta desconsideração atinge o seu auge na primavera de 1603, com a recusa do rei aos sucessivos pedidos de autorização da parte de Moura para se retirar para Madri, por o seu triénio chegar ao fim. Tendo em conta o seu historial de serviço à Coroa, a qualidade da sua pessoa e a sua própria reputação em Portugal quando esta negação fosse conhecida, tratava-se de uma forma de humilhação. Moura teve de se manter em Lisboa

OS PROCESSOS DE SANLÚCAR

até agosto — quando foi substituído no cargo — e só dois anos mais tarde é que pôde regressar à corte de Castela. Viria, ainda assim, a fazer um segundo mandato como vice-rei entre 1608 e 1612.

Em Portugal, após a fuga ou desaparecimento dos primeiros acusados, desencadeou-se uma vasta operação de busca para apanhar os foragidos portugueses, que se revelou infrutífera. Em abril, foram dadas ordens para revistar todos os navios franceses na costa portuguesa e espanhola e para reter a correspondência. O capitão Febo foi de novo preso em Lisboa. No mês de junho, após semanas de troca de correspondência entre Sanlúcar, Valladolid e Lisboa, Fernando de Meneses, senhor do Louriçal, António de Brito Pimentel e Luís de Brito de Meneses foram detidos e levados para a prisão do Limoeiro. Depois do falhanço na captura de Bernardino de Sousa e António Tavares, pelo qual Cristóvão de Moura teve de assumir parte da responsabilidade, as buscas, em diferentes cidades do reino, foram mais discretas. Uma vez conhecidas, o caráter público daquelas detenções trouxe o tema de "dom Sebastião" de novo para as conversas, como testemunha o *Memorial de Pero Roīz Soares*, que menciona também os éditos afixados nas portas da Ribeira contra Bernardino de Sousa e seus criados.[19]

Só no final do mês de junho é que chegaram ao juiz Negrón certidões da condição eclesiástica de frei Estêvão e frei Boaventura, assim como as autorizações para torturar. Na sequência da tortura, o franciscano pronunciou uma série de novos nomes, entre os quais o de Manuel da Silva de Sousa, comendador de Alpalhão, cunhado de Henrique de Sousa (irmão mais velho de Bernardino de Sousa e membro do Conselho de Portugal) e que tinha ligações familiares a Diogo Botelho. Acusado de ser um dos principais membros da rede sebastianista em Portugal, teria preparado as missões do cónego Lourenço Rodrigues e mantido correspondência assídua com Botelho. Foi preso em Valladolid e conduzido para Sanlúcar de Barrameda. Manuel da Silva de Sousa ficaria longos meses no castelo de Sanlúcar, protestando a sua inocência e a falsidade das denúncias feitas contra ele por frei Boaventura. Na primavera de 1604, essa inocência foi dada como provada.

Da tortura que foi feita a frei Estêvão para obter mais nomes e elucidar da sua responsabilidade no início da impostura existe um auto detalhado. A partir das quatro da madrugada de 30 de junho, o dominicano sofreu um total de seis voltas no potro, sem dizer nada de substancialmente novo, protestando já ter contado tudo. Dava "grandes gritos, chorando muitas lágrimas, fazendo muitos juramentos que não tinha mais que dizer e que ele próprio se condenou à morte por falar e confessar a verdade". Já perto das dez da manhã o juiz, "vendo que o dito frei Estêvão se desmaiava e que é homem velho e está fraco e muito debilitado", suspendeu o tormento.[20]

INTERVENÇÃO DE UM SAPATEIRO

Tal como aconteceu em todos os outros lugares por onde passou o impostor, as notícias sobre o falso dom Sebastião circularam na Andaluzia e noutras regiões, disseminando-se por lugares de discussão sobre as novidades, como tabernas e vendas. Na *Berdadera y suçinta noticia...* conta-se que um português, "homem baixo" [i.e., de condição plebeia], afirmou numa venda, situada a caminho de Jerez de la Frontera, que o prisioneiro de Sanlúcar era o rei dom Sebastião e que por isso não seria enforcado nem castigado sequer. As divergências sobre o assunto com o dono do estabelecimento levaram os dois a fazer uma aposta. Esta história, em que a tomada de posição sobre o caso é alinhada com uma oposição identitária português versus castelhano, terá chegado aos ouvidos de um aguazil, e o português foi preso e levado para Sanlúcar. Este microepisódio cruza-se, na pena do narrador do manuscrito, com outro: o da intervenção temerária de outro português, sapateiro e sebastianista convicto, que chegou ao conhecimento do juiz Mandojana no final do mês de julho. Chamava-se Pedro Dias Jardo, era natural de Santarém e tinha fugido de Portugal por dívidas ou malversações. Foi preso no castelo de Sanlúcar por ter escrito uma carta, fechada, que entregou a um aguazil para ser endereçada ao duque de Medina Sidónia e ao juiz Mandojana. Com a carta, foi o próprio sapateiro quem o aguazil levou até ao juiz. Na missiva, o homem dizia que tinha visto nas galés o preso quando a frota passou por Barcelona, e que aquele era o rei dom Sebastião, que o sapateiro conhecia por ter participado na jornada de África. Pedia, por isso, que o deixassem ver o prisioneiro em Sanlúcar, para confirmar que se tratava da mesma pessoa que tinha visto em Barcelona.

Em apoio da sua convicção, o sapateiro utiliza na carta uma argumentação que, no essencial, é bastante semelhante à dos autores sebastianistas: invocação de uma autoridade de testemunha presencial;

OS PROCESSOS DE SANLÚCAR

espanto pela mudança física constatada no "rei", antes jovem forte e louro, agora "desfigurado" e reduzido a pele e osso. Em favor da identificação régia, o sapateiro invocou vários indícios dados pelo preso em sua presença. E as profecias: Santo Isidoro de Sevilha, Bandarra (com a profecia da chegada do Encoberto em cavalo de quilha), o "juramento" de Afonso Henriques. A isto se juntava o testemunho do capitão Febo, em Lisboa, feito perante importantes senhores e fidalgos.[21]

A coincidência entre as referências convocadas pelo sapateiro e pelos letrados sebastianistas pode ser lida de pelo menos duas maneiras distintas: o seu testemunho demonstraria mais uma vez a existência de um sebastianismo popular inseparável do letrado, com um discurso e referências comuns em circulação, pela oralidade e por cartas, de forma transversal a grupos sociais (Bandarra era sapateiro); mas ela pode também ser lida de forma um pouco mais conspirativa, com o sapateiro a funcionar como possível peão de uma mensagem mais elaborada que lhe teria sido "soprada" por alguém cujo nome ele dissimularia. Tal possibilidade deve ter passado pela mente do juiz Mandojana, que mandou torturar Pedro Dias Jardo para saber se havia outras motivações e pessoas na origem da redação da carta. Mesmo depois do tormento e de uma acareação com Catizone, o sapateiro manteve que tinha sido apenas sua a iniciativa de redigir a carta — e manteve a sua versão de que se tratava de dom Sebastião, apesar das pressões em contrário dos circunstantes e de uma reação de zombaria do próprio calabrês. Até que, enfim, com o passar dos dias na prisão, se retratou, e pediu perdão, dizendo que tinha o "juízo perturbado" e que com a lua cheia isso se agravava por causa de uma ferida que tinha na fronte.

A insistência do sapateiro e o caráter aparentemente temerário da sua intervenção podem ser relacionados com a relação de outros protagonistas desta história com o escrito. As cartas escritas por frei Crisóstomo, por frei Estêvão para o grão-duque da Toscana, mas também a de um antigo companheiro de cela de Catizone em Veneza, outros escritos ainda, apresentam um semelhante tom categórico e uma mesma ousadia em transmitir diretamente uma mensagem extraordinária aos detentores do poder. Para lá de considerações sobre a sua ineficiência tática, talvez se possa pôr a hipótese de elas terem em comum um investimento particular na escrita, uma crença na sua força específica, como se ela tivesse um poder próprio, quase mágico.

Essa crença no poder da escrita e do texto seria um traço antropológico, transversal a diferentes grupos sociais e posições ideológicas.

Sentenças, degradação, interrogatórios, novas sentenças, sua execução

A condenação dos frades a serem relaxados ao braço secular, e consequente entrega à justiça do rei, foi pronunciada a 20 de agosto de 1603, tendo a cerimónia pública sido realizada a 1º de setembro. O relato da cerimónia descreve um aparato cénico que serve para mostrar o caráter exemplar e extraordinário de que o ato se revestia. Um ato que, como todos os atos cerimoniais de justiça em sociedades tradicionais, representava a ordem e ao mesmo tempo restaurava performativamente essa ordem que o crime perturbara.

À porta da igreja, junto do palácio ducal, na presença do duque e de outros senhores da região, foi montado um tablado com dois altares, um reservado ao bispo de Cádiz, ao juiz apostólico Negrón e às seis dignidades eclesiásticas que, nos termos do Concílio de Trento, deviam assistir à cerimónia; o outro altar era para os dois homens que iam ser degradados das suas ordens. No início, no palco, só se veem as insígnias episcopais, ao lado de um dos altares, e os hábitos de sacerdote, ao lado do outro. Sobem então ao estrado o bispo e, após ele, os seis prelados para se instalarem nos lugares previstos, segundo o estatuto de cada um. Junto ao outro altar estão outros clérigos, padres e monges. Um mestre de cerimónias abre o ato, pedindo silêncio. O bispo veste os hábitos pontificais e o juiz ordena a um aguazil que traga os dois monges. Subindo ao palanque, estes endossam uma última vez as roupas de sacerdócio e, perante "grande concurso de pessoas", escutam cada um a sua sentença. Estas dão como provadas todas as acusações de crime de lesa-majestade contra o rei, o reino de Portugal e a sua república, e contra as suas próprias obrigações de vassalos de um "rei e senhor, verdadeiro e natural", que, como religiosos — frei Estêvão com a agravante de ser letrado —, tinham especial obrigação de guardar.[22] São por isso depostos de todas as suas ordens, maiores e menores, assim como de todas as mercês, imunidades e privilégios inerentes, para serem entregues à justiça secular. Depois da leitura procede-se à retirada cerimonial das ordens, que consiste numa operação rigorosamente simétrica à da ordenação. São-lhes retirados todos os atributos sacerdotais e clericais: das mãos os cálices, do corpo as insígnias e hábitos de sacerdotes e de frades. Estando já vestidos como leigos, com ferragoulo e chapéu (os hábitos com que tinham andado "encobertos" tantas vezes), vem um barbeiro ao palco e rapa-lhes o cabelo, tirando-lhes tonsura e coroa, símbolo das ordens menores. Enfim, o juiz apostólico Negrón "levant[a-]se do seu assento e, com grande modéstia e mostras de dor, abraç[a] os religiosos" e declara que os entrega à justiça do rei, também ali representada pelo doutor Mandojana, fazendo os costumados apelos — semelhantes aos da Inquisição — para que a justiça real seja benigna e misericordiosa com os degradados e para que não haja efusão de sangue, apelos que não fazem senão confirmar que a cerimónia de degradação é já uma antecâmara da forca.

A partir daqui o juiz Mandojana pôde finalmente concluir a causa-crime, incluindo nela os dois novos acusados. Estêvão de Sampaio manteve nos interrogatórios a sua linha de defesa, de que os crimes que praticara haviam sido sem malícia, atirando toda a culpa para Catizone, que envolveu de acusações cada vez mais fortes, assentes em estereótipos negativos sobre o seu caráter de italiano "astuto e manhoso [...], enganador do mundo". Juntou às suas confissões alguns detalhes que não tinha dito ainda, como a sua participação na Batalha de Alcântara em 1580, a cavalo e com armas na mão. Entre os novos nomes que denunciou contava-se o do próprio vice-rei de Portugal, Cristóvão de Moura, avançando com indícios — como o facto de o irmão deste, Pedro de Moura, padre jesuíta em Roma, alegadamente ser favorável ao falso rei — que não foram levados a sério, tendo sido interpretados como uma forma de ganhar tempo de vida.

Numa última tentativa de obter alguma forma de perdão, Sampaio voltou a pegar na pluma e a dirigir-se ao juiz por escrito, insistindo em que o crime de lesa-majestade fora praticado exclusivamente por Catizone e em que os que o seguiram o tinham feito sem malícia, mas por engano e ignorância. Para o provar, remetia para o processo de Veneza, o qual mostraria ao juiz a capacidade de embuste do "astuto italiano". Mas nesta altura Sampaio sabia que a sua condenação à morte era inevitável. O seu pedido não se destinava a "pedir vida", mas sim uma "morte religiosa e honesta".[23] Não era um pedido meramente simbólico — ou então sim, mas na medida em que o simbólico é sinónimo de uma relação com um juízo que já não é o dos homens. Concretamente, tratava-se de ter direito a uma última confissão e sacramentos dados no altar. Deste modo, Sampaio apelava para que na morte os ex-frades ainda fossem considerados como religiosos, e não como gente infame a quem estaria reservada uma morte infame — essa era a forma como iriam morrer Catizone e os demais incriminados. Numa graça derradeira, escreveu Sampaio, a justiça de um rei católico seria igualada à misericórdia.

Dois dias mais tarde, a 18 de setembro, foram pronunciadas enfim todas as sentenças em conjunto, depois de revistas no Conselho de Estado. Eram as mesmas que o juiz propusera desde o mês de abril: Catizone, depois de lhe ser cortada a mão direita com que assinara em nome de dom Sebastião, seria enforcado e esquartejado e os seus quartos espalhados pelos caminhos. A única diferença relativamente à sentença inicial diz respeito ao derradeiro passo da exibição da violência régia: enquanto o juiz Mandojana defendia que a cabeça do enforcado fosse enviada a Lisboa para ser publicamente mostrada numa jaula de ferro, a consulta vinda da Secretaria de Estado anulou essa disposição, por não considerar justo que a memória do castigo por um crime cometido por um calabrês, longe de vassalos que tinham permanecido fiéis, fosse exibida a estes de forma tão crua. Era um princípio de prudência política: mesmo depois da morte do protagonista, colocava-se a questão da publicidade ou da discrição com que o caso do falso rei seria tratado. Tendo em conta as possíveis reações em Lisboa, optou-se pela segunda. A cabeça e a mão direita seriam exibidas em lugares públicos, sim, mas em Sanlúcar.

A sentença aplicada aos homens humildes que em Puerto de Santa María colaboraram com os frades e com Catizone demonstra a severidade da justiça. Todos foram considerados colaboradores conscientes de um crime de lesa-majestade. Pelo seu papel ativo na execução do crime, foram também condenados à pena capital o tintureiro António Mendes e os dois forçados envolvidos diretamente na assistência a Catizone: Annibale Balsamo e Fabio Craveta. Quanto aos outros acusados, apenas um foi considerado inocente. Para uma parte deles houve agravamento de duração da pena na galé, para outros condenação a cem chicotadas e/ou desterro. A mulher de António Mendes, Elvira Sanches, acumulou estes dois últimos castigos. O filho, Juan Mendes, também foi desterrado. Os dois portugueses mercadores em Sevilha que cooperaram na obtenção do crédito levaram pesadas multas. O sapateiro Pedro Dias Jardo foi condenado a açoites e a oito anos nas galés.

Segundo a *Berdadera y suçinta notícia...*, quando o escrivão da causa lhe notificou a sentença, Catizone, depois de ter observado longamente o secretário da causa, declarou que apelava da sentença para o Rei Católico, pedido que assinou e acompanhou com a redação de algumas frases em latim que são uma espécie de autoepitáfio:

Ego ad mortem sententiatum. Ad deum postquam A Catholico Rege irato Ad Catholicum Regem placatum Apellato Idem Marco Tulio.[24]

Este texto, que aqui transcrevo tal como aparece no manuscrito, não pode em rigor ser traduzido. Houve erros de cópia do escrivão ou erros de latim de Catizone. Se a tentarmos corrigir, arriscamo-nos a que a frase diga o que nós queremos, e não o que ela quis dizer. Tendo consciência disso, e abreviando um pouco explicações, arrisco mesmo assim a hipótese de que, na primeira frase do epitáfio — de "*Ego*" até "*Ap*[*p*]*ellato*" —, Catizone tenha querido dizer que a sua condenação à morte foi ditada pela necessidade de aplacar a cólera do Rei Católico. E se, no fim da sentença, a palavra "*Idem*" estabelecer uma relação anafórica entre "Marco Tullio" e o sujeito da frase ("*ego*"), arrisco-me a propor a seguinte hipótese de tradução: "Eu [fui] condenado à morte e chamado por Deus, para aplacar a cólera do Rei Católico, tal como Marco Tullio". Esta hipótese — impossível de provar — leva-me a uma comparação sugestiva, que já ensaiei no capítulo sobre os textos do "charlatão". Catizone estaria a comparar a sua morte à de Marco Tullio Cícero, também ele proscrito depois da morte de César e entregue por Otávio à vingança de Marco António. A analogia com a morte de Cícero seria para Catizone uma última forma de assinatura literária, emprestando dignidade e lenda — trata-se de um epitáfio — à sua própria morte. Marco Tullio (Catizone) estaria ainda escondido por trás de Marco Tullio (Cícero).

Em seguida, o narrador da *Berdadera y suçinta notiçia...* transcreve as palavras que os três protagonistas terão trocado entre si, perante o escrivão da causa e outras "pessoas que se acharam presentes a estas notificações". O texto coloca o leitor na posição fictícia de "espetador" de uma cena "viva", dando-lhe acesso às falas aparentemente espontâneas dos condenados: ilusão de presença. Atravessa estes breves diálogos a ideologia edificante de um arrependimento dos pecadores perante Deus e de um último perdão trocado entre eles — ou não, pois, segundo o relato, Catizone recusou a intimação de

Estêvão de Sampaio para que lhe pedisse perdão pelo seu embuste. A derradeira consolação do ex-frade — e por isso disse, como numa oração final, *sit nomen domini benedictum* ["o nome do senhor seja louvado"] — acabaria por ser a garantia, dada por um aguazil, de que teria, com Boaventura de Santo António, direito a última confissão e "santíssimo sacramento de altar", como suplicara.

Ao contrário do que tinha sido preconizado desde o início nos despachos vindos da Secretaria de Estado, a sentença dos ex-frades não foi aplicada ao mesmo tempo que a de Catizone. A simultaneidade das execuções capitais esteve prevista pelo juiz até uma semana antes da data, mas o duque de Medina Sidónia fez retardar a dos antigos religiosos, alegando que a ordem expressa do rei naquele sentido não tinha chegado. Só por volta de 20 de outubro é que ela teve lugar.

A execução da sentença capital de Marco Tullio Catizone e dos três cúmplices de Puerto de Santa María — António Mendes, Annibale Balsamo, Fabio Craveta — decorreu na praça da ribeira de Sanlúcar, mesmo junto à foz do Guadalquivir, a 23 de setembro. Segundo a *Berdadera e suçinta noticia...*, Catizone foi arrastado até à praça numa grande cesta e subiu a um tablado. Declarou aos que tinham vindo assistir à cerimónia as suas culpas e que a pena que ia padecer era justa, e que tinha grande pena dos que iriam padecer, sem culpa, por causa dele. Os verdugos começaram a fazer o seu ofício, cortando-lhe a mão direita "com uma presteza não vista", após o que Catizone se levantou, "dizendo só uma vez 'Ai', e bem baixo que poucos o puderam ouvir". E subiu para a forca, onde proferiu novas palavras de arrependimento e perdão. Foi então enforcado, e o seu corpo esquartejado, a cabeça e a mão exibidos em lugares públicos.[25] O seu comportamento nos últimos instantes de vida teria revelado inteireza de juízo, paciência perante a dor e a morte e arrependimento: tudo o que lhe faltara até então — é o que o leitor do manuscrito é convidado a deduzir no fim da narrativa edificante do escrivão.

EPÍLOGO

No fim deste percurso, não será má ideia voltar a ligar brevemente entre si as duas partes do livro. À reflexão sobre o poder amnésico da memória sebastianista, pela qual comecei, seguiu-se um trabalho de reconstrução do horizonte de conhecimento dos contemporâneos no que toca às notícias que circularam sobre a Batalha dos Três Reis, o que permitiu uma leitura renovada do episódio de impostura que se iniciou em Veneza. Em vez de se partir de um mistério sobre a morte do rei que estaria na origem (afinal de contas plausível de uma crença em rumores e falsos reis), foi o pôr em questão o mistério fundador — "o único mistério é haver quem pense no mistério", como escreveu Fernando Pessoa-Alberto Caeiro — que abriu a porta a uma leitura não essencialista daquilo a que aqui chamei primeiro sebastianismo.

A deslocação do questionário não retira o interesse a este objeto histórico, pelo contrário. A partir do momento em que se interroga o episódio iniciado em 1598 com pressupostos deste tipo — não essencialismo, caráter problemático da reivindicação sebastianista inclusive aos olhos dos seus contemporâneos, ausência de apoio claro e continuado das potências rivais da monarquia hispânica —, uma série de novas perguntas aparecem, às quais fui tentando dar resposta. Não acreditando muito em conclusões que acrescentem alguma coisa ao que já ficou escrito, retomaria aqui apenas dois ou três pontos, como fios de uma costura que ficaram por rematar.

O primeiro diz respeito ao impacto internacional e à relativamente longa duração do episódio iniciado em Veneza. Dois aspectos, interligados entre si, permitem uma explicação: em primeiro lugar, o uso político da impostura, ou seja, a sua instrumentalização para obter dividendos políticos pelos diferentes Estados, começando na República de Veneza e terminando na monarquia ibérica ela própria, com a sua estratégia de garantir a sobrevivência do prisioneiro como arma para combater o rumor; em segundo lugar, é preciso sublinhar a força que teve a lenta incubação do rumor em Veneza, com o longo tempo passado na prisão pelo homem que dizia ser dom Sebastião. Ao guardá-lo preso durante mais de dois anos sem se pronunciar sobre a sua identidade, a República contribuiu objetivamente para ativar o espetro messiânico de um rei "encoberto" — e não por vontade própria, para expiar os seus pecados, mas retido em masmorras sem poder ser visto.

Este parece, aliás, ter sido o mais eficaz dos argumentos utilizados pelos sebastianistas ao longo de toda esta história. Segundo a lógica de "não há fumo sem fogo" (ou "um rumor que dura tanto tempo tem certamente uma parte de verdade"), o longo período passado nas várias prisões alimentou um sentimento de injustiça que teve efeitos à distância, alimentando as murmurações e a insatisfação política em Portugal. Tal permitiu igualmente aos exilados políticos portugueses ganhar tempo para se organizarem, viajarem até Veneza, ativarem apoios diplomáticos e reunirem documentos para provar as suas teses. O messianismo sebastianista ganha assim uma nova dimensão de luta política, que se junta à dimensão ideológica que já conhecíamos; ele não é estático, simples espera da chegada de um "encoberto". Resulta de um combate concreto, aberto à intervenção dos homens no mundo, que as deambulações dos monges portugueses através da Europa ilustram bem.

Esta atuação política traduz-se igualmente no uso das notícias e dos rumores nos debates e controvérsias "partidárias" sobre a identidade do pretendente. É nesse terreno escorregadio que a luta parece mais indecisa, ganhando os boatos quase sempre um avanço sobre os seus desmentidos. Aliás, para combater a lógica imparável dos rumores sebastianistas, os diferentes Estados jogam com as mesmas armas, como fez o grão-duque da Toscana ao pôr a circular a falsa notícia de que o prisioneiro ia ser transportado de Florença para Roma e não para Nápoles. Para impedir a circulação de mais boatos, fazem-se circular outros boatos, contra a dissimulação, usa-se o fingimento.

Um outro ponto relaciona-se com a questão da crença. A conflitualidade no pequeno grupo sebastianista foi tão intensa, que nos convida a perguntar se tais níveis de desconfiança entre indivíduos não

EPÍLOGO

tiveram consequências sobre a própria adesão à causa. Em eco ao título de um livro de Paul Veyne, podemos perguntar-nos se os sebastianistas acreditaram (realmente) nos seus mitos.[1] Da descrição que fiz da caminhada semeada de incoerência de frei Estêvão de Sampaio retiro uma resposta afirmativa, acrescentando que a fé ou a crença, qualquer que seja o seu objeto, não é uma entidade necessariamente estável, ela é compatível com a dúvida, a negação e a contradição. Foi pela ampliação da observação à escala deste homem que tentei dar complexidade a este problema. Entre o monge pleno de reserva mental que imaginaram os juízes e o homem alucinado sem capacidade de recuo, existe um meio-termo estimulante de um ponto de vista metodológico.

Penso que a questão não se coloca da mesma maneira se nos referirmos ao calabrês Marco Tullio Catizone. Com ele, as interrogações sobre a crença deparam-se com obstáculos de outra dimensão. Aos meus olhos, a lógica do seu comportamento permaneceu, de certo modo, enigmática até ao fim. Durante a maior parte da investigação, trabalhei a partir da hipótese de uma forma de loucura. Se, à chegada, não a descarto, não fui capaz de a descrever ou explicar. Preferi enveredar pelo chão mais seguro da análise dos seus textos e da relação entre estes e o desenrolar dos acontecimentos. A identificação dos seus diferentes escritos, bem como a questão da circulação do seu nome e das cartas forjadas, coloca dificuldades de interpretação, mas é indispensável para uma compreensão do episódio e da atuação do seu protagonista.

Mas, para acabar ainda falando de Catizone, é possível levar um bocadinho mais longe as pistas sugeridas ao longo do texto, nomeadamente nos dois últimos capítulos. A descrição da relação entre frei Estêvão e o preso na galé permite-nos entrever a distância que existia entre as expetativas destas duas figuras, em aparência envolvidas numa mesma ação. Enquanto o monge instava com o rei para que se comportasse e se revelasse como tal pelos seus escritos, afastando as dúvidas que persistiam em Portugal, Catizone tergiversava, gastava o dinheiro que frei Estêvão lhe tinha dado em roupas ou partilhava-o com os companheiros de banco. Tem de ser colocada aqui a possibilidade de Catizone nunca ter querido fugir e de não ter tido a intenção de embarcar na "aventura" sebastianista. A hipótese parece-me plausível e seria coerente com a postura de alguém que, mais do que querer realmente ocupar o lugar de dom Sebastião (o que seria a definição de um "verdadeiro" impostor), pode simplesmente ter querido ser "aquele que dizia que era o rei dom Sebastião".[2] A vantagem de tal hipótese é que ela ajuda a manter a pesquisa ao nível dos enunciados e dos textos, e a resistir à tentação do psicologismo. A sua desvantagem é que me obrigaria a explorar novas possibilidades de interpretação, suficientemente importantes para me forçarem a mergulhar de novo na documentação e me exporem ao risco — sempre real — de nunca colocar um ponto final no texto...

NOTAS

CAPÍTULO 1
UM TÚMULO PARA DOM SEBASTIÃO [PP. 17-41]

1   Para citar apenas autores portugueses presentes na batalha: Fernão de Góis Loureiro, *Breve summa, y relacion de las vidas, y hechos de los reyes de Portugal*. Mântua: Francisco Osana, 1596, pp. 82 ss.; Jerónimo de Mendonça, *Jornada de África*. Lisboa: Pedro Crasbeeck, 1607, ff. 61 ss.; Miguel Leitão de Andrada, *Miscellanea do sitio de N.S. da Luz do Pedrógão Grande...* Lisboa: Mateus Pinheiro, 1629, pp. 195 ss.

2   José Maria de Queirós Veloso, *Dom Sebastião*. Lisboa: Empresa Nacional de Publicidade, 1935.

3   Michel de Certeau, *L'Écriture de l'histoire*. Paris: Gallimard, 1975, p. 119. [Ed. bras.: *A escrita da história*. Trad. de Maria de Lourdes Menezes. Rio de Janeiro: Forense Universitária, 2010.]

4   A autora lembra que a fórmula foi utilizada a propósito da recusa inicial em acreditar na notícia da existência de campos de extermínio nazis.

5   D.L. Wheeler e W.C. Opello Jr., *Historical Dictionary of Portugal*. 3. ed. Lanham: Scarecrow, 2010, p. 248 ss.

6   Miguel Salvá, Marquês de Pidal e Marquês de Miraflores, *Colección de documentos inéditos para la historia de España*. Madri: Imprenta de la Viuda de Calero, 1862, vol. 40, p. 93.

7   Para uma visão geral, continua a valer a pena começar pela síntese de J. Lúcio de Azevedo, *A evolução do sebastianismo* (Lisboa: Presença, 1984 [1917]). Ver, mais recentemente, o capítulo de João Medina, "O sebastianismo: Exame crítico dum mito português", em *História de Portugal* (Amadora: Ediclube, 1995, pp. 251-386).

8   Miguel Dantas, *Les Faux Don Sébastien: Étude sur l'histoire du Portugal*. Paris: Auguste Durand, 1866. Existe tradução portuguesa (Odivelas: Heuris, [s.d.]), com o inconveniente de as fontes castelhanas e portuguesas, já traduzidas para francês no livro de Dantas, serem ali novamente traduzidas do francês para português sem passarem pelo original.

9   Joel Serrão, *Do sebastianismo ao socialismo em Portugal*. Lisboa: Livros Horizonte, 1983 [1969], p. 33. O livro retoma e desenvolve a reflexão do artigo "Sebastianismo" publicado no *Dicionário de história de Portugal*, coordenado pelo mesmo Serrão.

10 "Carta-prefácio a Malheiro Dias", em António Sérgio, *O desejado: Depoimentos de contemporâneos de dom Sebastião sobre este mesmo rei e sua jornada de África* (Paris: Aillaud; Lisboa: Bertrand, 1924).

11 Ver Miguel Real, *Nova teoria do sebastianismo*. Lisboa: Dom Quixote, 2014.

CAPÍTULO 2
O QUE É QUE ELES (E ELAS) SABIAM? [PP. 43-64]

1   Tomo a pergunta de empréstimo a um projeto de investigação em que participo, no âmbito do GRIHL (Groupe de Recherches Interdisciplinaires sur l'Histoire du Littéraire), equipa de investigação que associa o Centre de Recherches Historiques/EHESS e a Universidade de Paris Sorbonne Nouvelle.

2   O trabalho de Ruth Mackay sobre a impostura do "pasteleiro de Madrigal" de 1594 — que a autora não considera um episódio sebastianista — é um exemplo recente da revalorização dessas narrativas. Cf. *The Baker Who Pretended to Be King of Portugal* (Chicago: University of Chicago, 2012). Deste livro existem duas traduções em língua portuguesa publicadas no mesmo ano, uma em Lisboa pela Presença, outra no Rio de Janeiro

pela Rocco [*O padeiro que fingiu ser rei de Portugal*. Trad. de Talita M. Rodrigues. São Paulo: Rocco, 2013].

3   Roberto Fontana ao cardeal de Como, 18 ago. 1578, AAV, Segr. Stato, Portogallo, 1, f. 187v. Ver também José de Castro, *Dom Sebastião e dom Henrique*. Lisboa: União Gráfica, 1942, pp. 188 ss.

4   ASV, Senato, Dispacci Spagna, filza 11, doc. 87.

5   Roberto Fontana ao cardeal de Como, 25 ago. 1578, AAV, Segr. Stato, Portogallo, 1, f. 188.

6   Bernardo da Cruz, *Chronica del rei dom Sebastião por Fr. Bernardo da Cruz*. Lisboa: Escriptorio, 1903, vol. II, p. 114.

7   Ibid., pp. 116 e 126. Ver também J. Mendonça, *Jornada de África*. Lisboa: Pedro Crasbeeck, 1607, ff. 64v-65.

8   Cristóvão de Moura a Filipe II, 26 ago. 1578, *Colección de documentos inéditos para la historia de España*. Madri: Imprenta de la Viuda de Calero, 1862. vol. XL, p. 137.

9   Victor Klarwill (Org.), *Fugger-Zeitungen: Ungedruckte Briefe an das Haus Fugger aus den Jahren 1568-1605*. Viena/ Leipzig/ Munique: Rikola Verlag, 1923, p. 26.

10 J. Lúcio de Azevedo, "Notícias de Portugal de 1578-1580 segundo cartas de uma casa comercial neerlandesa". *Lusitânia. Revista de Estudos Portugueses*, vol. 3, n. 7, pp. 42-3, 1925.

11 Cristóvão de Moura a Filipe II, 26 ago. 1578, op. cit., vol. XL, pp. 137-8.

12 Roberto Fontana ao cardeal de Como, 25 ago. 1578, citado por José de Castro, op. cit., p. 191.

13 Cristóvão de Moura a Filipe II, 2 set. 1578, op. cit., vol. XL, p. 145.

14 Roberto Fontana ao cardeal de Como, 28 set. 1578, citado por José de Castro, op. cit., p. 236.

15 Cristóvão de Moura a Filipe II, 26 ago. 1578, op. cit., vol. XL, p. 138.

16 Bernardo da Cruz, op. cit., II, p. 127.

17 *Terlado de huma carta de Roma em que se escreveo como se fizerão nella as exequias por el rey dom Sebastião*, BNP, Mss 199, n. 7.

18 Pedro Dias, "O inventário dos bens móveis do bispo de Coimbra dom Manuel de Meneses em 1578". *Arquivo Coimbrão: Boletim da Biblioteca Municipal*, Coimbra, vol. 35, p. 361, 2002.

19 Fr. Jerónimo de São José, *Historia chronologica da esclarecida Ordem da Santíssima Trindade, Redempção de Cativos da Provincia de Portugal*. Lisboa: Simão Thaddeo Ferreira, 1789. vol. I, p. 391. Nova referência a estes "sinais ocultos" no mesmo volume, p. 541.

20 J. Mendonça, op. cit., pp. 93-4.

21 Cristóvão de Moura a Filipe II, 29 dez. 1578, op. cit., vol. XL, p. 211.

22 Ibid., 8 set. 1578, p. 151.

23 Ibid., 10 nov. 1578, p. 184.

24 M. Lopes de Almeida (Org.), *Memorial de Pero Roïz Soares*. Coimbra: Universidade de Coimbra, 1953, p. 104.

25 J. Mendonça, op. cit., vol. VI, p. 331.

26 *Carta em resposta de outra em que hum abbade da Beira mandou pedir novas a hum amigo seu desta cidade de Lisboa anno de 1578*, BNP, Mss 199, n. 8, ff. 8v-9.

27 *Segunda parte de la historia general del mundo de XV años del tiempo del senor rey don Felipe II el Prudente, desde el año de MDLXXI hasta el de MDLXXXV*. 2. ed. Valladolid: Juan Godínez de Millis, 1606 [1605], pp. 345-6.

28 Cristóvão de Moura ao rei, 5 jun. 1603, AGS, Estado, 193.

29 Devo a Fernando Bouza Álvarez esta sugestão, assim como a referência ao memorial conservado na British Library (Additional Mss, 28401), feito contra os Albuquerques a instâncias de Diogo Soares, por volta de 1644. Ver o excerto do memorial em F. Bouza Álvarez, *Del escribano a la biblioteca: La civilización escrita europea en la alta Edad Moderna (siglos XV-XVII)* (Madri: Akal, 2018 [1992], apêndice, texto 2). Segundo o citado manuscrito, terá sido por influência dos descendentes de Jorge de Albuquerque Coelho que Miguel Leitão de Andrada deu destaque a este episódio do cavalo, ilustrando-o com uma gravura. Cf. M.L. de Andrada, *Miscellanea do sitio de N.S. da Luz do Pedrógão Grande...* Lisboa: Mateus Pinheiro, 1629, pp. 199 ss.

30 Ver Jean-Frédéric Schaub, *Portugal na monarquia hispânica*. Lisboa: Livros Horizonte, 2001, pp. 57 ss.

NOTAS   255

31   João de Castro, *Discurso da vida do sempre bem vindo, et apparecido rey dom Sebastiam nosso senhor o encuberto desdo seu naçimeto tee [!] o presente: feyto & dirigido*. Paris: Martin Vérac, 1602, f. 46.

32   Fr. José Teixeira, *Adventure admirable par dessus toutes les autres des siecles passez & present*. Paris, 1601, p. 19.

33   Veja-se, por exemplo, a versão francesa do *Speculum tyrannidis...: Miroir de la procédure de Philippe roy de Castille en l'usurpation du royaume de Portugal...* Paris: Claude de Montr'œil & Jean Richer, 1595, f. 36v.

34   Ibid. A obra de 1588 (publicada em 1589) citada por Teixeira parece ser a que se intitula *De electionis jure...* Segundo Martim de Albuquerque, "Acerca de Fr. José Teixeira...", este texto é o mesmo que foi depois publicado sob dois títulos diferentes: *Confutatio Negarum Duardi...* (1594) e *Speculum Tyrannidis...* (1595).

35   Ver, respectivamente, fr. José Teixeira, *Traicté paraenétique, c'est à dire exhortatoire...*, 2. ed. Agen: [s.n.], 1598, f. 148v; id., *A Treatise Paraenetical, That Is to Say: An Exhortation...* Londres: William Ponsonby, 1598, p. 72.

36   J. Mendonça, op. cit., f. 47v.

CAPÍTULO 3
EM VENEZA: ORIGEM DA IMPOSTURA [PP. 71-94]

1   Para facilitar o acompanhamento da intriga, apresenta-se uma cronologia no final do livro (Ver p. 265).

2   M. Lopes de Almeida (Org.), *Memorial de Pero Roíz Soares*. Coimbra: Universidade de Coimbra, 1953, p. 364.

3   F. Soranzo ao Senado, 3 out. 1598, ASV, Senato, Dispacci Spagna, filza 30.

4   ASV, Consiglio dei X, Deliberazioni, Parti secrete, filza 26.

5   ASV, Collegio, Esposizioni Principi, filza 10.

6   Sobre o funcionamento administrativo e, sobretudo, a comunicação política na República de Veneza nesta época, ver Filippo de Vivo, *Information and Communication in Venice* (Oxford: Oxford University, 2007).

7   Iñigo de Mendoza a dom Filipe II (III), 7 nov. 1598, AGS, Estado, K. 1676, doc. 164.

8   Ibid., doc. 171 (25 nov. 1598).

9   Sobre estas questões, apoio-me nos trabalhos de Gaetano Cozzi, sintetizados em *La Repubblica di Venezia nell'età moderna* (Turim: UTET, 1992). Para além dos referidos alinhamentos político-diplomáticos e lutas de poder, a rivalidade estrutural com Espanha podia assumir uma vertente ideológica, com a defesa, por vários diplomatas da República, da "razão de Estado" contra um modo de governo visto como "espanhol", assente em pareceres jurídicos e em autoridades de direito como Bártolo ou Baldo.

10 Cf. Umberto Caldora, "Il calabrese Marco Tullio Catizone, falso re Don Sebastiano del Portogallo (1598-1603)". *Archivio storico per la Calabria e la Lucania*, ano 26, n. 3/4, p. 434, 1957.

11 ASV, Collegio. Esposizioni Principi, filza 10.

12 Antoine Séguier ao rei, 6 dez. 1598, "Relation de l'ambassade à Venise du président Antoine Séguier, sieur De Villiers...", BNF, *Manuscrits français* 18039, 6 dez. 1598, f. 43v. Disponível em: <https://gallica.bnf.fr/ark:/12148/btv1b90619701/f46.item.r=manuscrits%20fran%C3%A7ais%2018039>.

13 Estes conflitos vêm referidos nos despachos do núncio em Veneza, Ludovico Taverna. Cf. Sergio Pagano (Org.), *Nunziature di Venezia: La nunziatura di Ludovico Taverna (1592-1596)*. Roma: Istituto storico italiano per l'età moderna e contemporanea, 2008, vol. 19, p. 707, n. 786 e p. 728.

14 "Cópia de hua carta que o arcebispo de Spalato escreveo a Diogo Botelho de venesa aos 11 de março de 1602...", ANTT, Arquivo de dom António, prior do Crato, e seus descendentes, II, n. 254.

15 Na documentação em castelhano do arquivo de Simancas o sobrenome é grafado "Carzon" ou "Carçon" ou "Cardiçon", o que pode ter resultado de uma má transcrição da pronúncia

256 MORTE E FICÇÃO DO REI DOM SEBASTIÃO

de Marco Tullio. Por vezes é a cidade mais próxima da terra de origem que toma o lugar de sobrenome: "Marco Tullio de Taverna".

16 AGS, Estado, 197 (em "Relaçion summaria del pleyto criminal... ante el doctor Juan de Mandojana y Carate...", f. 4).

17 J. de Castro, *Discurso da vida do sempre bem vindo, et apparecido rey dom Sebastiam nosso senhor o encuberto desdo seu naçimeto tee [!] o presente: feyto & dirigido*. Paris: Martin Verac, 1602, f. 64.

18 Batista Zara a frei Crisóstomo da Visitação, 21 nov. 1601, em "Quaderno de cartas missibas que se hallaron en los papeles de fray Crisostomo de la Visitacion", AGS, Estado, 438-3, doc. 38, f. 66.

19 Batista Zara a frei Crisóstomo da Visitação, cartas de 10 jan. 1602 e de 21 maio sem indicação de ano [1602?], Ibid., doc. 36, f. 62 e doc. 30, f. 52.

20 Frei J. Teixeira, *Suite d'un discours intitulé Adventure admirable, etc. Touchant Dom Sebastian roy de Portugal: avec un narré de son succez et de ses peregrinations depuis qu'il se perdit en Aphrique, combattant contre les infidelles, l'an* MDLXXVIII. *Jusques auiourd'huy mil six cents deux*. [S.l.: s.n.], 1602. *Histoire véritable des dernières et piteuses adventures de Dom Sebastian roy de Portugal, depuis la prison de Naples jusques aujourd'buy qu'il est en Espagné* [sic] *à S. Sucar* [sic] *de Barrameda*. [S.l.: s.n.], 1602, ff. 47 ss.

21 J. de Castro, op. cit., f. 64v.

22 Ibid., f. 121. Ver também carta do mesmo Castro em fr. J. Teixeira, op. cit., p. 49.

23 O conde de Lemos ao rei, 10 maio 1601, AGS, Estado, 1097, doc. 124. Reproduzido em A. Belard da Fonseca, *Dom Sebastião: Antes e depois de Alcácer-Quibir*. Lisboa: [s.n.], 1978- -79, vol. II, pp. 211-4.

24 "Relaçion de lo que Marco Tulio Carçon declaro en el tormento sobre la invençion de aber usurpado nombre del s.r rey don Sebastian", AGS, Estado, 197.

25 M. Lopes de Almeida, op. cit., p. 371.

26 "Relaçion de lo que fray Esteuan de Sampayo Caueyra [...] ha declarado en todas sus confessiones...", AGS, Estado, 197 (em "Relaçion del pleyto criminal eclesiastico...", f. 14).

27 Frei Zacarias de Lisboa ao rei, 20 jul. 1599, AGS, K. 1676, doc. 232.

28 J. de Castro, op. cit., f. 67v.

29 "Relaçion de lo que fray Esteuan de Sampayo Caueyra [...] ha declarado en todas sus confessiones...", AGS, Estado, 197 (em "Relaçion del pleyto criminal eclesiastico...", f. 14).

30 Cópias enviadas pelo conde de Lemos ao rei, acompanhando despacho de 6 jun. 1601, AGS, Estado, 1097, docs. 126 a 128. Reproduzidas por A. Belard da Fonseca, op. cit., vol. II, pp. 216-20.

CAPÍTULO 4

OS "PORTUGUESES DE VENEZA" [PP. 95-123]

1 J. de Castro, *Discurso da vida do sempre bem vindo, et apparecido rey dom Sebastiam nosso senhor o encuberto desdo seu naçimeto tee [!] o presente: feyto & dirigido*.. Paris, Martin Verac, 1602, f. 53v.

2 "Relaçion de lo que fray Esteuan de Sampayo Caueyra [...] ha declarado en todas sus confessiones...", AGS, Estado, 197 (em "Relaçion del pleyto criminal eclesiastico...", f. 16).

3 J. de Castro, op. cit., f. 69.

4 A citação é do evangelho de São João: 20,29. AGS, Estado, 197 (em "Relaçion del pleyto criminal eclesiastico...", f. 16).

5 Frei Crisóstomo a Boninsegni, 31 dez. 1600, ASF, Mediceo del Principato, filza 5053, ff. 37v-38.

6 Ver A.M. Hespanha, *Imbecillitas: As bem-aventuranças da inferioridade nas sociedades de Antigo Regime*. São Paulo: Annablume, 2010, p. 101-40.

7 Sobre o caso e processo de Maria da Visitação ver, entre outra bibliografia, J. Hermann, "Between Prophecy and Politics: The Return to Portugal of Dom Antônio, Prior of Crato, and the Early Years of the Iberian Union", em L.F. Silvério Lima e A.P. Torres Megiani (Orgs.),

NOTAS

Visions, Prophecies and Divinations. Early Modern Messianism and Millenarianism in Iberian America, Spain and Portugal (Leiden/Boston: Brill, 2016); "Criminal contra fray Chrisostomo de la Visitacion de la Horden de Sant Bernardo", AGS, Estado, 438-1, ff. 56v-57.

8   Ver o "Criminal contra Fray Chrisostomo de la Visitacion de la Horden de Sant Bernardo", AGS, Estado, 438-1, ff. 56v-57.

9   Ibid., f. 38.

10   Frei Crisóstomo a Boninsegni, 31 dez. 1600, ASF, Mediceo del Principato, filza 5053, f. 38.

11   "Criminal contra fray Chrisostomo de la Visitacion de la Horden de Sant Bernardo", AGS, Estado, 438-1, ff. 39v-40.

12   "Relaçion de lo que fray Esteuan de Sampayo Caueyra [...] ha declarado en todas sus confessiones...", AGS, Estado, 197 (em "Relaçion del pleyto criminal eclesiastico...", f. 16).

13   M. Lopes de Almeida, op. cit., p. 45.

14   Baseio-me aqui em F. Ruspio, *La nazione portoghese...*, pp. 72 ss.; e G. Cozzi, *La Repubblica di Venezia...*

15   J. de Castro, op. cit., f. 65v.

16   Ver P.C. Ioly Zorattini, "Un profilo del Marranesimo alla fine del '500: La denuncia al Sant'Uffizio di Fra' Zaccaria di Lisbona", em H. Méchoulan e G. Nahon (Orgs.), *Mémorial I.S. Révah: Études sur le Marranisme, l'hétérodoxie juive et Spinoza.* (Paris/Louvain: E. Peeters, 2001). Agradeço estas informações a Giuseppe Marcocci.

17   Carta de frei Crisóstomo de 12 dez. 1594, transcrita em P. C. Ioly Zorattini e M. Prada (Orgs.), *Processi del S. Uffizio...*: Florença: Leo S. Olschki, 1997, vol. 13, p. 219.

18   O problema sociológico dos "intelectuais frustrados" foi colocado num artigo pioneiro de Roger Chartier, a partir de dados sobre os universitários no século XVII: "Espace social et imaginaire social: Les Intellectuels frustrés au XVIIe siècle". *Annales: Economies, Sociétés, Civilisations*, Aubervilliers, ano 37, n. 2, pp. 389-400, 1982.

19   Ver J. de Castro, *Aurora da quinta monarquia (1604-1605).* Org. de J.C. Gonçalves Serafim. Lisboa: Afrontamento, 2011. vol. I, p. 227.

20   AGS, K. 1676, G5, doc. 174, parcialmente reproduzido em A. Belard da Fonseca, *Dom Sebastião: Antes e depois de Alcácer-Quibir.* Lisboa: [s.n.], 1978-79. vol. II, p. 183.

21   J. de Castro, *Discurso da vida...*, f. 71.

22   Carta de 3 abr. 1599, "Relation de l'ambassade à Venise du président Antoine Séguier, sieur De Villiers, écrite par luimême...", BNF, Manuscrits Français, 18039, I, ff. 116v-117.

23   Fr. J. Teixeira, *Suite d'un discours intitulé Adventure admirable, etc. Touchant Dom Sebastian roy de Portugal: avec un narré de son succez et de ses peregrinations depuis qu'il se perdit en Aphrique, combattant contre les infidelles, l'an MDLXXVIII. Jusques auiourd'huy mil six cents deux.* [S.l.: s.n.], 1602. *Histoire véritable des dernières et piteuses adventures de Dom Sebastian roy de Portugal, depuis la prison de Naples jusques aujourd'huy qu'il est en Espagné* [sic] *à S. Sucar* [sic] *de Barrameda.* [S.l.: s.n.], 1602, f. 50v.

24   Resumo do primeiro interrogatório a frei Estêvão pelo duque de Medina Sidónia, 25 fev. 1603, AGS, Estado, 197 (em "Relacion de la substancia de los papeles y recaudos embiados por el duque de Medina Sidonia...", f. 4v).

25   J. de Castro, *Tratado apologético contra hum libello diffamatorio que imprimiraõ em França certos Portuguezes...*, BNP, cód. 4385, f. 244.

26   Frei Zacarias ao rei, 20 jul. 1599, AGS Estado, K. 1676, doc. 232.

27   No arquivo de Simancas encontra-se uma cópia de frei Estêvão feita para frei Crisóstomo da Visitação, em Florença, dada no momento em que os antonianossebastianistas se separaram: "Cópia da certificação que cada um dos fidalgos portugueses que em Veneza se acharam [...] que o padre fr. Estêvão de Sampaio trouxe certificados de Portugal...", Florença, 3 jan. 1610 [1601], AGS, Estado 438-3, doc. 47, f. 83.

28   "Relacion de la substancia de los papeles y recaudos embiados por el duque de Medina Sidonia...", AGS, Estado, 197, f. 5v.

29   *Chronica d'el-rei dom Sebastião...*, vol. II, p. 94.

30   Cópia de carta de 15 nov. 1599 a Nuno da Costa, AGS, Estado, 972.

31 Cópia de carta de 22 nov. 1599 a Marco Querini. AGS, Estado, 972.

32 Pedro Mariz, *Diálogos de vária história*. 2. ed. Coimbra: António de Mariz, 1599, f. 37.

33 Francisco de Vera ao rei, 23 set. 1600, AGS, Estado, K. 1677, doc. 66.

34 6 jun. 1600, ASV, Collegio, Esposizioni Principi, filza 11.

35 Carta de 12 out. 1600, publicada em frei J. Teixeira, *Adventure admirable par dessus toutes les autres des siecles passez & present par laquelle il appert evidemment que dom Sebastian vray et legitime roy de Portugal, incognu depuis la bataille qu'il perdit contre les infideles en Aphrique, l'an 1578 est celui mesme que les seigneurs de Venise ont detenu prisonnier deux ans et vingtdeux jours finis au XV. Decembre dernier passé...* Paris, 1601, p. 45.

36 "Relacion de la substancia de los papeles y recaudos embiados por el duque de Medina Sidonia...", AGS, Estado, 197, ff. 6v-7.

37 "Copie d'une l.re du dit lieu [Veneza] de mesme date par le docteur F. Estiene de Sampayo au susdit F. Joseph Texere", 8 set. 1600, BNF, Manuscrits, Fonds Dupuy, vol. 15, f. 51v.

CAPÍTULO 5

OS TEXTOS DE UM "CHARLATÃO"
[PP. 125-138]

1 Cf. S. de Covarrubias Orozco, *Tesoro de la lengua castellana, o española...* Madri: Luis Sanchez, 1611, ff. 291v-292.

2 ASF, Mediceo del Principato, filza 5053, f. 72.

3 Frei Estêvão de Sampaio ao arcebispo de Pisa, 28 jan. 1601, ASF, Mediceo del Principato, filza 5053, f. 87. "Epilogo do mesmo rey à elegia", ASF, Mediceo del Principato, filza 5053, f. 71v.

4 *[I] far queste mal composte rime, [è] cosa veramente a me insolita, non essendo uso far simili composizioni, essendo io straniero di questo paese: E inserto [incerto?] al suo linguagio.* Cf. "Epilogo do mesmo Rey à elegia", ASF, Mediceo del Principato, filza 5053, f. 71v.

5 O conde de Lemos ao rei, 10 maio 1601, AGS, Estado, 1097, doc. 124.

6 "Relaçion de lo que Marco Tulio Carçon declaro en el tormento sobre la invençion de aber usurpado nombre del s.r rey don Sebastian", AGS, Estado, 197.

7 Ibid.

8 AGS, Estado, 197 (em "Relaçion summaria del pleyto criminal... ante el doctor Juan de Mandojana y Carate...", f. 3).

9 "Quaderno de cartas missibas que se hallaron en los papeles de fray Crisostomo de la Visitacion", AGS, Estado, 438-3, ff. 108-12v.

10 I. Calvino, introdução a *Fiabe italiane*. Milão: Mondadori, 1978 [1956], p. 56. [Ed. bras.: *Fábulas italianas*. Trad. de Nilson Moulin. São Paulo: Companhia das Letras, 2006.] A aproximação a Calvino foi previamente feita por Carpegna Falconieri, no seu estudo sobre o mercador de Siena Giannino di Guccio, pretenso herdeiro do reino de França em meados do século XIV: *L'Homme qui se prenait pour le roi de France*. Paris: Tallandier, 2008, p. 53.

11 F. Boninsegni ao arcebispo de Pisa, 1 jan. 1601, ASF, Mediceo del Principato, filza 5053, ff. 32v-33.

12 J. de Castro, *Discurso da vida do sempre bem vindo, et apparecido rey dom Sebastiam nosso senhor o encuberto desdo seu nacimeto tee [!] o presente: feyto & dirigido..* Paris: Martin Verac, 1602, ff. 109v-110.

13 AGS, Estado, 197: "Relaçion deloque fray Estevan de Sampayo Caveira [...] ha declarado en todas sus confessiones...", f. 10.

14 "Lo que contiene el Libro de memoria que se hallo a Marco Tullio", AGS, Estado, 197 (em "Memorial del pleyto criminal eclesiastico...").

15 J. de Castro, *Paraphrase et concordancia de algvas profecias de Bandarra, çapateiro de Trancoso*. Ed. fac-símile. Porto: Lopes da Silva, 1942 [1603], ff. 103v-104.

16 AGS, Estado, K. 1677, doc. 84, antecedido de despacho do embaixador Vera y Aragón de 9 de dezembro de 1600 (doc. 82).

NOTAS

CAPÍTULO 6

DE VENEZA A LISBOA: A FÁBRICA DE BOATOS [PP. 139-154]

1   Fr. J. Teixeira, *Adventure admirable par dessus toutes les autres des siecles passez & present par laquelle il appert evidemment que dom Sebastian vray et legitime roy de Portugal, incognu depuis la bataille qu'il perdit contre les infideles en Aphrique, l'an 1578 est celui mesme que les seigneurs de Venise ont detenu prisonnier deux ans et vingtdeux jours finis au XV. Decembre dernier passé...* Paris, 1601, p. 7.

2   J. de Castro, *Discurso da vida do sempre bem vindo, et apparecido rey dom Sebastiam nosso senhor o encuberto desdo seu naçimeto tee [!] o presente: feyto & dirigido.* Paris: Martin Verac, 1602, ff. 73 e 109.

3   "Relaçion de lo que Marco Tulio Carçon declaro en el tormento sobre la invençion de aber usurpado nombre del sr. Rey don Sebastian", AGS, Estado, 197.

4   Scaramelli ao Senado, citado por A. Barzazi et al., *Corrispondenze diplomatiche veneziane da Napoli. Dispacci.* Roma: Libreria dello Stato, 1991, vol. III, doc. 234, p. 378.

5   "Criminal contra fray Chrisostomo de la Visitacion de la Horden de Sant Bernardo", AGS, Estado, 438-1, f. 58.

6   J. de Castro, op. cit., ff. 109-109v.

7   AGS, Estado, 197 (em "Relacion de la substancia de los papeles y recaudos embiados por el duque de Medina Sidonia...", f. 15). Cota atual do desenho: AGS, MPD, 68, 044.

8   "Criminal contra fray Chrisostomo de la Visitacion de la Horden de Sant Bernardo", AGS, Estado, 438-1, ff. 67v e 70v.

9   J. de Castro, *Suite d'un discours intitulé Adventure admirable, etc. Touchant Dom Sebastian roy de Portugal: avec un narré de son succez et de ses peregrinations depuis qu'il se perdit en Aphrique, combattant contre les infidelles, l'an MDLXXVIII. Jusques auiourd'huy mil six cents deux.* [S.l.: s.n.], 1602. *Histoire véritable des dernières et piteuses adventures de Dom Sebastian roy de Portugal, depuis la prison de Naples jusques aujourd'huy qu'il est en Espagné* [sic] *à S. Sucar* [sic] *de Barrameda.* [S.l.: s.n.], 1602, ff. 57-8.

10 Delfino Battista a frei Crisóstomo da Visitação, 17 fev. 1601. ASF, Mediceo del Principato, filza 5053, f. 51.

11 J. de Castro, *Discurso da vida...*, ff. 71v-72v.

12 Fr. J. Teixeira, op. cit., ff. 52 ss.

13 Monge cisterciense do século XII, natural da Calábria, defendeu ideias proféticas que tiveram uma grande importância para os movimentos milenaristas e messiânicos até pelo menos aos séculos XVI e XVII.

14 Ver J. de Castro. *Aurora da quinta monarquia (1604-1605).* Org. de J.C. Gonçalves Serafim. Lisboa: Afrontamento, 2011. vol. II, pp. 467-8.

15 Fr. José Teixeira, *Suite d'un discours...*, ff. 55-7.

16 Ibid., f. 52.

17 Ibid., f. 58v.

18 Cristóvão de Moura ao Conselho de Estado, 20 set. 1600, AHN, Estado, L. 77d., f. 3.

19 Cristóvão de Moura ao Conselho de Estado, 26 maio 1601, AHN, Estado, L. 77d, f. 19v.

20 Cristóvão de Moura ao Conselho de Estado, 1 nov. 1600, AHN, L. 77d, f. 12v.

21 H.E.R. Olsen, *The Calabrian Charlatan, 1598-1603: Messianic Nationalism in Early Modern Europe.* Londres: Palgrave Macmillan, 2003, p. 116.

22 Cristóvão de Moura ao Conselho de Estado, 23 out. 1600, AHN, L. 77d.

23 Cristóvão de Moura ao Conselho de Estado, 1 nov. 1600, AHN, L. 77d, f. 12.

24 AGS, Estado, 435, ff. 10 ss.

25 Cristóvão de Moura ao Conselho de Estado, 26 maio 1601, AHN, Estado, L. 77d, f. 19.

26 Cristóvão de Moura ao Conselho de Estado, 6 ago. 1601, AHN, Estado, L. 77d, f. 135v.

27 Veja-se José Acúrsio das Neves, *História geral da invasão dos franceses em Portugal e da restauração deste reino.* Porto: Afrontamento, 2008 [1810-11], p. 171. O autor dá a receita para fabricar artificialmente as letras, com cera e vinagre.

MORTE E FICÇÃO DO REI DOM SEBASTIÃO

28 Carta de 16 de março de 1602, citada por Alfonso Danvila y Burguero, *Don Cristobal de Moura: Primer marqués de Castel Rodrigo (1538-1613)*. Madri: [s.n.], 1900, p. 793.

29 M. Lopes de Almeida (Org.). *Memorial de Pero Roîz Soares*. Coimbra: Universidade de Coimbra, 1953, p. 372.

30 Ibid., pp. 378-88, com transcrição de trovas em castelhano comentando os dois fenómenos.

31 Ibid., p. 389.

CAPÍTULO 7
EM VENEZA: SAÍDA DA PRISÃO E "RECONHECIMENTO" [PP. 155-168]

1   Petição do filho do prior do Crato e interrogatórios a João de Castro, Diogo Manuel e Miguel do Canto em ANTT, Arquivo de dom António, prior do Crato, e seus descendentes, II, n. 359 e 360.

2   J. de Castro, *Discurso da vida do sempre bem vindo, et apparecido rey dom Sebastiam nosso senhor o encuberto desdo seu nacimeto tee [!] o presente: feyto & dirigido.*. Paris: Martin Verac, 1602, f. 79v.

3   Henrique IV ao embaixador De Villiers, 1 dez. 1600, em Eugène Halphen (Org.), *Lettres inédites du roi Henri IV à monsieur de Villiers ambassadeur à Venise (1600)*. Paris: Librairie Champion, 1886, p. 86.

4   Ata do que o doge expôs ao Colégio, 23 out. 1600, em Julieta T.M. de Oliveira, *Veneza e Portugal no século XVI: Subsídios para a sua história*. Lisboa: CNCDP/INCM, 2000, pp. 371-2.

5   Vera y Aragón ao rei, 9 dez. 1600, AGS, Estado, K. 1677, doc. 82.

6   Relato da exposição de dom Cristóvão ao Colégio, 11 dez. 1600, em J.T.M. de Oliveira, op. cit., p. 375.

7   Relato da ida do secretário do embaixador ao Colégio, 18 dez. 1600, em Ibid., pp. 377-8.

8   Ver J. de Castro. *Aurora da quinta monarquia (1604-1605)*. Org. de J.C. Gonçalves Serafim. Lisboa: Afrontamento, 2011, vol. II, p. 240.

9   J. de Castro, *Discurso da vida...*, f. 89v.

10 Fr. J. Teixeira, *Adventure admirable par dessus toutes les autres des siecles passez & present par laquelle il appert evidemment que dom Sebastian vray et legitime roy de Portugal, incognu depuis la bataille qu'il perdit contre les infideles en Aphrique, l'an 1578 est celui mesme que les seigneurs de Venise ont detenu prisonnier deux ans et vingtdeux jours finis au XV. Decembre dernier passé...* Paris, 1601, p. 89.

11 J. de Castro, *Tratado dos portugueses de Veneza, ou Ternario, Senario, e Novenario dos portuguezes, que em Veneza solicitaraõ a liberdade del rey dom Sebastiaõ: com hũa breve mençaõ do Sñr dom Antonio*, BNP, cód. 4388, vol. II, ff. 385-8v.

12 J. de Castro, *Discurso da vida...*, ff. 90-90v. "Memorial y summa de la confess. On que fr. Esteban de SanPayo Caveira", AGS, Estado, 197. Nesta fonte a frase bíblica é erradamente atribuída ao livro de Jeremias, quando se trata de Isaías (53,2).

13 "Vimo-lo e não tinha beleza que nos agradasse". No "Memorial y summa de la confess. on que fr. Esteban de SanPayo Caveira", AGS, Estado, 197.

14 Fr. J. Teixeira, op. cit., p. 89.

15 J. de Castro, *Discurso da vida...*, f. 126v.

16 Fr. J. Teixeira, op. cit., p. 89.

17 Lucette Valensi, *Fables de la Mémoire: la glorieuse bataille des trois rois*. Paris: Seuil, 1992, p. 133. [Ed. port.: *Fábulas da memória: a gloriosa batalha dos três reis*. Trad. de João Carlos Alvim e Fernando Tomaz. Lisboa: Asa, 1996.] [Ed. bras.: *Fábulas da memória: A batalha de Alcácer Quibir e o mito do sebastinismo*. Trad. de Maria Helena Franco Martins. Rio de Janeiro, Nova Fronteira, 2008.]

18 J. de Castro, *Discurso da vida...*, ff. 91-91v.

19 Poderíamos também chamar-lhe "corpo místico do rei", por oposição a um "corpo natural". A dualidade remete para a famosa teoria medieval analisada por Ernst Kantorowicz no

NOTAS

clássico *The King's Two Bodies: A Study in Medieval Political Theology*. Princeton: Princeton University, 2016 [1957]. [Ed. bras.: *Os dois corpos do rei*. Trad. de Cid Knipel Moreira. São Paulo: Companhia das Letras, 1998.]

20 Ibid., p. 126. Sobre a teoria agostiniana da visão, ver M. Miles, "Vision: the Eye of the Body and the Eye of the Mind in Saint Augustine's *De Trinitate* and *Confessions*". *Journal of Religion*, Chicago, vol. 63, n. 2, pp. 125-42, 1983.

21 Frei J. Teixeira, op. cit., pp. 91-2.

CAPÍTULO 8
NAS PRISÕES DO GRÃO-DUQUE DA TOSCANA [PP. 169-186]

1 Frei J. Teixeira, *Adventure admirable par dessus toutes les autres des siecles passez & present par laquelle il appert evidemment que dom Sebastian vray et legitime roy de Portugal, incognu depuis la bataille qu'il perdit contre les infideles en Aphrique, l'an 1578 est celui mesme que les seigneurs de Venise ont detenu prisonnier deux ans et vingtdeux jours finis au XV. Decembre dernier passé...* Paris, 1601, pp. 65-6.

2 Norman Cohn, *Na senda do milénio: milenaristas revolucionários e anarquistas místicos da Idade Média*. Lisboa: Presença, 1981 [1957].

3 Ciprião de Figueiredo e Vasconcelos a Diogo Botelho, 15 dez. 1600. ANTT, Arquivo de dom António, prior do Crato, e seus descendentes, vol. II, n. 249, f. 5.

4 J. De Castro, *Discurso da vida do sempre bem vindo, et apparecido rey dom Sebastiam nosso senhor o encuberto desdo seu nacimeto tee [!] o presente: feyto & dirigido.*. Paris: Martin Verac, 1602, f. 114.

5 Frei Estêvão a frei Crisóstomo, [s.d.], AGS, Estado, 438-3, doc. 4, f. 11v.

6 Frei Crisóstomo a Boninsegni, ASF, Mediceo del Principato, filza 5053, f. 41v.

7 Boninsegni a Carlo dal Pozzo, arcebispo de Pisa, 29 dez. 1600, ASF, Mediceo del Principato, filza 5053, f. 28.

8 Para estas questões da política do grão-ducado, apoio-me na esclarecedora síntese de Olivier Rouchon, "L'invention du principat médicéen (1512-1609)", em J. Boutier, S. Landi e O. Rouchon, *Florence et la Toscane: XIVe-XIXe siècles. Les Dynamiques d'un État italien*. Rennes: Presses Universitaires de Rennes, 2004, pp. 65-89.

9 "Puntos sobre el negocio del calabres", Tordesillas, 3 fev. 1601. AGS, E 197. Cópia em A. Belard da Fonseca, *Dom Sebastião: Antes e depois de Alcácer-Quibir*. Lisboa: Tip. Ramos, Afonso & Moita, 1978. vol. II, pp. 202-5.

10 Giovannini ao grão-duque, 16 fev. 1601, ASF, Mediceo del Principato, filza 4616, ff. 253 ss.

11 Belisario Vinta ao grão-duque, Lyon, 21 jan. 1601, ASF, filza 4616, f. 162v.

12 Philippe de Béthune ao secretário de Estado Villeroy, 17 jun. 1602. BNF, Manuscrits, Nouvelles Acquisitions Françaises, 24159, pp. 100 ss.

13 Cópia, com data de 3 de janeiro de 1610 [1601], apreendida a frei Crisóstomo: AGS, Estado, 438-3, doc. 47, f. 83.

14 T. Toderini, "Il finto Don Sebastiano...", p. 14.

15 F. Boninsegni ao arcebispo de Pisa, 29 dez. 1601, ASF, Mediceo del Principato, filza 5053, f. 30.

16 Relatório de Valerio Berignosa, 21 abr. 1601, ASF, Mediceo del Principato, filza 5053, f. 90.

17 3 mar. 1600 [1601], ASF, Mediceo del Principato, filza 5053, f. 46.

18 O grão-duque ao seu residente Montauto em Veneza, onde o boato já corria, 16 mar. 1601, ASF, Mediceo del Principato, filza 295, f. 92.

19 Scaramelli, ao Senado, 10 abr. 1603, parafraseado por A. Barzazi, *Correspondenze diplomatiche...*, pp. 369-70.

20 O vice-rei de Nápoles ao rei, 22 mar. 1601, AGS, Estado, 1097, doc. 108, transcrito por A. Belard da Fonseca, op. cit., vol. II, pp. 160-1.

21 Scaramelli ao Senado, 10 abr. 1601, em A. Barzazi, *Corrispondenze diplomatiche...*, p. 370.

22 Turamini ao grão-duque, 16 mar. 1601, ASF, Mediceo del Principato, filza 4088.

CAPÍTULO 9

NAS PRISÕES DO VICE-REI DE NÁPOLES [PP. 187-201]

1 Michele Olivari, "Note sul Sebastianismo portoghese al tempo di Filippo II". *Studi Storici*, Roma, ano 41, n. 2, p. 466, abr./jun. 2000.

2 Scaramelli ao Senado, 3 de maio de 1601, em A. Barzazi, *Corrispondenze diplomatiche veneziane da Napoli*. Roma: Istituto Poligrafico e Zecca dello Stato, 1991, vol. III, f. 374. J. de Castro, *Aiunta do discurso preçedente aos mesmos estados pello mesmo autor...* [Paris?]: [s.n.], 1602, ff. 9v-10.

3 Turamini ao grão-duque, 5 jun. 1601, ASF, Mediceo del Principato, 4088.

4 O vice-rei de Nápoles a dom Filipe II (III), 8 maio 1601, AGS, Estado, 1097, doc. 121.

5 Na obra de Jean-Baptiste Rocoles que dedica um capítulo a esta impostura, há uma gravura que representa Catizone, sem que se saiba se o desenhador da gravura se baseou no retrato de Santafede — ou noutro qualquer. Cf. *Les Imposteurs insignes: Histoires curieuses et véritables*. Amsterdã: Abraham Wolfgang, 1683, p. 253. Uma edição posterior de Bruxelas tem uma gravura de execução diferente, mas que segue o mesmo modelo.

6 O gentílico "arménio" era usado de maneira genérica para o conjunto dos povos originários da Alta Mesopotâmia, vasta zona a norte do que hoje é o Iraque, incluindo partes da Síria, da Turquia e do Irã atuais.

7 O vice-rei a dom Filipe II (III), 8 maio 1601, AGS, Estado, 1097. Reprodução em A. Belard da Fonseca, *Dom Sebastião: Antes e depois de Alcácer-Quibir*. Lisboa: [s.n.], 1978-1979, vol. II, pp. 208-10. O conde de Lemos enganou-se: António Jorge da Cruz não estava a mentir. Fez pelo menos três viagens entre Goa e a península Ibérica pela via de Ormuz e do Mediterrâneo como emissário do vice-rei da Índia. Cf. Godofredo Ferreira, *Relação da viagem de um correio do vice-rei das Índias Orientais. 1608*, separata do guia oficial dos CTT, Lisboa, 1953.

8 O conde de Lemos a Pedro Franquesa, 10 maio 1601, AGS, Estado, 1097, doc. 124.

9 Ibid., doc. 152 (17 jul. 1601).

10 "Lettre du viceroy de Naples touchant le bruit qui court de dom Sebastian Roy de Portugal a ung seigneur Romain", 15 maio 1601, BNF, Manuscrits, fonds Dupuy, vol. 770, ff. 275 ss.

11 "Lettre du viceroy de Naples touchant le bruit...", BNF, Manuscrits, fonds Dupuy, vol. 770, f. 277.

12 J. de Castro, op. cit., f. 7v.

13 Scaramelli ao Senado, 3 maio 1601, em A. Barzazi, *Correspondenze...*, p. 374.

14 J. De Castro, *Tratado dos portugueses de Veneza, ou Ternario, Senario, e Novenario dos portuguezes, que em Veneza solicitarão a liberdade del rey dom Sebastião: com hũa breve mençaõ do Sñr dom Antonio*, BNP, cód. 4388, vol. II, ff. 335 ss.

15 Aquilo a que se chamava "corno de unicórnio" e que fazia parte dos tesouros de reis e de repúblicas era na realidade um pedaço de dente de narval, um cetáceo do Ártico. Mas, sendo tal bem raro e muito caro, o mais provável neste caso é que se tratasse de um corno de outro animal ainda. Sobre o mito do unicórnio e a crença antiga, bem presente até ao século XVII, de que o seu corno detetava veneno, ver R. Caillois, "The myth of the unicorn". *Diogenes*, Thousand Oaks, vol. 30, n. 119, pp. 1-23, 1982.

16 Philippe de Béthune ao secretário de Estado Villeroy, 20 maio 1602, BNF, Manuscrits, Nouvelles Acquisitions Françaises, 24159, p. 94.

17 O vice-rei Francisco de Castro a dom Filipe II (III), 10 maio 1602, AGS, Estado, 1098, doc. 66.

NOTAS

18 J. de Castro, op. cit., ff. 21v-22.

19 Frei J. Teixeira, *Histoire véritable des dernières et piteuses adventures de dom Sebastian roy de Portugal, depuis la prison de Naples jusques aujourd'huy qu'il est en Espagné* [sic] *à S. Sucar* [sic] *de Barrameda*. [S.l.: s.n.], 1602, p. 7.

20 Domenico A. Parrino. *Teatro eroico, e politico de' governi de' vicerè del regno di Napoli dal tempo del re Ferdinando il Cattolico fino al presente*, vol. 2, Nápoles, Parrino e Mutii, 1692, pp. 13-16.

CAPÍTULO 10

NAS GALÉS, EM PUERTO DE SANTA MARÍA [PP. 203-220]

1 Frei Estêvão de Sampaio a frei Crisóstomo da Visitação, s.d., AGS, Estado, 438-3, doc. 4, f. 10.

2 "Sumario de la confess.on de fr. Buena Ventura" (em "Relaçion del pleyto criminal eclesiastico..."), AGS, Estado, 197.

3 J. de Castro, *Discurso da vida do sempre bem vindo, et apparecido rey dom Sebastiam nosso senhor o encuberto desdo seu nacimeto tee* [!] *o presente: feyto & dirigido.*, ff. 108v-115.

4 Carta de frei Boaventura a frei Crisóstomo, 14 jun. 1602, "Quaderno de cartas missibas que se hallaron en los papeles de fray Crisostomo de la Visitacion", AGS, Estado, 438-3, doc. 12, ff. 23 ss.

5 "Sumario de la confess.on de fr. Buena Ventura..." e "Relaçion de lo que fray Estevan de Sampayo Caveira [...] ha declarado en todas sus confessiones..." (em "Relaçion del pleyto criminal eclesiastico..."), AGS, Estado, 197.

6 Ordem de prisão contra Manuel Rodrigues, 14 set. 1603, AGS, Estado, 197.

7 "Relacion de la substancia de los papeles y recaudos embiados por el duque de Medina Sidonia...", f. 3v, AGS, Estado, 197.

8 Acusação contra Heitor Antunes, português residente em Sevilha (em "Relaçion summaria del pleyto criminal...", ff. 14v-15), AGS, Estado, 197. Para dar um termo de comparação, 5000 cruzados foi o preço do resgate *per capita* dos principais nobres cativos após a batalha de Alcácer Quibir. Em 1560, um cruzado valia cerca de 500 reais em Portugal. Ver V. Magalhães Godinho, *Introdução à história económica* (Lisboa: Livros Horizonte, 1970). O preço dos livros era muito variável, podendo ir de 60 a 1200 reais, de acordo com o formato, o número de páginas e a qualidade da obra. Com 1000 cruzados, António Tavares poderia ter encomendado várias centenas de livros (por encadernar).

9 "Otra carta de f Esteuan de Sanpayo A Marco Tulio", s.d., *Berdadera y Suçinta Notiçia de lo quesuccedio en el Año de 1603 en el puerto de Santa Maria* y *Çiudad de San Lucarde Barrameda sobre el descubrimiento y, engaño traiçion y delito crímen læsæ Mayestatis que Marco Tulio Carçon, Calabres natural de la villa de Taverna en Calabria, cometio en finjirse ser el Señor Rey Don Seuastian de portugal y de la obstinaçion que sobre esto tuvo y la correspondençia con diferentes príncipes estranjeros, y perssonas de el Reyno de Portugal...*, Ms 9394, f. 264.

10 Acusação contra Annibale Balsamo (em "Relaçion summaria del pleyto criminal q. Se ha seg.do por comission de su magd...", ff. 9-10), AGS, Estado, 197.

11 Acusação contra Juan Perez, Manuel de Macedo, Antonio Hernandez, Pedro Hernandez, Juan Bernardino de Camarra e Paulo Pola, Ibid., f. 19v.

12 "Carta de f. Esteuan a Marco Tulio", s.d., *Berdadera y suçinta notiçia...*, f. 262.

13 "Copia de una Provission que Marco Tulio tenia escrita de letra de fray Esteuan y por el refrendada", *Berdadera y suçinta notiçia...*, f. 267v.

14 "Carta de f. Estevam a Marco Tulio", s.d., Ibid., f. 262.

15 "Copia de carta de Ant.o de Tavares canonigo de Lix.a p.a fr. Esteuan de st payo...", 15 fev. 1603, enviada pelo duque de Medina Sidónia, AGS, Estado, 197.

16 *Berdadera y suçinta notiçia...*, ff. 270-271v.

17 A referência aos "incrédulos e desconfiados", confirmando o teor das cartas de António Tavares, aparece no bilhete de Tomé da Cruz: "Lo que contiene el libro de

memoria que se hallo a Marco Tullio" (em "Relaçion del pleyto criminal eclesiastico…"), AGS, Estado, 197.

18 *Berdadera y suçinta notiçia…*, ff. 274-274v.

CAPÍTULO 11
OS PROCESSOS DE SANLÚCAR [PP. 221-248]

1 *Berdadera y Suçinta Notiçia de lo que succedio en el Año de 1603 en el puerto de Santa Maria y Çiudad de San Lucar de Barrameda sobre el descubrimiento y, engaño traiçion y delito crímen læsæ Mayestatis que Marco Tulio Carçon, Calabres natural de la villa de Taverna en Calabria, cometio en finjirse ser el Señor Rey Don Seuastian de portugal y de la obstinaçion que sobre esto tuvo y la correspondençia con diferentes príncipes estranjeros, y perssonas de el Reyno de Portugal…*, Ms 9394, f. 269v, f. 297.

2 "R.on de las personas que se han ocupado y asisten en la causa del Calabres y conpliçes…", AGS, *Estado*, 193. A assinatura de Bilbao encontra-se na "Relaçion summaria del pleyto criminal q. Se ha seg.do por comission de su magd. Ante el doctor Franc.o de Mandojana y Carate…", f. 22v, AGS, Estado, 197.

3 O duque de Medina Sidónia ao secretário de Estado Pedro Franquesa, 27 fev. 1603, AGS, Estado, 197.

4 ADMS, 2404. O papel, não datado, está inserido entre documentos do ano de 1602.

5 O duque de Medina Sidónia a Pedro Franquesa, 27 fev. 1603, AGS, Estado, 197. Nova referência em carta de 24 ago. 1603: AGS, Estado, 193.

6 Ver Luis Salas Almela, "Un cargo para el duque de Medina Sidonia: Portugal, el estrecho de Gibraltar y el comercio indiano (1578-1584)". *Revista de Indias*, vol. LXIX, n. 247, pp. 11-38, 2009. E a sua obra de conjunto sobre esta casa ducal: *Medina Sidonia: El poder de la aristocracia, 1580-1670*. Madri: Marcial Pons, 2008.

7 Este contraste é explicitado, por exemplo, na acusação a frei Boaventura: dom Sebastião "era de pessoa robusta, branco e loiro e belfo [i.e., de lábio inferior caído], olhos grandes e zarcos [i.e., claros] e que se fora vivo ao presente teria cinquenta anos pouco mais ou menos". Catizone "era de diminuída pessoa, de cor moreno, o cabelo, barba e pestanas negras e por seu aspecto parece ser de até quarenta e dois anos, pouco mais ou menos". Cf. "Relaçion del pleyto criminal eclesiastico…", f. 20, AGS, Estado, 197.

8 *Berdadera y suçinta notiçia…*, ff. 276v-277v.

9 "Relaçion de lo que Marco Tulio Carçon declaro en el tormento…", AGS, Estado, 197.

10 *Berdadera y suçinta notiçia…*, ff. 289-290v.

11 "Relaçion de lo que fray Estevan de Sampayo Caveira […] ha declarado en todas sus confessiones", f. 11v, AGS, Estado, 197.

12 "Morreu fr. Jaques Clemente/ Por matar a um Rei nefando;/ E Fr. Estêvão pensando,/ Libertar a outro inocente,/ Con a morte está lidando". Os versos foram transcritos por Fernando Guillamas y Galiano, *Historia de Sanlúcar de Barrameda…*, p. 421. A referência aos escritos encontrados na boina e na cela de frei Estêvão está na *Berdadera y suçinta notiçia…*, f. 286.

13 *Berdadera y suçinta notiçia…*, f. 286v. Trata-se de uma adulteração da passagem evangélica de Mateus 27,25, que Catizone põe na primeira pessoa, como se fosse Cristo. No texto bíblico, a frase é a resposta da multidão a Pilatos, depois de escolher Barrabás em vez de Cristo. Como Pilatos lavasse daí as suas mãos, responsabilizando o povo pela morte de Cristo, a multidão proclama: *sanguis eius, super nos et filios nostros* ["o seu sangue caia sobre nós e sobre os nossos filhos"].

14 "Relaçion de lo que fray Estevan de Sampayo Caveira […] ha declarado en todas sus confessiones…", f. 14, AGS, Estado, 197.

15 "Declaração testamental de frei Estevam de Sampayo" (em "Relaçion de lo que fray Estevan de Sampayo Caveira […] ha declarado en todas sus confessiones…", f. 15), AGS, Estado, 197. A outra versão, com variantes e algumas incoerências, refere a data (30 abr. 1603): *Berdadera y suçinta notiçia…*, ff. 287-288v.

NOTAS

16 Cf. Carpegna Falconieri, *L'Homme qui se prenait pour le roi*..., p. 53, n. 12. Ver também, a
pp. 179-180: "a mesma *forma mentis* [...] que o faz [a Giannino, 'rei' de França] fiar-se dos
documentos, o leva a falsificar as provas e a criar voluntariamente outros testemunhos".

17 "Relacion de la substancia de los papeles y recaudos...", ff. 13-13v, AGS, Estado, 197.

18 *Berdadera y suçinta notiçia*..., f. 273v.

19 M. Lopes de Almeida (Org.), *Memorial de Pero Roīz Soares*. Coimbra: Universidade de
Coimbra, 1953, p. 371.

20 Auto da tortura no "Memorial del pleyto criminal eclesiastico q. Pende ante el domor
Luciano de Negron...", AGS, Estado, 197.

21 O episódio do sapateiro ocupa todo o capítulo oito da *Berdadera y suçinta notiçia*..., ff. 290-2.

22 "Sentencia contra fray Estevan de Sampayo" e "Sentencia contra fray Buena Ventura de
Sancto Antonio", AGS, Estado, 197. Descrição da cerimónia de degradação na *Berdadera
y suçinta notiçia*..., ff. 294-294v.

23 *Berdadera y suçinta notiçia*..., ff. 296-296v.

24 Ibid., f. 297. Agradeço a Claudia Zudini e Sylvaine Poujade-Baltasard pela preciosa
ajuda com o latim. O comentário e a hipótese de interpretação são exclusivamente da
minha autoria.

25 Ibid., f. 298.

EPÍLOGO [PP. 249-252]

1 Paul Veyne, *Acreditaram os gregos nos seus mitos?* Lisboa: Edições 70, 1987 [1983].

2 A formulação é de Christian Jouhaud, a quem muito agradeço.

ANEXOS

CRONOLOGIA DO EPISÓDIO DE IMPOSTURA

1598

JUNHO-JULHO   Primeiros rumores sobre o aparecimento do rei dom Sebastião em Veneza.

INÍCIO DE AGOSTO   Circulação do rumor no círculo de portugueses exilados em Paris, de que fazia parte João de Castro.

5 DE SETEMBRO   Carta assinada por "el rey Don Sebastian", destinada a Don Raimondo Marquetti, Messina.

13 DE SETEMBRO   Morte de dom Filipe I (II).
Circulação em Lisboa do rumor sebastianista, no momento de aclamação do novo rei, por cartas de Ferrara e de Roma.

24 DE OUTUBRO   Os *Capi del Consiglio dei Dieci* escrevem ao reitor de Pádua para que o suposto rei seja levado a Veneza e expulso. Catizone transfere-se para Murano, para junto do arcebispo de Espálato.

7 DE NOVEMBRO   Intervenção formal do embaixador de Espanha em Veneza.

24 DE NOVEMBRO   Prisão do pretendente e de alguns artesãos e vendedores venezianos. Interrogatórios, início de instrução de processo pelo pequeno Colégio.

1599

20 DE FEVEREIRO   Leitura do processo pela *Quarantia criminale*.
Decisão, pela República de Veneza, de manter o pretenso rei na prisão, sem tomar posição sobre a sua identidade. Transferência para cárceres mais amplos (os "jardins") e com outros presos.

PRIMAVERA   Frei Estêvão de Sampaio chega a Veneza. Parte para Lisboa em junho, aconselhado por Marco Querini, para obter uma lista de sinais particulares do rei dom Sebastião.

INÍCIO DO INVERNO   João de Castro parte para Inglaterra e depois para a Holanda para conseguir apoio diplomático para a causa.

1600

PÁSCOA   Redação, pelo prisioneiro, de uma "elegia do rei dom Sebastião".

INÍCIO DE JUNHO   Frei Estêvão de Sampaio regressa a Veneza, acompanhado pelo cónego Lourenço Rodrigues. Impressão clandestina em Veneza, em latim, do "juramento de Afonso Henriques" (*Oraculum in Christianum orbem...*).

FIM DE JULHO   João de Castro chega a Veneza. Intenso trabalho de persuasão, por carta, e de *lobbying* em Veneza.

AGOSTO   Diogo Botelho e Ciprião Figueiredo de Vasconcelos, testamenteiros do prior do Crato, envolvem-se no caso, tentando convencer o rei de França e os Estados Gerais das Províncias Unidas.

22 DE SETEMBRO   Redação pelo preso de carta ao papa Clemente VIII, assinada "dom Sebastião".

26 DE SETEMBRO E 3 DE OUTUBRO   Frei Estêvão de Sampaio, frei Crisóstomo da Visitação e João de Castro recebidos em audiência pelo Colégio.
Diogo Manuel, Sebastião Figueira e outros chegam a Veneza com cartas do rei de França e dos Estados Gerais.

28 DE NOVEMBRO   Cristóvão de Portugal, filho do prior do Crato, chega a Veneza. O embaixador de Espanha é recebido pelo Colégio.

11 DE DEZEMBRO   Cristóvão de Portugal recebido pelo Colégio.

15 DE DEZEMBRO Libertação do prisioneiro, com ordem de expulsão. Catizone é reconhecido como dom Sebastião pelos "portugueses de Veneza".

Partida do "rei" para fora da República, acompanhado por frei Crisóstomo da Visitação.

26 DE DEZEMBRO Tencionando chegar a Livorno para embarcar para França, os dois homens são detidos por ordem do grão-duque da Toscana, num mosteiro cisterciense, em Florença.

Em Lyon, vários portugueses (frei José Teixeira, Ciprião de Figueiredo) esperam pela chegada de dom Sebastião e tentam obter o apoio de Henrique IV.

1601

Interrogatórios e instrução de processo em Florença pelo tribunal dos Otto di Guardia.

ABRIL Frei José Teixeira parte para Itália. Recolhe testemunhos sobre o caso em Verona, Mântua, Veneza, Roma, tendo em vista a impressão da futura obra *Adventure admirable...*

FIM DE ABRIL-INÍCIO DE MAIO Entrega do prisioneiro ao vice-rei de Nápoles pelo grão--duque da Toscana. Confissão e revelação do seu nome: Marco Tullio Catizone, calabrês. Prisão em Castel Nuovo. Instrução de processo.

JULHO Circulação da *Adventure admirable...* (frei José Teixeira).

João de Castro em Lisboa, acompanhado pelo cónego Lourenço Rodrigues.

19 DE OUTUBRO Morte do vice-rei de Nápoles, Ferrante de Castro, substituído pelo filho, Francisco de Castro.

1602

JANEIRO-FEVEREIRO O cónego Lourenço Rodrigues visita o preso em Castel Nuovo.

Conspiração, entre Lisboa e Nápoles, para ensaiar uma fuga.

Publicação da *Suite d'un Discours intitulé Adventure admirable* (frei José Teixeira).

FIM DE MARÇO Circula o *Discurso da vida do [...] rey dom Sebastiam*, de João de Castro.

26-30 DE ABRIL Catizone condenado às galés perpétuas e exibido publicamente como impostor nas ruas de Nápoles.

14 DE MAIO Partida da galé patrona de Nápoles com Catizone a bordo como forçado.

Escala em diferentes portos do Mediterrâneo ocidental.

JUNHO Frei Estêvão de Sampaio e frei Boaventura de Santo António encontram-se em Marselha. Separam-se em Narbona para inquirir cada um por seu lado sobre o paradeiro e destino das galés.

Frei Estêvão em Lisboa.

DEZEMBRO Frei Estêvão contacta com o preso em Puerto de Santa María.

1603

FIM DE JANEIRO Frei Boaventura de Santo António em Puerto de Santa María, vindo de Lisboa. Contacta com o preso.

1604

10 DE FEVEREIRO Frei Boaventura é preso em Viana do Alvito (Alentejo), na posse de várias cartas assinadas em nome de dom Sebastião.

19 DE FEVEREIRO Catizone escreve à duquesa de Medina Sidónia, assinando como rei.

Descoberta da correspondência e do plano de fuga. Transferência de Catizone para o castelo de Sanlúcar de Barrameda, cidade ducal (Medina Sidónia). Detenção de frei Estêvão em Sevilha e de outros acusados de cumplicidade. Interrogados pelo duque.

25 DE MARÇO Frei Boaventura chega a Sanlúcar de Barrameda.

MARÇO-ABRIL Instrução dos dois processos, civil e eclesiástico, em Sanlúcar e em Lisboa.

Fuga de Bernardino de Sousa, António Tavares e outros cúmplices em Portugal.

ANEXOS

29 DE ABRIL   Catizone torturado. Confissão.

30 DE JUNHO   Frei Estêvão de Sampaio torturado.

20 DE AGOSTO   Sentença de degradação ao braço secular dos dois frades, Estêvão e Boaventura.

23 DE SETEMBRO   Execução pela forca de Catizone e de três outros condenados em Sanlúcar.

20(?) DE OUTUBRO   Execução pela forca de Estêvão de Sampaio e Boaventura de Santo António em Sanlúcar.

FONTES

MANUSCRITOS

I.1. PORTUGAL

I.1.1. ANTT: Arquivo Nacional da Torre do Tombo, Lisboa
Arquivo de dom António, prior do Crato, e seus descendentes.

I.1.2. BNP: Biblioteca Nacional de Portugal
Terlado de huma carta de Roma em que se escreveo como se fizerão nella as exequias por el rey dom Sebastião, Mss 199, n. 7.
Carta em resposta de outra em que hum abbade da Beira mandou pedir novas a hum amigo seu desta cidade de Lisboa anno de 1578, Mss 199, n. 8.
Relação da batalha de Alcacer, que mandou hum cativo ao domor Paulo Aᵉ, cód. Alcobacense, n. 308.

I.1.2.1. Obras manuscritas de João de Castro:
Tratado apologético contra hum libello diffamatorio que imprimirão em França certos Portuguezes..., cód. 4385.
Tratado dos portugueses de Veneza, ou Ternario, Senario, e Novenario dos portuguezes, que em Veneza solicitaraõ a liberdade del rey dom Sebastião: com bũa breve mençaõ do sñr dom Antonio, 2 vols., cód. 4387-8.

I.2. ITÁLIA

I.2.1. AAV: Archivio Apostolico Vaticano
Segr. Stato, Portogallo, I.

I.2.2. ASF: Archivio di Stato di Firenze
Mediceo del Principato, filze 295, 3082, 4088, 4616, 5053.

I.2.3. ASV: Archivio di Stato di Venezia
Collegio, Esposizioni Principi, filze 10, 11.
Consiglio dei X, Deliberazioni, Parti secrete, filza 26, Senato, Dispacci Spagna, filze 11, 30.
Senato, Dispacci Napoli, filza 17.

I.3. ESPANHA

I.3.1 AGS: Archivo General de Simancas
Estado: Legajos 193, 197, 435, 438, 972, 1097, 1098, K. 1676, K. 1677.

I.3.2. AHN: Archivo Histórico Nacional, Madri
Estado: Legajos 76 e 77d.

I.3.3. ADMS: Archivo de los Duques de Medina Sidonia
Legajos 2404 e 2406.

I.3.4. BNE: Biblioteca Nacional de España

Berdadera y suçinta notiçia de lo que succedio en el año de 1603 en el puerto de Santa Maria y çiudad de San Lucar de Barrameda sobre el descubrimiento y, engaño traiçion y delito crímen læsæ mayestatis que Marco Tulio Carçon, Calabres natural de la villa de Taverna en Calabria, cometio en finjirse ser el señor rey Don Seuastian de portugal y de la obstinaçion que sobre esto tuvo y la correspondençia con diferentes principes estranjeros, y perssonas de el reyno de Portugal..., Ms 9394, ff. 240-98.*

Sucesso del Calabres, que se fingió el rey Don Sebastian..., Ms 2347.

I.4. FRANÇA

I.4.1. BNF: Bibliothèque Nationale de France

I.4.1.1. Manuscrits Français:

Dépêches originales adressées à la cour par divers ambassadeurs et agents français en Espagne. Années 1603-1607 — Ms fr. 16112.

Relation de l'ambassade à Venise du président Antoine Séguier, sieur De Villiers écrite par luimême; recueil des dépêches envoyées ou reçues par lui, et autres documents diplomatiques. (1598-1601), Ms fr. 18039, 18040.

I.4.1.2. Nouvelles Acquisitions Françaises:

Lettres de Philippe de Béthune, ambassadeur de France à Rome, adressées à Henri IV et au secrétaire d'État Nicolas de Neufville, sieur de Villeroy (1602-1605), NAF 24159.

I.4.1.3. Fonds Dupuy:

Mémoires pour l'histoire d'Espagne, II, vol. 15.

Recueils divers d'escrits tant anciens que modernes, traictans pour la pluspart, de l'estat et affaires de France. Soubs les regnes d'Henry III et Henry IV (Jacques Dupuy, 1608), vol. 770.

II. MANUSCRITOS EDITADOS MODERNAMENTE

ARCHIVO HISTORICO ESPAÑOL. *Colección de documentos inéditos para la história de España y de sus Indias*. Valladolid: Voluntad, 1930. vol. 3.

AZEVEDO, João Lúcio de. "Notícias de Portugal de 1578-1580 segundo cartas de uma casa comercial neerlandesa". *Lusitânia: Revista de Estudos Portugueses*, vol. 3, n. 7, pp. 41-48, 1925.

BARZAZI, Antonella et al. *Corrispondenze diplomatiche veneziane da Napoli*. Roma: Istituto Poligrafico e Zecca dello Stato, 1991. vol. 3.

CANESTRINI, Giuseppe. *Négociations diplomatiques de la France avec la Toscane*. Org. de Abel Desjardins. Paris: Imprimerie Nationale, 1875. vol. 5.

CASTRIES, Henry de. *Les Sources Inédites de l'Histoire du Maroc de 1530 à 1845: première série: Dynastie saadienne 1530-1660: archives et bibliothèques de France*. Paris: Ernest Leroux, 1905. vol. 1.

CASTRO, João de. *A aurora da quinta monarquia (1604-1605)*. Org. de João Carlos Gonçalves Serafim. Porto: Citcem; Afrontamento, 2011.

CRUZ, Bernardo da. *Chronica d'el-rei dom Sebastião*. Lisboa: Escriptorio, 1903. 2 vols.

HALPHEN, Eugène (Org.). *Lettres inédites du roi Henri IV à monsieur de Villiers ambassadeur à Venise (1600)*. Paris: Librairie Champion, 1886.

JORNADA del-rei dom Sebastião à África: Crónica de dom Henrique. Lisboa: Imprensa Nacional-Casa da Moeda, 1978.

KLARWILL, Victor (Org.), *Fugger-Zeitungen: Ungedruckte Briefe an das Haus Fugger aus den Jahren 1568-1605*. Viena/ Leipzig/ Munique: Rikola, 1923.

LA VÉRONNE, Chantal de. *Les Sources Inédites de l'Histoire du Maroc: première série: Dynastie sa'dienne: archives et bibliothèque d'Espagne*. Paris: Paul Geuthner, 1961. vol. 3.

FONTES

PAGANO, Sergio (Org.). *Nunziature di Venezia: La nunziatura di Ludovico Taverna (25 frebbraio 1592-4 aprile 1596)*. Roma: Istituto Storico Italiano per l'Età Moderna e Contemporanea, 2008. vol. 19.

SALVÁ, Miguel (Org.). *Colección de documentos inéditos para la historia de España*. Madri: Imprenta de la Viuda de Calero, 1853. vol. 23.

SALVÁ, Miguel; BARANDA, Pedro Sainz de (Orgs.). *Colección de documentos inéditos para la historia de España*. Madri: Imprenta de la Viuda de Calero, 1845. vol. 6.

SALVÁ, Miguel; MARQUÊS DE PIDAL; MARQUÊS DE MIRAFLORES (Orgs.). *Colección de documentos inéditos para la historia de España*. Madri: Imprenta de la Viuda de Calero, 1862. vol. 40.

SOARES, Pero Roīz; ALMEIDA, Manuel Lopes de (Orgs.). *Memorial*. Coimbra: Universidade de Coimbra, 1953.

ZORATTINI, Pier Cesare Ioly; PRADA, Massimo (Orgs.). *Processi del S. Uffizio di Venezia contro ebrei e giudaizzanti: Appendici*. Florença: Leo S. Olschki, 1997. vol. 13.

III. IMPRESSOS

ANDRADA, Miguel Leitão de. *Miscellanea do sitio de N.S. da Luz do Pedrógão Grande...* Lisboa: Mateus Pinheiro, 1629.

BAIÃO, José Pereira. *Portugal cuidadoso e lastimado com a vida, e perda do senhor rey dom Sebastião, o Desejado de saudosa memoria...* Lisboa: António de Sousa da Silva, 1737.

[BOTELHO, Diogo et al.]. *Reposta que os tres estados do Reyno de Portugal, a saber Nobreza, clerezia, e povo, mandarão a dom João de Castro sobre hum Discurso que lhes dirigio, sobre a vinda e apparecimento del rey dom Sebastião*. Paris: [s.n.], 1603.

CASTRO, João de. *Discurso da vida do sempre bem vindo, et apparecido rey dom Sebastiam nosso senhor o encuberto desdo seu naçimeto tee [!] o presente: feyto & dirigido*. Paris: Martin Vérac, 1602.

_____. *Aiunta do discurso preçedente aos mesmos estados pello mesmo autor: em a qual os advirte de como el rey de Hespanha se ouue com el rey dom Sebastiam, despois que o teue em seu poder*. [Paris?]: [s.n.], 1602.

_____. *Paraphrase et concordancia de algvas profecias de Bandarra, çapateiro de Trancoso*. Fac-símile. Porto: Lopes da Silva, 1942 [1603].

_____. *Aurora da quinta monarquia (1604-1605)*. Org. de J.C. Gonçalves Serafim. Lisboa: Afrontamento, 2011.

CONESTAGGIO, Jeronimo de Franchi. *Dell'unione del regno di Portogallo alla corona di Castiglia*. Genova: G. Bartoli, 1585.

COSTA, António Carvalho da. *Corografia portuguesa e descriçam topografica do famoso reyno de Portugal...* Lisboa: Valentim da Costa Deslandes, 1706.

COVARRUBIAS OROZCO, Sebastián de. *Tesoro de la lengua castellana, o española...* Madri: Luis Sanchez, 1611.

D'AUBIGNÉ, Théodore Agrippa. *L'Histoire universelle du sieur d'Aubigné*. Maillé: Jean Moussat, 1620. vol. 3.

[DURET DE TAVEL, Jean-Baptiste]. *Séjour d'un officier français en Calabre ou lettres...* Paris: Imprimerie de Denugon, 1820.

FARLATO, Daniele. *Illyrici sacri*. Veneza: Sebastianum Coleti, 1765. vol. 3: *Ecclesia spalatensis olim salonitana*.

[FIGUEIREDO, Pedro José de]. *Carta em resposta de certo amigo da cidade de Lisboa a outro da villa de Santarem, em que se lançam os fundamentos sobre a verdade, ou incerteza da morte d'el rei dom Sebastião XVI, rei de Portugal, na batalha de Alcacerquibir em Africa*. Lisboa: João Evangelista Garcez, 1808.

LOUREIRO, Fernão de Góis. *Breve summa, y relacion de las vidas, y hechos de los reyes de Portugal*. Mântua: Francisco Osana, 1596.

HERRERA, Antonio de. *Segunda parte de la historia general del mundo de XV años del tiempo del senor rey don Felipe II el Prudente, desde el año de MDLXXI hasta el de MDLXXXV*. 2. ed. Valladolid: Juan Godínez de Millis, 1606 [1605].

MACHADO, Diogo Barbosa. *Bibliotheca lusitana historica, critica e cronologica. Na qual se comprehende a noticia dos authores portuguezes, e das obras que compuserão desde o tempo da promulgaçaó da Lei da Graça até o tempo prezente*. Lisboa: Ignacio Rodrigues, 1741-1759. 4 vols.

_____. *Memorias para a historia de Portugal, que comprehendem o governo del rey dom Sebastiaõ, único em o nome, e decimo sexto entre os Monarchas Portuguezes: Do anno de 1575 até o anno de 1578*. Lisboa: Régia oficina Sylviana e da Academia Real, 1751. vol. 4.

MARIZ, Pedro. *Dialogos de varia historia em que sûmariamente se referem muytas cousas antiguas de Hespanha, e todas as mais notauees, q[ue] em Portugal acontecerao em suas gloriosas conquistas, antes & depois de ser leuantado a dignidade real...* 2. ed. Coimbra: António de Mariz, 1599 [1594].

[MATTHIEU, Pierre]. *Histoire des derniers troubles de France. Sous les règnes des rois treschrestiens Henry III. Roy de France et de Pologne, & Henry IIII, roy de France et de Navarre...* Dernière edition. [S.l.: s.n.], 1601.

MENDONÇA, Jerónimo de. *Jornada de África... em a qual se responde à Ieronymo Franqui, e a outros, & se trata do sucesso da batalha, cativeiro, e dos que nelle padecerað por não serem mouros, com outras coisas dignas de notar*. Lisboa: Pedro Crasbeeck, 1607.

NEVES, José Acúrsio das. *História geral da invasão dos franceses em Portugal e da restauração deste reino*. Porto: Afrontamento, 2008 [1810-11].

[PALMACAYET, Pierre-Victor]. *Chronologie septenaire de l'histoire de la paix entre les roys de France et d'Espagne*. Paris: Jean Richer, 1605.

PARRINO, Domenico Antonio. *Teatro Eroico, e Politico de' governi de' Vicere del regno di Napoli. Dal tempo del Re Ferdinando il Cattolico...* Nápoles: Parrino e Mutii, 1692. vol. 2.

RESENDE, Garcia de. *Chronica que tracta da vida e grandissimas virtudes... do Christianissimo dom Ioão o Segundo*. Lisboa: Simão Lopes, 1596.

ROCOLES, Jean-Baptiste. *Les imposteurs insignes. Histoires curieuses et véritables*. Amsterdã: Abraham Wolfgang, 1683.

SAN ROMÁN, Antonio de. *Iornada y mverte del rey don Sebastian de Portugal, sacada de las obras de Franchi, ciudadano de Genova, y de otros muchos papeles autenticos*. Valladolid: Juan Yñiguez de Lequerica, 1603.

SANTOS, Manuel dos. *Historia sebastica, contém a vida do augusto principe o senhor dom Sebastiaõ, rey de Portugal...* Lisboa: Antonio Pedrozo Galram, 1735.

SÃO JOSÉ, Jerónimo de. *Historia chronologica da esclarecida Ordem da Santíssima Trindade, Redempção de Cativos da Provincia de Portugal...* Lisboa: Simão Thaddeo Ferreira, 1789. vol. 1.

SOUSA, António Caetano de. *Historia genealogica da casa real portugueza...* Lisboa: Officina Sylviana, 1745. vol. 12.

SPONTONE, Ciro. *Raguaglio fedele, et breve... del fatto d'arme seguito nell'Africa tra dom Sebastiano re di Portogallo...* Bolonha: Vittorio Benacci, 1601.

[TEIXEIRA, José]. *Miroir de la procédure de Philippe roy de Castille en l'usurpation du royaume de Portugal: & du droict que les Portugais ont d'elire leurs rois & princes*. Paris: Claude de Montr'œil & Jean Richer, 1595.

_____. *Traicté paraenétiqve, c'est à dire exhortatoire...* 2. ed. Agen: [s.n.], 1598.

_____. *A Treatise Paraenetical, That Is to Say: An Exhortation...* Londres: William Ponsonby, 1598.

_____. *Adventure admirable par dessus toutes les autres des siecles passez & present. Par laquelle il appert evidemment que dom Sebastian vray et legitime roy de Portugal...* Lyon: [s.n.], 1601.

_____. *Suite d'un discours intitulé Adventure admirable, etc. Touchant dom Sebastian roy de Portugal: avec un narre de son succez et de ses peregrinations depuis qu'il se perdit en Aphrique, combattant contre les infidelles, l'an MDLXXVIII. Jusques auiourd'huy mil six cents deux*. [S.l.: s.n.], 1602.

_____. *Histoire véritable des dernières et piteuses adventures de dom Sebastian roy de Portugal, depuis la prison de Naples jusques aujourd'huy qu'il est en Espagné [sic] à S. Sucar [sic] de Barrameda*. [S.l.: s.n.], 1602.

[VAENA, António de]. *Chronica d'el rei dom Sebastião por Fr. Bernardo da Cruz*. [S.l.: s.n.], 1903. vol. 2.

VECELLIO, Cesare. *Habiti antichi, et moderni di tutto il mondo...* Veneza: Sessa, 1598.

BIBLIOGRAFIA CITADA

AZEVEDO, João Lúcio de. *A evolução do sebastianismo*. Lisboa: Presença, 1984 [1917].

BOUZA ÁLVAREZ, Fernando. *Del escribano a la biblioteca: La civilización escrita europea en la alta Edad Moderna (siglos XV-XVII)*. Madri: Akal, 2018 [1992].

CAILLOIS, Roger. "The myth of the unicorn". *Diogenes*, Thousand Oaks, vol. 30, n. 119, pp. 1-23, 1982.

CALDORA, Umberto. "Il calabrese Marco Tullio Catizone, falso re Don Sebastiano del Portogallo (1598-1603)". *Archivio Storico per la Calabria e la Lucania,* ano 26, n. 3/4, pp. 421-48, 1957.

CALVINO, Italo. *Fiabe italiane*. Milão: Mondadori, 1978 [1956]. [Ed. bras.: *Fábulas italianas*. Trad. de Nilson Moulin. São Paulo: Companhia das Letras, 2006.]

CASTRO, José de. *Dom Sebastião e dom Henrique*. Lisboa: União Gráfica, 1942.

CERTEAU, Michel de. *L'Écriture de l'histoire*. Paris: Gallimard, 1975. [Ed. bras.: *A escrita da história*. Trad. de Maria de Lourdes Menezes. Rio de Janeiro: Forense Universitária, 2010.]

CHARTIER, Roger. "Espace social et imaginaire social: les intellectuels frustrés au XVIIe siècle". *Annales: Economies, Sociétés, Civilisations*, Aubervilliers, ano 37, n. 2, pp. 389-400, 1982.

COHN, Norman. *Na senda do milénio: milenaristas revolucionários e anarquistas místicos da Idade Média*. Lisboa: Presença, 1981 [1957].

COZZI, Gaetano. *La Repubblica di Venezia nell'età moderna*. Turim: UTET, 1992.

DANTAS, Miguel. *Le faux Don Sébastien: Étude sur l'histoire du Portugal*. Paris: Auguste Durand, 1866.

DANVILA Y BURGUERO, Alfonso. *Don Cristobal de Moura: Primer marqués de Castel Rodrigo (1538-1613)*. Madri: [s.n.], 1900.

DE VIVO, Filippo. *Information and Communication in Venice: Rethinking Early Modern Politics*. Oxford: Oxford University, 2007.

DIAS, Pedro. "O inventário dos bens móveis do bispo de Coimbra dom Manuel de Meneses feito em 1578". *Arquivo Coimbrão*, Coimbra, vol. 35, pp. 353-86, 2002.

FALCONIERI, Tommaso di Carpegna. *L'Homme qui se prenait pour le roi de France*. Paris: Tallandier, 2018 [2005].

FERREIRA, Godofredo. *Relação da viagem de um correio do vice-rei das Índias Orientais a sua majestade, expedido de Goa, no primeiro de janeiro de 1608*. Lisboa: [s.n.], 1953.

FONSECA, A. Belard da. *Dom Sebastião: Antes e depois de Alcácer-Quibir*. Lisboa: [s.n.], 1978-79. 2 vols.

GUILLAMAS Y GALIANO, Fernando. *História de Sanlúcar de Barrameda*. Madri: Imprenta del Colegio de Sordomudos y de Ciegos, 1885.

GODINHO, Vitorino de Magalhães. *Introdução à história económica*. Lisboa: Livros Horizonte, 1970.

HERMANN, Jacqueline. *No reino do desejado: A construção do sebastianismo em Portugal: Séculos XVI e XVII*. São Paulo: Companhia das Letras, 1998.

HESPANHA, António Manuel. *Imbecillitas: As bem-aventuranças da inferioridade nas sociedades de Antigo Regime*. São Paulo: Annablume, 2010.

KANTOROWICZ, Ernst. *The King's Two Bodies: A Study in Medieval Political Theology*. Princeton: Princeton University, 2016 [1957]. [Ed. bras.: *Os dois corpos do rei*. Trad. de Cid Knipel Moreira. São Paulo: Companhia das Letras, 1998.]

MACKAY, Ruth. *The Baker who Pretended to Be King of Portugal*. Chicago: University of Chicago, 2012. [Ed. bras.: *O padeiro que fingiu ser rei de Portugal*. Trad. de Talita M. Rodrigues. São Paulo: Rocco, 2013.]

MEDINA, João. "O sebastianismo: Exame crítico dum mito português". In: _____ (Dir.). *História de Portugal*. Amadora: Ediclube, 1995, pp. 251-386.

MILES, Margaret. "Vision: The Eye of the Body and the Eye of the Mind in Saint Augustine's De Trinitate and Confessions". *Journal of Religion*, Chicago, vol. 63, n. 2, pp. 125-42, 1983.

OLIVARI, Michele. "Note sul sebastianismo portoghese al tempo di Filippo II". *Studi Storici*, Roma, ano 41, pp. 451-70, 2000.

OLIVEIRA, Julieta Teixeira Marques de. *Veneza e Portugal no século XVI: Subsídios para a sua história*. Lisboa: CNCDP/INCM, 2000.

OLSEN, H.E.R. *The Calabrian Charlatan, 1598-1603: Messianic Nationalism in Early Modern Europe*. Londres: Palgrave Macmillan, 2003.

QUEIRÓS VELOSO, José Maria de. *Dom Sebastião*. Lisboa: Empresa Nacional de Publicidade, 1935.

REAL, Miguel. *Nova teoria do sebastianismo*. Lisboa: Dom Quixote, 2014.

ROUCHON, Olivier, "L'Invention du principat médicéen (1512-1609)". In: BOUTIER, Jean; LANDI, Sandro; ROUCHON, Olivier (Orgs.). *Florence et la Toscane: XIVe-XIXe siècles: Les dynamiques d'un État italien*. Rennes: Presses Universitaires de Rennes, 2004, pp. 65-89.

RUSPIO, Federica. *La nazione portoghese: Ebrei ponentini e nuovi cristiani a Venezia*. Turim: Silvio Zamorani, 2007.

SALAS ALMELA, Luis. "Un cargo para el duque de Medina Sidonia: Portugal, el estrecho de Gibraltar y el comercio indiano (1578-1584)". *Revista de Indias*, Madri, vol. 69, n. 247, pp. 11-38, 2009.

SCHAUB, Jean-Frédéric. *Portugal na monarquia hispânica*. Lisboa: Livros Horizonte, 2001.

SERAFIM, João Carlos Gonçalves. *Dom João de Castro, "o Sebastianista": Meandros de vida e razões de obra*. Porto: Faculdade de Letras da Universidade do Porto, 2004. Tese (Doutoramento em Cultura Portuguesa Moderna).

SÉRGIO, António. *O desejado: Depoimentos de contemporâneos de Dom Sebastião sobre este mesmo rei e sua jornada de África*. Paris: Aillaud; Lisboa: Bertrand, 1924.

SERRÃO, Joel. *Do sebastianismo ao socialismo em Portugal*. Lisboa: Livros Horizonte, 1983 [1969].

_____.; MARQUES, A.H. de Oliveira (Dirs.); DIAS, João José Alves; MENDES, Isabel; BRAGA, Paulo Drumond (Coord.). *Nova história de Portugal: Do renascimento à crise dinástica*. Lisboa: Presença, 1998. (Coleção Nova História de Portugal, vol. 5).

TODERINI, Teodoro. "Il finto Don Sebastiano a Venezia". *Archivio Veneto*, Veneza, ano 4, vol. 7, parte I, 1874.

VALENSI, Lucette. *Fables de la Mémoire: La Glorieuse bataille des trois rois*. Paris: Seuil, 1992. [Ed. port.: *Fábulas da memória: a gloriosa batalha dos três reis*. Trad. de João Carlos Alvim e Fernando Tomaz. Lisboa: Asa, 1996.] [Ed. bras.: *Fábulas da memória: A batalha de Alcácer Quibir e o mito do sebastinismo*. Trad. de Maria Helena Franco Martins. Rio de Janeiro, Nova Fronteira, 2008.]

VEYNE, Paul. *Acreditaram os gregos nos seus mitos?* Lisboa: Ed. 70, 1987 [1983]. [Ed. bras.: *Os gregos acreditavam em seus mitos? Ensaio sobre a imaginação constituinte*. Trad. de Mariana Echalar. São Paulo: Editora Unesp, 2014.]

WHEELER, Douglas L.; OPELLO JR., Walter C. *Historical Dictionary of Portugal*. 3. ed. Lanham: Scarecrow, 2010.

ZORATTINI, Pier Cesare Ioly. "Un profilo del Marranesimo alla fine del '500: la denuncia al S. Uffizio Romano di Fra' Zaccaria da Lisbona". In: MÉCHOULAN, Henry; NAHON, Gérard (Orgs.). *Mémorial I.-S. Révah: Études sur le Marranisme, l'hétérodoxie juive et Spinoza*. Paris/Louvain: Peeters, 2001, pp. 529-44.

BIBLIOGRAFIA COMPLEMENTAR

ABREU E LIMA, João Paulo de. *Armas de Portugal: Origem, evolução, significado*. Lisboa: Inapa, 1998. (Coleção Testemunhos Portugueses).

ALBUQUERQUE, Martim de. "Acerca de Fr. José Teixeira e da teoria da origem popular do poder", *Arquivos do Centro Cultural Português*, Paris, vol. 5, pp. 571-86, 1972.

_____. O valor politológico do sebastianismo. *Arquivos do Centro Cultural Português*, Paris, vol. 8, pp. 265-94, 1974.

ALONSO ROMERO, Maria Paz. "El proceso penal en la Castilla Moderna". *Estudis*, Valência, n. 22, pp. 199-215, 1996.

AZEVEDO, Maria Antonieta Soares de. "O prior do Crato, Filipe II de Espanha e o trono de Portugal: Algumas notas bibliográficas (século XVI)". *Boletim da Biblioteca da Universidade de Coimbra,* Coimbra, vol. 31, pp. 1-54, 1974.

BELO, André. "La política de los partidos: Noticias de las guerras europeas en Portugal en la primera mitad del siglo XVIII". In: CASTILLO GÓMEZ, Antonio; James S. Amelang (Dirs.); SERRANO SÁNCHEZ, Carmen (Org.). *Opinión pública y espacio urbano en la Edad Moderna*. Gijón: Trea, 2010, pp. 223-34.

BENNASSAR, Bartolomé; BENNASSAR, Lucile. *Les Chrétiens d'Allah: L'Histoire extraordinaire des renégats, XVe-XVIIe siècles*. Paris: Perrin, 1989.

BERCÉ, Yves-Marie. *Le Roi caché: Sauveurs et imposteurs. Mythes politiques populaires dans l'Europe moderne*. Paris: Fayard, 1990.

BETHENCOURT, Francisco. *O imaginário da magia: Feiticeiras, saludadores e nigromantes no séc. XVI*. Lisboa: Universidade Aberta, 1987.

BEVILACQUA, Piero; PLACANICA, Augusto (Orgs.). *Storia d'Italia: Le regioni dall'unità a oggi*. Turim: Giulio Einaudi, 1985. vol. 3: La Calabria.

BOUZA ÁLVAREZ, Fernando. "Lisboa sozinha, quase viúva: A cidade e a mudança da corte no Portugal dos Filipes". *Penélope: Revista de História e Ciências Sociais*, Lisboa, n. 13, pp. 71-94, 1994.

_____. "De las alteraciones de Beja (1593) a la revuelta lisboeta 'dos ingleses' (1596): Lucha política en el último Portugal del primer Filipe". *Studia Historica: Historia Moderna*, Salamanca, n. 17, pp. 91-120, 1997.

_____. *Dom Filipe I*. Lisboa: Temas e Debates, 2008. (Coleção Reis de Portugal).

_____. "Dona Filipa de Jesus y Felipe II: Vida desterrada de una infanta portuguesa en Castilla (1581-1605)". In: MARCOS MARTÍN, Alberto; BELLOSO MARTÍN, Carlos (Orgs.). *Felipe II ante la historia: Estudios de la cátedra "Felipe II" en su 50 aniversario*. Valladolid: Universidad de Valladolid, 2020, pp. 91-135.

BRAGA, Paulo Drumond. "Os perdões de dom António, prior do Crato". *Brigantia: Revista de Cultura*, Bragança, vol. 19, n. 3/4, pp. 47-58, jun./dez. 1999.

BRANDÃO, Mário. "Alguns documentos relativos a 1580". *Boletim da Biblioteca da Universidade de Coimbra*, Coimbra, vol. 16, pp. 1-82, 1944.

BREHM, António. "Auto de entrega do corpo de dom Sebastião: Ceuta, 10 de dezembro de 1578". *Letras com Vida*, Lisboa, n. 8, pp. 145-9, 2017.

BROCHADO, Idalino Ferreira da Costa. "Da morte e tumulização de El-Rei dom Sebastião". In: ACADEMIA PORTUGUESA DA HISTÓRIA. *Colectânea de estudos em honra do prof. Doutor Damião Peres*. Lisboa: Academia Portuguesa da História, 1974, pp. 181-202.

BROWN, Elizabeth Atkinson Rash, "*Falsitas pia sive reprehensibilis: medieval forgers and their intentions*". In: *Fälschungen im Mittelalter: Internationaler Kongreß der Monumenta Germaniae Historica*. Hanover: Hahnsche Buchhandlung, 1988. vol. 1: *Kongreßdaten end Festvorträge Literatur und Fälschung*, pp. 101-19.

BUNES IBARRA, Miguel Angel de; GARCÍA HERNÁN, Enrique. "La muerte de dom Sebastián de Portugal y el mundo mediterráneo de finales del siglo XVI". *Hispania*, Madri, vol. 54, n. 187, pp. 447-65, 1994.

BUTTAY, Florence. *Histoires véridiques de l'Imposteur Giorgio del Giglio, qui renia la foi chrétienne et prétendit servir Soliman le Magnifique*. Paris: Payot et Rivages, 2018.

CARDIM, Pedro. *Portugal unido y separado: Felipe II, la unión de territorios y el debate sobre la condición política del Reino de Portugal*. Valladolid: Universidad de Valladolid, 2014.

CAVAILLÉ, Jean-Pierre. *Dis/simulations: Jules-César Vanini, François La Mothe Le Vayer, Gabriel Naudé, Louis Machon et Torquato Accetto. Religion, morale et politique au XVIIe siècle*. Paris: Honoré Champion, 2002.

CEPEDA, Isabel Vilares; Antunes, Leonor. *Catálogo das obras impressas em Portugal nos séculos XVII e XVIII*. Lisboa: Banco de Portugal, 2005.

GLIUBICH, Simeone (comp.). *Dizionario biografico degli uomini illustri della Dalmazia*. Viena: Rod. Lechner, 1856.

COSTA, Joaquim Correia da. *Um documento sobre a jornada de África*. Lisboa: Revista Portugal d'Aquém e Além Mar, 1945.

CRUZ, Maria Augusta Lima. *Dom Sebastião*. 6. ed. Lisboa: Círculo de Leitores, 2011 [2006].

CURTO, Diogo Ramada. *Cultura política no tempo dos Filipes (1580-1640)*. Lisboa: Edições 70, 2011.

ISTITUTO DELLA ENCICLOPEDIA ITALIANA. *Dizionario biografico degli italiani*. Roma: Istituto della Enciclopedia Italiana, 1960-2020. 100 vols.

DUBOST, Jean-François. "Les Stéréotypes nationaux à l'époque moderne (vers 1500-vers 1800)". *Mefrim: Mélanges de l'École française de Rome, Italie et Méditerranée*, Roma, vol. 111, n. 2, pp. 667-82, 1999.

ELIAV-FELDON, Miriam. *Renaissance Impostors and Proofs of Identity*. Londres: Palgrave MacMillan, 2012.

FARIA, António de Portugal de. *Dom António I, prior do Crato: XVIIIe rei de Portugal (1534-1595) e seus descendentes. Bibliographia*. Livorno: Raphael Giusti, 1910 [1909].

FARIA, Francisco Leite de. *Livros quinhentistas de autores vimaranenses*. Lisboa: Academia Portuguesa de História, 1982.

FRANZOI, Umberto. *Le prigioni della Repubblica di Venezia*. Veneza: Stamperia di Venezia Editrice, 1966.

FULIN, Rinaldo. "Una visita al regio Archivio centrale di stato in Firenze". *Atti del Ateneo Veneto*, Veneza, vol. 38, pp. 359-76, 1865.

GANDRA, Manuel J. "Hubert Texier: Pesquisas históricas sobre Sebastião I, rei de Portugal, Paris, 1904 ou de como o Desejado morreu no exílio, em Limoges". Mafra: [s.n.], 2005. Newsletter do Centro Ernesto Soares de Iconografia e Simbólica.

GENTILCORE, David. *Medical Charlatanism in Early Modern Italy*. Oxford: Oxford University, 2006.

GINZBURG, Carlo. "Due note sul profetismo cinquentesco". *Rivista Storica Italiana*, Nápoles, vol. 78, n. 1, pp. 185-227, 1966.

GLASER, Edward. "Le Chroniqueur portugais Jerónimo de Mendonça et son esprit de tolérance". *Bulletin Hispanique*, Pessac, vol. 56, n. 1/2, pp. 38-48, 1954.

GOMES, Paulo Varela. "*Damnatio Memoriae*: A arquitectura dos marqueses de Castelo Rodrigo". In: COLOMER, José Luis (Dir.). *Arte y diplomacia de la monarquía hispánica en el siglo XVII*. Madri: F. Villaverde, 2003, pp. 351-76.

GRENDLER, Paul. *The Roman Inquisition and the Venetian Press, 1540-1605*. Princeton: Princeton University, 1977.

GROEBNER, Valentin. *Who Are You? Identification, Deception, and Surveillance in Early Modern Europe*. Nova York: Zone Books, 2007.

HERMANN, Jacqueline. "Um rei indesejado: notas sobre a trajetória política de D. Antônio, Prior do Crato", *Revista Brasileira de História*, São Paulo, vol. 30, n. 59, jun. 2010, pp. 141-66

HERZOG, Tamar. "'És capaz de reconhecer um espanhol quando vês um?': 'nós' e 'eles' no Atlântico ibérico da época moderna". In: XAVIER, Ângela Barreto; SILVA, Cristina Nogueira da (Orgs.). *O governo dos outros: Poder e diferença no império português*. Lisboa: Imprensa de Ciências Sociais, 2016, pp. 619-36.

BIBLIOGRAFIA COMPLEMENTAR

HESPANHA, António Manuel. *As vésperas do Leviathan: Instituições e poder político (Portugal, séc. XVII)*. Coimbra: Almedina, 1994 [1989].

_____. *História de Portugal moderno: Político e institucional*. Lisboa: Universidade Aberta, 1995.

_____. *Filhos da terra: Identidades mestiças nos confins da expansão portuguesa*. Lisboa: Tinta-da-China, 2019.

INFELISE, Mario. *I padroni dei libri: Il controllo sulla stampa nella prima età moderna*. Bari: Laterza, 2014.

_____. *Gazzetta: Storia di una parola*. Veneza: Marsilio, 2017.

JAUSS, Hans-Robert. *Pour une Esthétique de la recéption*. Paris: Gallimard, 1978 [1974].

JOUHAUD, Christian; RIBARD, Dinah; SHAPIRA, Nicolas. *Histoire, Littérature témoignage: Écrire les malheurs du temps*. Paris: Gallimard, 2009.

KAGAN, Richard. *Lucrecia's Dreams: Politics and Prophecy in Sixteenth-Century Spain*. Berkeley: University of California, 1995 [1990].

KLEIMAN, Olinda. "Réactivation et dégradation d'un mythe: Le Sébastianisme dans l'œuvre de Manuel Alegre". In: PIWNIK, Marie-Hélène. *La Littérature portugaise: Regards sur deux fins de siècle (XIXe-XXe)*. Bordeaux: Maison des Pays Ibériques, 1996, pp. 97-117.

LYON-CAEN, Judith. *La Griffe du temps: Ce que l'histoire peut dire de la littérature*. Paris: Gallimard, 2019.

LOUREIRO, Francisco Sales. *Dom Sebastião e Alcácer Quibir*. Lisboa: Alfa, 1989 [1978].

MACHADO, José Timóteo Montalvão. *O rei dom Sebastião, na igreja dos Jerónimos*. Lisboa: Associação dos Arqueólogos Portugueses, 1971.

MARQUES, Guida. "La Dimension atlantique de l'opposition antonienne et l'enjeu brésilien (1580-1640)". *Anais de História d'Além-Mar*, Lisboa, vol. 4, pp. 213-246, 2003.

MARQUES, João Francisco. *A parenética portuguesa e a dominação filipina*. Lisboa: Imprensa Nacional-Casa da Moeda, 2010 [1986].

_____. "Fr. Miguel dos Santos e a luta contra a união dinástica: O contexto do falso dom Sebastião de Madrigal". *História: Revista da Faculdade de Letras da Universidade do Porto*, Porto, vol. 14, pp. 331-88, 1997.

MARTÍNEZ HERNÁNDEZ, Santiago. "Os marqueses de Castelo Rodrigo e a nobreza portuguesa na monarquia hispânica: Estratégias de legitimação, redes familiares e interesses políticos entre a agregação e a restauração (1581-1651)". *Ler História*, Lisboa, n. 57, pp. 7-32, 2009.

MARTINS, Joaquim Pedro de Oliveira; FARIA E ALBUQUERQUE, Isabel de (Orgs.). *História de Portugal*. Lisboa: Imprensa Nacional-Casa da Moeda, 1988 [1879].

MATA, Cristóvão José Silva da. "Disciplina familiar e estratégias matrimoniais da Casa de Aveiro (séculos XVI e XVII)". *Revista Portuguesa de História*, Coimbra, n. 47, pp. 175-94, 2016.

_____. *A Casa de Aveiro na constelação dos poderes senhoriais: Estruturas de domínio e redes clientelares*. Coimbra: Faculdade de Letras da Universidade de Coimbra, 2019. Tese (Doutoramento em História).

MEDEIROS, José Honorato Gago de. *O encoberto nos Jerónimos*. Lisboa: Centro de Estudos de Marinha, 1972.

MENDONÇA, Manuela (Org.). *O sebastianismo: Política, doutrina e mito*. Lisboa: Colibri, 2004.

MOATTI, Claude; KAISER, Wolfgang (Dirs.). *Gens de Passage en Méditerrannée de l'Antiquité à l'Époque Moderne: Procédures de contrôle et d'identification*. Paris: Maisonneuve et Larose, 2007.

MÓNICA, Maria Filomena (Coord.). *Dicionário biográfico parlamentar (1834-1910)*. Lisboa: Assembleia da República, 2005. vol. 2.

NICCOLI, Ottavia. "'Prophetie di Musaicho': Figure e scritture gioachimite nella Venezia del Cinquecento". In: ROTONDÒ, Antonio (Org.). *Forme e destinazione del messaggio religioso: Aspetti della propaganda religiosa nel Cinquecento*. Florença: Leo S. Olschki, 1991, pp. 197-227.

_____. "The End of Prophecy". *The Journal of Modern History*, Chicago, vol. 61, n. 4, pp. 667-82, 1989.

OLIVARI, Michele. "Una proppagine italiana del sebastianismo portoghese: Variazoni intorno a un vecchio saggio e ad un libro recente". *Annali della Scuola Normale Superiore di Pisa: Classe di Lettere e Filosofia*. Pisa, série IV, vol. 4, n. 2, pp. 499-517, 1999.

OLIVEIRA, Eduardo Freire de. *Elementos para a história do município de Lisboa: 1ª parte*. Lisboa: Tipografia Universal, 1887. vol. 2.

OLIVEIRA, Vítor Amaral. *Sebástica: Bibliografia geral sobre dom Sebastião*. Coimbra: BGUC, 2002.

PEIXOTO, Jorge. "Aspectos do Memorial (1565-1628) de Pero Roĩz Soares". *Revista de História*, São Paulo, vol. 7, n. 15, pp. 159-67, 1953.

PEREZ, Joseph. "Moines frondeurs et sermons subversifs en Castille pendant le premier séjour de Charles Quint en Espagne". *Bulletin Hispanique*, Pessac, vol. 67, n. 1/2, pp. 5-24, 1965.

PETITIER, Paule. "Mérimée et la vérité des impostures". *Écrire l'histoire*, Paris, n. 10, pp. 15-23, 2012.

PIERAZZO, Elena. "Un intellettuale a servizio della Chiesa: Girolamo Giovannini da Capugnano". *Filologia e Critica*, Roma, ano 23, n. 2, pp. 206-48, 1998.

POLÓNIA, Amélia. *Dom Henrique: o cardeal-rei*. Lisboa: Círculo de Leitores, 2005.

QUEIRÓS VELOSO, José Maria de. *A perda da independência*. Lisboa: Empresa Nacional de Publicidade, 1946. vol. 1: O reinado do cardeal dom Henrique.

_____. "Fr. Bernardo da Cruz e a 'Crónica d'el-rei dom Sebastião'". In: _____. *Estudos históricos do Século XVI*. Lisboa: Academia Portuguesa da História, 1950, pp. 135-96.

RAMALHEIRA, Ana Maria Pinhão. *Alcácer Quibir e dom Sebastião na Alemanha: Representações historiográficas e literárias (1578-c. 1800)*. Coimbra: Minerva, 2002.

RAMOS, Rui (Dir.); SOUSA, Bernardo Vasconcelos e; MONTEIRO, Nuno Gonçalo. *História de Portugal*. Lisboa: Esfera dos Livros, 2009.

RENOUARD, Philippe. *Répertoire des imprimeurs parisiens, libraires, fondeurs de caractères et correcteurs d'imprimerie: depuis l'introduction de l'imprimerie à Paris (1470) jusqu'à la fin du seizième siècle*. Paris: M.J. Minard, 1965.

RIBEIRO, António Vítor. *O auto dos místicos: Alumbrados, profecias, aparições e inquisidores (séculos XV-XVIII)*. Coimbra: Faculdade de Letras da Universidade de Coimbra, 2009. 483 pp. Tese (Doutoramento em História da Época Moderna).

RIBEIRO, Luciano. "Colectânea de documentos acerca de dom Sebastião: Estudo e documentos". *Studia*, Lisboa, n. 5, pp. 235-57, 1960.

RICARD, Robert. "La Cloche de Velilla et le mouvement sébastianiste au Portugal". *Bulletin Hispanique*, Pessac, vol. 56, n. 1/2, pp. 175-77, 1954.

RIVAS CALVO, Emilio; ABREU, Carlos d'. "Alcazarquivir: El enigma (o el rescate del cuerpo d'el rey don Sebastián)". *Praça Velha: Revista Cultural da Cidade da Guarda*, Guarda, ano 10, n. 21, pp. 39-59, 2007.

ROMEO, Domenico. "Tommaso Campanella nei paesi di Calabria tra il 1598 e il 1599". *Rivista Storica Calabrese*, Reggio Calabria, vol. 39, pp. 49-80, 2018.

_____. "La nazione portoghese a Venezia e i suoi rapporti con i domini spagnoli". In: CARDIM, Pedro; COSTA, Leonor Freire; CUNHA Mafalda Soares da (Orgs.). *Portugal na monarquia hispânica: Dinâmicas de integração e conflito*. Lisboa: Cham, 2013, pp. 135-63.

SALAS ALMELA, Luis. *Colaboración y conflicto: La capitanía general del mar Océano y costas de Andalucía, 1588-1660*. Córdoba: Servicio de Publicaciones Universidad de Córdoba, 2002.

_____. *Medina Sidonia: El poder de la aristocracia: 1580-1670*. Madri: Marcial Pons, 2008.

SALZBERG, Ros. *Ephemeral City: Cheap Print and Urban Culture in Renaissance Venice*. Manchester: Manchester University, 2014.

SCHAUB, Jean-Frédéric. "Le Sentiment national est-il une catégorie pertinente pour comprendre les adhésions et les conflits sous l'Ancien Régime?". In: TALLON, Alain (Org.), *Le Sentiment national dans l'Europe méridionale aux XVIe et XVIIe siècles (France, Espagne, Italie)*. Madri: Casa de Velázquez, 2007, pp. 155-167.

SERRÃO, Joaquim Veríssimo. *Portugueses no Estudo de Toulouse*. Coimbra: Universidade de Coimbra, 1954.

BIBLIOGRAFIA COMPLEMENTAR

_____. *O reinado de dom António Prior do Crato (1580-1582)*. Coimbra: [s.n.], 1956. vol. 1.

SILVA, Inocêncio Francisco da. *Dicionnario bibliographico portuguez*. Lisboa: Imprensa Nacional, 1858-1923. 23 vols.

SOBRAL NETO, Margarida (Coord.). *As comunicações na Idade Moderna*. Lisboa: Fundação Portuguesa das Comunicações, 2005.

SOMMER, Horst. "Die Altdeutschen und Altscheschichen Zeitungen über König Sebastian Tod bei Alcazar-Quebir (5 august 1578)". *Libri*, Copenhague, vol. 16, n. 3, pp. 175-93, 1966.

SUBRAHMANYAM, Sanjay. "Du Tage au Gange au XVIe siècle: Une Conjoncture millénariste à l'échelle eurasiatique". *Annales: Histoire, Sciences Sociales*, Aubervilliers, vol. 56, n. 1, pp. 51-84, 2001.

_____. *A carreira e a lenda de Vasco da Gama*. Lisboa: Comissão Nacional para a Comemoração dos Descobrimentos Portugueses, 1998.

TAVARES, António Augusto. "A obra de Crisóstomo da Visitação, monge alcobacense do século XVI". *Didaskalia*, Lisboa, vol. 8, n. 2, pp. 367-86, 1978.

THIRY, Steven. "How to Steal the King's Body? Corporeal Identification of Princely Pretenders in the Renaissance". *Micrologus: Nature, Sciences and Medieval Societies*, Florença, vol. 22, pp. 721-46, 2014.

TOLEDO, Luisa Álvarez de. *Alonso Pérez de Guzmán, general de la Invencible*. Cádiz: Universidade de Cádiz, 1995.

TOMÁS Y VALIENTE, Francisco. *El derecho penal de la monarquía absoluta (siglos XVI-XVII--XVIII)*. Madri: Tecnos, 1969.

TORRES, José Veiga. "O tempo colectivo progressivo e a contestação sebastianista". *Revista de História das Ideias*, Coimbra, vol. 6, pp. 223-58, 1984.

URBÁN, Bálint. *"Enterrar el-rei Sebastião": A reinterpretação e a escrita do mito de dom Sebastião na ficção pós-25 de Abril*. Fortaleza: Universidade Estadual do Ceará, 2019.

VALE, Teresa Leonor M. "Exotismo e poder político: As representações na tumulária régia de Santa Maria de Belém". In: CUNHA, Mafalda Soares da (Coord.). *Os construtores do oriente português: ciclo de exposições Memórias do Oriente*. Porto: CNCDP, 1998, pp. 97-109.

VALENSI, Lucette. "Comment prouver la mort du roi: Le Cas de Sébastien de Portugal". *Les Cahiers du Centre de Recherches Historiques*, Paris, vol. 5, 1990. Disponível em: <http://journals.openedition.org/ccrh/2879>. Acesso em: 14 maio 2023.

VILLACORTA BAÑOS-GARCÍA, Antonio. *Don Sebastián, rey de Portugal*. Barcelona: Ariel, 2001.

VITERBO, Francisco Sousa. *Frei Bartholomeu Ferreira: O primeiro censor dos Lusíadas*. Lisboa: Imprensa Nacional, 1891.

WALSBY, Malcolm; KEMP, Graeme. *The Book Triumphant: Print Transition in the Sixteenth and Seventeenth Centuries*. Leiden: Brill, 2011.

ZEMON-DAVIS, Natalie. *Le Retour de Martin Guerre*. Paris: Taillandier, 1983. [Ed. bras.: *O retorno de Martin Guerre*. Trad. de Denise Bottmann. Rio de Janeiro: Paz & Terra, 1987.]

AGRADECIMENTOS

Este livro não teria existido sem o apoio de certas instituições e o contributo de diversas pessoas, a quem quero sinceramente agradecer. A universidade onde sou professor (Rennes 2, França) permitiu-me beneficiar de dois semestres sabáticos: um em Lisboa, durante o qual lancei a pesquisa; outro em Rennes, em que concluí a redação. O meu centro de investigação (Tempora) apoiou financeiramente deslocações a arquivos. O Instituto de Ciências Sociais da Universidade de Lisboa acolheu-me como investigador durante o primeiro semestre sabático, pela mão amiga da Ângela Barreto Xavier. Em Veneza, Mario Infelise orientou-me na pesquisa no Arquivo de Estado, além de se ter prestado, mais tarde, a ler e comentar uma primeira versão dos capítulos sobre Veneza. Na Biblioteca Nacional de Madri, contei com a ajuda de Saúl Martínez Bermejo para localizar o manuscrito *Berdadera y suçinta notiçia...* As bibliotecárias Isabel Jabert e Isabel de Barros (Gulbenkian de Paris) e Margarida Lopes (Biblioteca Nacional de Portugal) responderam de forma impecável a todos os meus pedidos.

Apresentei partes desta investigação diversas vezes, em Portugal, França, Brasil e Itália e estou reconhecido a quem me convidou para o fazer. Mas devo um agradecimento especial a Dinah Ribard, ao Christian Jouhaud e aos outros membros do Groupe de Recherches Interdisciplinaires sur l'Histoire du Littéraire (o GRIHL, da École des Hautes Études en Sciences Sociales, Paris), onde encontrei um ambiente intelectual muito estimulante, que me permitiu afinar a metodologia e as conclusões. A minha dívida para com os comentários e sugestões de Jouhaud é muito grande.

Lucette Valensi, cuja obra *Fábulas da memória* foi para mim porta de entrada fundamental no tema, teve a generosidade de me ler e fazer úteis recomendações. Também os membros do júri das minhas provas de "Habilitation à Diriger des Recherches", em que uma primeira versão deste texto foi discutida, me fizeram úteis sugestões, parte das quais integraram o livro: além do já citado M. Infelise, agradeço a Fernando Bouza Álvarez, Olinda Kleiman, Jean-Frédéric Schaub e Paulo Teixeira Iumatti.

Estou muito grato a Paulo Werneck por ter apostado em publicar este livro no Brasil, e às várias pessoas da Tinta-da-China Brasil que trabalharam com a revisão do texto, em especial Paula Carvalho e Mariana Delfini. A minha gratidão vai também para Anne Lima, das edições Chandeigne, pelo trabalho de edição para a versão francesa do livro, que em parte se repercutiu na brasileira.

Enfim, um grande beijo para a minha família em Portugal, em especial a Clara, o Zé Maria e a Teresa. E para as minhas filhas, Caterina e Irene. Depois destes anos de tradição oral de *Morte e ficção*, espero que (um dia) apreciem a versão escrita. E a palavra final é para a Valeria Pansini, minha mulher, que além de me ajudar com as fontes italianas e de me ouvir milhares de vezes falar sobre Catizone, frei Estêvão, etc., teve de aturar o meu ego espacial em tempos de confinamento. Sem ela não teria conseguido encontrar a força, nos momentos de dor e perda, para seguir em frente.

És tu, zuskinha, que me fazes ainda e sempre sair do meu torpor.

SOBRE O AUTOR

André Belo nasceu em 1971. Cresceu e viveu em Lisboa, onde se formou em História. Fez doutorado em Paris, na École des Hautes Études en Sciences Sociales, com uma tese sobre a informação em Portugal no século XVIII. Desde 2006 é professor no departamento de Estudos Portugueses da Universidade de Rennes 2 (França). Além de vários artigos sobre notícias e informação na época moderna, publicou *As gazetas e os livros: A 'Gazeta de Lisboa' e a vulgarização do impresso (1715-1760)* (ICS, 2001) e, no Brasil, *História & livro e leitura* (Autêntica, 2002; 2a ed. 2013). *Morte e ficção do rei dom Sebastião* teve uma primeira edição em Portugal, pela Tinta-da-china, e ganhou edições revistas na França e agora no Brasil.

Edição apoiada pela Direção-Geral do Livro e das Bibliotecas — DGLAB
Secretaria de Estado da Cultura — Portugal

© André Belo, 2023

Esta edição segue o Novo Acordo Ortográfico da Língua Portuguesa
em suas variantes europeias

1ª edição: out. 2023 • 2 mil exemplares

EDIÇÃO Bárbara Bulhosa (Tinta-da-china Portugal) • Paula Carvalho
PROJETO GRÁFICO Vera Tavares
PAGINAÇÃO Isadora Bertholdo
REVISÃO Ibraima Tavares • Luiza Gomyde • Karina Okamoto • Beatriz Lopes

DADOS INTERNACIONAIS DE CATALOGAÇÃO NA PUBLICAÇÃO (CIP)
DE ACORDO COM ISBD

B452m	Belo, André
	Morte e ficção do rei dom Sebastião / André Belo. -
	São Paulo : Tinta-da-China Brasil, 2023.
	288 p. ; 16cm × 23cm.
	ISBN 978-65-84835-18-4
	1. História. 2. Sebastianismo. I. Título.

CDD 900

2023-3174
CDU 94

Elaborado por Vagner Rodolfo da Silva - CRB-8/9410

ÍNDICES PARA CATÁLOGO SISTEMÁTICO

1. História 900
2. História 94

TINTA-DA-CHINA BRASIL
DIREÇÃO GERAL Paulo Werneck
DIREÇÃO EXECUTIVA Mariana Shiraiwa
EDITORA EXECUTIVA Mariana Delfini
EDITORIAL Paula Carvalho • Ashiley Calvo (assistente)
DESIGN Giovanna Farah • Isadora Bertholdo
COMERCIAL Andrea Ariani • Leandro Valente
COMUNICAÇÃO Julia Galvão • Yolanda Frutuoso

Todos os direitos desta edição reservados à
Tinta-da-China Brasil/ Associação Quatro Cinco Um
Largo do Arouche, 161, SL2 • República • São Paulo • SP • Brasil
editora@tintadachina.com.br • tintadachina.com.br • @tintadachinabrasil

**MORTE
E FICÇÃO
DO REI DOM
SEBASTIÃO**

foi composto em caracteres
Hoefler e Neutra, impresso em papel
Pólen Bold de 70 g, na Ipsis, no mês
de outubro de 2023.